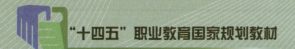"十四五"职业教育国家规划教材

二手车鉴定及评估

主编　潘秀艳　张红英
参编　潘梦成

书籍码　JGBSSCYEE

北京理工大学出版社
BEIJING INSTITUTE OF TECHNOLOGY PRESS

版权专有　侵权必究

图书在版编目（CIP）数据

二手车鉴定及评估/潘秀艳，张红英主编 . —北京：北京理工大学出版社，2019.6（2024.8重印）

ISBN 978 – 7 – 5682 – 7167 – 7

Ⅰ. ①二… Ⅱ. ①潘… ②张… Ⅲ. ①汽车 – 鉴定 – 高等学校 – 教材②汽车 – 价格评估 – 高等学校 – 教材 Ⅳ. ①U472.9②F766

中国版本图书馆 CIP 数据核字（2019）第 131231 号

出版发行 / 北京理工大学出版社有限责任公司
社　　址 / 北京市海淀区中关村南大街 5 号
邮　　编 / 100081
电　　话 / （010）68914775（总编室）
　　　　　（010）82562903（教材售后服务热线）
　　　　　（010）68944723（其他图书服务热线）
网　　址 / http：//www.bitpress.com.cn
经　　销 / 全国各地新华书店
印　　刷 / 唐山富达印务有限公司
开　　本 / 787 毫米 × 1092 毫米　1/16
印　　张 / 20.25　　　　　　　　　　　　　　责任编辑 / 王俊洁
字　　数 / 478 千字　　　　　　　　　　　　　文案编辑 / 王俊洁
版　　次 / 2019 年 6 月第 1 版　2024 年 8 月第 8 次印刷　　责任校对 / 周瑞红
定　　价 / 59.80 元　　　　　　　　　　　　　责任印制 / 李志强

图书出现印装质量问题，请拨打售后服务热线，本社负责调换

前言

培养造就大批德才兼备的高素质人才，是国家和民族长远发展大计。二手车行业日益兴起，呼唤大批的专业评估人才。本教材贯彻落实党的二十大精神，以立德树人为根本宗旨，培养合格的社会主义建设者和接班人，为了贯彻教育部教学改革的重要精神，同时为了配合职业院校的教学改革和教材建设，更好地为职业院校深化改革服务，北京理工大学出版社联合武汉城市职业学院共同开发了项目一体化教程《二手车鉴定及评估》。本书是汽车技术服务与营销专业教学诊改的重要研究成果之一，是在对汽车二手车鉴定及评估师岗位分析的基础上，以职业能力培养为重点，积极与行业企业合作开发的特色教材。本书设计充分体现职业性、实践性和开放性的要求，重视学生在校学习与实际工作的一致性，有针对性地采取工学交替、任务驱动、项目导向、理实一体化等教学模式。

本书在内容的编写上遵照以下原则：

一、创新教材体例，体现科学性

本书以项目教学法为主线编写，知识体系完整，每个项目包括项目导读、项目目标、任务3个部分。每个项目均由1~5个数目不等的任务构成，每个任务中包括任务导入、相关知识、任务实施和评价、课后思考4个环节（后两个环节体现在本书的配套用书——《二手车鉴定及评估任务实施手册》中）。在整个固定体例中，还结合具体的内容嵌入"知识链接""案例链接""行业资讯速递"等内容，体例清晰合理，符合高职学生的认知规律，能够适应目前高职院校教师的教学方式。

二、编者源于一线，内容可应用性强

编者来自教学一线，在教材编写方面有丰富的经验，曾多次在省级乃至国家级教学设计比赛中获得优异成绩，所以在教材设计中从学生好学、教师好教的角度出发，编写的内容应用性较强，其清晰的体例、合理的内容设计、适当的延伸扩展均在同类型教材中较为突出。

三、依托校企合作资源，贴近岗位实际

编者依托自己所处院校与国内多家大型汽车企业的合作资源，多次在二手车相关行业了解、实习。在本书的编写中，始终围绕实际的二手车鉴定及评估相关岗位内容和知识技能点进行，嵌入了大量的实际案例，保证了职业院校教材面向真实的市场岗位。结合目前职教新理念，编制了本书的配套用书——《二手车鉴定及评估任务实施手册》，辅助教师的教学工作，同时配备了图文并茂、美观大方的教学课件，使教师备课无压力；为了保证学习质量，在教材的每个任务后均设计了任务实施和测试题，其中包括任务内容和目的、实施建议、评价标准、课后习题和答案；在教材中植入一线教学视频，学生可通过扫二维码在线观看，辅助学生学习，提升学习兴趣。

本书由张红英、潘秀艳编写，特此鸣谢瓜子二手车网、武汉奥迪二手车经销商，感谢二手车评估师潘梦成给予的专业方面的指导和帮助。

本书如有不足之处，敬请使用本书的师生与读者批评指正，以便修订时改进。如读者在使用本书的过程中有其他意见或建议，恳请向编者提出宝贵意见。

编　者

目录

项目1 二手车市场 ▶ 001

项目导读 / 001
项目目标 / 001
任务1 认识二手车市场 / 002
 任务导入 / 002
 相关知识 / 003
  一、二手车市场的形成 / 003
  二、国外二手车市场的发展概述 / 005
  三、我国的二手车市场发展状况 / 008
 行业资讯速递 / 012

项目2 二手车评估基础 ▶ 015

项目导读 / 015
项目目标 / 015
任务1 汽车的基础知识 / 016
 任务导入 / 016
 相关知识 / 016
  一、汽车的分类方法 / 016
  二、车辆识别代码 / 020
  三、汽车产品型号编制规则 / 023
  四、汽车的主要参数 / 025
  五、汽车型式 / 031
任务2 汽车的使用寿命与价值 / 033
 任务导入 / 033
 相关知识 / 033
  一、汽车的有形损耗及贬值 / 033
  二、汽车的无形损耗及贬值 / 035
  三、汽车的使用寿命 / 039
  四、影响汽车经济使用寿命的因素 / 041
  五、汽车报废 / 042

  任务3 二手车评估的基本知识 / 043
    任务导入 / 043
    相关知识 / 044
      一、二手车鉴定评估的基本要素 / 044
      二、二手车鉴定评估的依据和原则 / 049
  行业资讯速递 / 052

项目3 二手车技术状况鉴定 ▶ 055

项目导读 / 055
项目目标 / 055
任务1 二手车技术状况的静态检查 / 056
  任务导入 / 056
  相关知识 / 056
    一、识伪检查 / 056
    二、外观检查 / 060

任务2 二手车技术状况的动态检查 / 079
  任务导入 / 079
  相关知识 / 079
    一、发动机工况的检查 / 079
    二、路试检查 / 081
    三、仪器检查结果分析 / 084
任务3 事故车的鉴定及评估 / 091
  任务导入 / 091
  相关知识 / 092
    一、碰撞事故车的鉴定及评估 / 092
    二、泡水车的鉴定及评估 / 099
    三、火灾车的鉴定及评估 / 104
行业资讯速递 / 106

项目4 二手车评估方法 ▶ 111

项目导读 / 111
项目目标 / 111
任务1 二手车的成新率 / 112

任务导入 / 112
　　　相关知识 / 112
　　　　　一、使用年限法 / 112
　　　　　二、行驶里程法 / 113
　　　　　三、部件鉴定法 / 114
　　　　　四、整车观测法 / 115
　　　　　五、综合分析法 / 116
　　　　　六、综合成新率法 / 119
　　任务2　二手车评估的重置成本法 / 122
　　　任务导入 / 122
　　　相关知识 / 122
　　　　　一、重置成本法的基本原理 / 122
　　　　　二、重置成本法的特点及应用案例 / 125

任务3　二手车评估的现行市价法 / 128
　　任务导入 / 128
　　相关知识 / 129
　　　　一、现行市价法的基本概念 / 129
　　　　二、现行市价法的分类 / 130
　　　　三、现行市价法的特点和适用范围 / 132
任务4　二手车评估的收益现值法 / 134
　　任务导入 / 134
　　相关知识 / 135
　　　　一、收益现值法的基本原理 / 135
　　　　二、估算方法及各参数的确定 / 136
　　　　三、收益现值法的特点及应用实例 / 138
任务5　二手车评估的清算价格法 / 140
　　任务导入 / 140
　　相关知识 / 140
　　　　一、清算价格的基本概念 / 140
　　　　二、清算价格法的分类 / 140
　　　　三、清算价格法的适用范围和应用实例 / 141
行业资讯速递 / 144

项目5　二手车工作实务 ▶ 147

项目导读 / 147
项目目标 / 147
任务1　二手车鉴定评估实务 / 148
　　任务导入 / 148
　　相关知识 / 148
　　　一、接待顾客 / 149
　　　二、检查二手车手续，验明车辆的合法性 / 150
　　　三、签订委托书 / 153
　　　四、拟定评估计划 / 154
　　　五、技术鉴定 / 155
　　　六、做市场调查并搜集资料 / 155
　　　七、价格评定估算 / 156
　　　八、编写和提交二手车鉴定评估报告 / 156
　　　九、归档 / 164
任务2　二手车收购业务 / 164
　　任务导入 / 164
　　相关知识 / 164
　　　一、二手车收购流程 / 164
　　　二、二手车的收购定价 / 165
　　　三、二手车收购方法 / 169
任务3　二手车的营销实务 / 171
　　任务导入 / 171
　　相关知识 / 171
　　　一、二手车的销售 / 171
　　　二、二手车的置换 / 175
　　　三、二手车的拍卖 / 180
任务4　二手车的转移登记 / 184
　　任务导入 / 184
　　相关知识 / 184
　　　一、车辆注册登记 / 184
　　　二、车辆过户 / 186
　　　三、车辆转出转入登记 / 189
行业资讯速递 / 192

附　录　195

附录一　《二手车收购合同》／196
附录二　《二手车买卖合同》／199
附录三　《二手车委托拍卖合同》／205
附录四　二手车流通管理办法／208
附录五　二手车鉴定评估职业概况／212
附录六　车辆检验千分表／216

任务实施手册

项目 1
二手车市场

项目导读

本项目主要围绕二手车市场概况展开。在学习二手车评估之前,必须了解二手车这个新兴市场的发展情况,本项目就国内外的二手车市场发展状况做了相关介绍,利用较通俗的语言和案例讲解二手车市场的现状、存在的问题及发展前景。

书中含有大量的实际案例和行业信息,学生学习时可查找网络资源进行辅助学习。注意:在二手车鉴定估价、营销和经纪师的业务能力中,明确强调本专业人才需要较强的交际和沟通能力,建议学习本项目多采用小组讨论交流的方法。

项目目标

知识目标	能力目标
1. 了解二手车市场的形成和发展 2. 了解国内外的二手车市场状况	1. 能够分析促进二手车市场发展的新政策 2. 能够通过自己的阅读,简述二手车市场的发展情况

任务1　认识二手车市场

任务导入

二手车切入互联网的四种商业模式

随着中国二手车市场的快速发展,互联网已渗透到二手车交易的各个环节,包括二手车展示、检测、评估、销售、支付、物流等,二手车服务商或经销商的商业模式也更加成熟、更加多元化。具体来说,这些互联网二手车服务商或经销商主要分为收购型、信息服务型、交易服务型和在线竞拍型。

一、收购型

收购型即二手车服务商先对二手车进行收购,然后再转卖给消费者,并从中赚取差价。目前,二手车收购模式仍是国内二手车市场的主流模式,市场参与者众多。而互联网凭借信息传播速度快、实时性强等优势,成了传统二手车服务商获取和发布二手车信息的一个重要渠道。典型的企业有车王二手车、安美途二手车等。

二、信息服务型

二手车的信息服务主要以提供线上信息服务为主,为交易双方提供一个发布供需信息的平台,是最传统的互联网二手车服务。二手车经销商、经纪公司、拍卖机构和二手车车主等可以在网络平台上发布卖车信息,而买主则可以在这个平台上寻找到符合需求的车辆信息、评估信息以及行业信息。目前,行业内比较有代表性的二手车信息服务商有第一车网、51汽车网、易车公司旗下的淘车网等。

三、交易服务型

与汽车经销商不同,二手车交易服务商虽然参与到整个汽车交易过程中,但主要是提供核心的二手车交易经纪服务,以及延伸的在线信息服务,而不赚取差价。交易经纪服务,是指车主可以通过线上平台发布二手车信息,二手车交易服务商帮助车主寻找买家并给出专业评估,而买方则可以在该平台上获取车辆信息,并可通过线下连锁店做进一步咨询。例如瓜子二手车直卖网、273中国二手车交易网。

四、在线竞拍型

在线竞拍是实现二手车流通的最佳方式之一,二手车在线拍卖公司主要通过向车主抽取佣金的方式获取收入。二手车在线拍卖公司通过在线拍卖系统进行拍卖,交易双方不受地域限制,不用见面就可完成整个交易,降低了交易成本;最后车辆由条件最合适的买方拍得,提高了交易效率。当消费者在网络平台上拍下车辆并支付车款后,二手车在线拍卖公司也可以将拍下的车辆送到消费者手中。随着这股浪潮,国内先后涌现了优信拍、车易拍、二度车网、即时拍等优秀的二手车在线拍卖公司。

阅读上述资料后请思考：
1. 举例说明电子商务模式 B2B、B2C、C2C、C2B 等模式在二手车行业中的案例。
2. 新时代下催生的网络二手车服务模式有什么特点？

一、二手车市场的形成

1. 二手车的概念

二手车，英文译为"Used Car"，意为"使用过的车"，在中国也称为"旧机动车"（以下简称旧车）；"中古车"是日本的叫法；在美国，有二手车经营者为了更好地卖出二手车，改变消费者对二手车质量差的看法，给二手车定义为"曾经被拥有过的车"。

在《二手车流通管理办法》（2005年10月）"出台之前，国家的正式文件上一直没有出现过"二手车"的字样，有的只是"旧机动车"，虽然它们的内涵基本相同，只是提法上的差异，但"旧机动车"让人感觉车辆很破旧，从而在一定程度上影响了人们的消费情绪。其实旧机动车是指公安机关已经正式上牌，使用一次以上的车辆。旧车并不是意味着车辆陈旧，只要是车辆已经办理了机动车注册登记手续的，即使只使用了一天，也属于旧车。所以"二手车"在提法上更中性，更通俗易懂，同时也与国际惯例接轨。

二手车的定义直接关系到所涉及车辆的范围，在某种程度上也关系到二手车评估体系的科学性和市场交易的规范性，所以有必要对二手车给出明确的定义。根据2005年10月1日商务部颁布的《二手车流通管理办法》中的规定："二手车是指办理完注册登记手续到达国家制度报废标准之前进行交易并转移所有权的汽车（包括三轮汽车、低速载货车、农用车、挂车和摩托车）"。

知识链接

哪些车辆在国内是禁止交易的呢？
（1）已办理了报废手续的各类机动车；
（2）虽未办理报废手续，但已达到报废标准或在1年时间内将报废的各类机动车；
（3）未经安全检测和质量检测的各类机动车；
（4）证件手续不齐全的各类旧机动车；
（5）各种盗窃车和走私车；
（6）各种非法拼装车和组装车；
（7）国产和进口件非法组装的各类新机动车；
（8）右方向盘的旧机动车；
（9）国家法律、法规禁止进入经营领域的其他各类机动车。

2. 二手车产生的原因

(1) 消费者的喜新厌旧

一般而言,不论是普通的轿车还是昂贵的轿车,只要上市销售,市场上就一定会有相应的二手车出现。如今汽车厂家不断推出新车型,轿车的外观和性能不断提升,再加上大众经济能力的提升、便利的金融服务以及超前的消费观念,使汽车消费市场开始盛行"喜新厌旧"的消费态度。21世纪以来,我国人均收入逐年增长,很多城市已经有了规模较大的高收入阶层,他们的平均收入已经达到了汽车消费标准,成为稳定的换车群体,推动着我国换车消费逐年升温。《2018年度个人卖车大数据报告》(天天拍车平台统计)显示,陆续步入中年的"80后"车主,已成为卖车换车的中流砥柱,这部分人拥有更强的消费能力和置换车需求。在2018年的车主中,"80后"车主占比已达52.7%,较2017年增幅显著。

(2) 车主收支失衡

无论是国内还是国外,许多车主都是通过银行贷款购车的。由于各种原因,如车辆的档次较高、车价较高,每月还贷超出车主的实际承受能力,使车主难以还贷;又如车主买车时,只考虑到买车的钱,未考虑到使用过程中各项规费及维护保养等费用支出,使用中,发现超出自己的支付能力,这样车主手中的车就可能成为欲出售的二手车。

(3) 企业、政府部门或个人的产权变动

在企业或公司进行合并、合资、合作、兼并、联营、企业分设、企业出售、股份经营、租赁、破产时,也有可能产生欲出售的车辆,这些欲出售的机动车辆也是二手车的重要来源。此外,国家为政府部门配备的公务用车数量较大,均为中、高档车。由于各种原因,需要更换的时候,这些公务用车也进入二手车市场,但多半以拍卖的方式出售。

当个人遇到资金困难的情况时,需要将爱车抵押或典当来进行融资。当抵押人不能履行合同的义务时,抵押权人有权将抵押车辆根据合同的有关条款,在法律允许的范围内,将抵押车辆变卖,从变卖的价款中优先受偿。而这些欲变卖的车辆,也是二手车的一个来源。

2. 消费者选择二手车的原因

随着人们换车频率的加快,现在的二手车已经不再是"旧货""廉价"的代名词。我国消费者选择二手车的主要原因可以概括为以下几点:

(1) 性价比高

价格便宜是二手车热卖的一个原因。经济学家指出,一件商品一旦有了所有权,就几乎注定了沉没成本。还没开的新车只要有了交易的手续,再转手时,市场就会打折。因此,在经济学意义上,买一辆二手车,就是"打捞"并合法占有原车主丢失的沉没成本。对于一些消费者来说,在经济不宽裕而又想拥有一辆轿车的情况下,买二手车不失为权宜之计。还有一个原因就是车子的价值问题,同样是用车,新车使用几年后面临更换的问题,但是价格较高,相比较新车,二手车使用的寿命也很长,价格却便宜很多,对于一些消费者而言,买一辆二手车一定是个不错的选择。如果买一辆相对保值的二手车,开一两年再卖出去,只要不出事故,车主基本上不会亏钱,相当划算。这样根据自己的经济情况实实在在地消费,还可把资金用在更重要的投资上。

知识链接

以丰田普拉多（原名霸道）为例，据统计，该车三年保值率76.7%，五年保值率59.9%，十年后残值率33.9%。也就是说，买一辆最高配的普拉多（62万元），开十年后，还能卖20多万元。

（2）练习驾艺

通过观察网上的消费者市场调查问卷，部分二手车车主的购车意图是练习驾艺，买辆二手车，即使偶尔的一些碰撞、刮擦等小事故，也不至于像擦了新车那样难过。另外，二手车已经经过充分磨合，保质期内暴露出来的一些技术瑕疵都已进行了修理，因此二手车更适合新手驾驶。

（3）选择余地大

二手车交易市场上集中的汽车品牌和车型较多，消费者的选择余地较大，对于一些停产的经济车型，尤其是客货两用、经济实惠、营运成本低的微型面包车，消费者都可以在二手车市场上找到。

（4）怀旧心理

在众多的买二手车的人中，绝大多数人喜欢买比较新的二手车，但其中不乏"另类"，有些人喜欢去二手车市场逛，但对新款车不感兴趣，相反，一些款式比较老的二手车，尤其是绝版的老车，才能引起他们的兴趣。他们可能不是老爷车收藏的爱好者，但他们确实对一些有十几年车龄的老款车情有独钟。

知识链接

《理财周报》联合新华信国际信息咨询（北京）有限公司、网易汽车论坛共同推出的中国二手车接受度调查，主要研究了消费者对二手车的接受度、影响二手车接受度的因素及消费者偏好的二手车交易渠道，以期为企业营销决策提供依据。调查结果显示，近一半的受访者并不排斥购买二手车，受访者对二手车的接受度较高，49.5%的受访者不排斥购买二手车，其中16.5%的受访者明确表示计划购买二手车。家庭收入对二手车购买意愿的影响明显。调查结果还显示，车况、价格是否公开透明、经销商信用如何、保修期长短是目前影响二手车接受度的主要原因。

二、国外二手车市场的发展概述

二手车交易市场的繁荣程度是一个国家汽车流通领域是否发达成熟的重要标志，发达国家二手车市场交易量大，已形成规模效应。德、日、美等国家二手车交易量均远远超过新车的交易量，一般均比新车高出1倍以上。美国2016年二手车交易量4 350万辆，新车销量1 224万辆，二手车交易量是新车的2.5倍，利润率占到汽车领域总利润的45%，德国、英国、瑞士等国二手车年交易量均为新车销量的2倍多，日本二手车销量达到新车销量的1.3倍。资料表明，在西方成熟的汽车市场上，汽车报废周期平均为8～12年，而汽车更新周期平均为4年。我国2017年二手车交易量1 240万辆，新车销量为2 887万辆，二手车交易量占新车的43%，国内二手车市场还有较大的发展空间。

在发达国家汽车市场中，新车利润占整个汽车行业利润的20%，零部件利润约占20%，售后服务领域的利润占60%左右，这其中包括二手车置换、维修保养等服务业务。美国二手车市场的发展尤为突出，每年的二手车销量达600多万辆，占整车销量的70%，二手车利润非常大，占汽车行业总利润的45%，通常一辆新车的利润率不会超过5%，而一辆二手车的利润率普遍超过20%。高利润是国外二手车市场活跃的一个重要原因，也是二手车市场可持续发展的一个重要因素。

国外发达汽车国家二手车市场在经过数十年的市场洗礼后已然变得非常成熟，主要表现在以下几点：

1. 国外二手车市场繁荣源于综合体系成熟

在国外二手车市场，一般均形成了一套比较完善的收购和销售体制。各国政府也制定了有关二手车贸易的相关法规，以保护消费者的权益。在美国行驶的汽车中大半是二手车，美国政府逐步建立起一套比较完善的二手车评估、认证、置换、拍卖和销售体制，通过二手车的发展反哺新车销售。在瑞士，新车5年之内免检，5年之后，每3年检查一次。在意大利，新车行驶4年之后，每2年检查一次，一般情况下，车辆行驶8年就会自行处理，如果超过10年，直接由指定的拆解企业进行回收，同时还建立了科学、完善、权威的二手车评估体系。国内的二手车市场体制还不算完善，但是政府已经在政策上给予了支持，并且将会越来越完善。

2. 信息透明

发达国家二手车市场的信息较为透明。从车辆自身状况到各种交易信息都非常容易获得，大大降低了二手车市场的交易成本。此外，二手车一般配有规范化的售后服务标准。通过技术质量认证，商家对出售的二手车质量予以保证，消费者可以享受到与新车相同的售后待遇。在美国，人们对二手车刮目相看的首要原因是二手车项目一般包括合格的质量要求、严格的检测标准、质量改进保证、过户保证以及比照新车销售推出的送货方案等。美国对二手车的定价做法一般是为拥有的品牌车编制一本《价格总目录》，目录包括汽车出厂的年代、品牌、型号、行驶里程等。销售店的工作人员只需翻查目录就可大致给出比较合理的价格。另外影响车价的因素还有很多，譬如是否出过事故、有无大修记录和车体有无划痕等，这些因素都会使车价上下浮动。为了避免二手车市场信息不准确，购买的二手车有一定的试用期限，以避免消费者上当。

日本的二手车市场也已经实现全国信息互联，来自不同区域的人们可以不受地域限制互相交易。日本二手车交易公司规模普遍较大，可同一时间通过卫星将所有待售二手车信息传递到各地交易市场的大屏幕上。信息共享的高度透明化令日本二手车市场交易颇为活跃。

3. 评估体系健全

发达国家能够实现二手车交易信息的透明化，与评估体系较为健全有关。各式各样的评估协会、二手车协会在促进二手车行业健康发展中起到了举足轻重的作用。二手车评估系统由二手车协会制定，任何二手车的估价都由这一套系统来确定。二手车首先经技术检测部门进行测定，技术人员列出测试清单，然后对车辆进行估价，销售商根据这一估价和车辆的原销售价格，最终确定二手车的实际售价。

早在1966年，日本就成立了财团法人"日本汽车评估协会"，该协会对规范二手车的评估行为起到了重要作用。二手车经销商要想获得二手车的评估资格，必须通过日本汽车评估协会的审查。二手车销售店内要有通过评估协会组织的技能考试的专业评估师。评估师的资格有效期为3年，通过进修可以获得资格晋升。

4. 旧车享受售后服务

在国外，二手车实行规范化的售后服务标准。各国通过制定法规和行业协会管理条例来确定经营者的资质资格，通过技术质量认证，保证售出的二手车的质量，规范其交易行为。同时通过统一的服务标准，使购买二手车的消费者在一定时期内享受与新车销售相同的售后待遇。例如，通用公司规定车龄7年以内的二手车有1~2年的全美质量保证，与新车无异。而且，所有销售店出售的二手车都必须持有政府颁发的技术合格证书才能上路行驶。这些做法是美国二手车市场兴旺的重要原因。

日本每辆二手车可以在全国享受1年或2.5万公里的售后维修服务，买车人如果不满意，可以在车辆售出的10天以内或500公里以内退车。瑞士二手车车主可以得到一张保修单，享受2年的保修服务。这种承诺不仅在瑞士，而且在全欧洲通行。

5. 行业自律自我管理

国外二手车的行业组织发挥了重要的作用。政府基本上不干预二手车交易，行业协会负责加强行业管理和行业自律、制定行业标准。美国有汽车经销商协会，德国也有汽车经销商协会等，这些协会在汽车流通行业管理中有着很高的权威性。

6. 经营方式灵活

国外二手车市场活跃，与二手车经营主体的多元化、交易方式的多样化、交易手续的简便化以及汽车保有量较大有关。二手车的经营在国外已经形成了品牌专卖、大型超市、连锁经营、旧车专营、旧车拍卖等多元化经营体制，其交易方式多样化。例如直接销售、代销、租赁（实物和融资）、拍卖、置换等。英国拥有超过1 500家从事二手车销售和服务的汽车修理厂，消费者可选择的二手车品牌有百余种。

从上述国家的二手车市场的情况不难看出，越是汽车市场发达的国家和地区，二手车交易越活跃。旧车销售促进新车销售，旧车的客户是新车潜在的客户。

国外二手车市场交易规则

1. 日本：二手车的一切修复历史都要如实告知车主

在日本，二手车被称为"U-Car"或"中古车"。日本的二手车交易需要填写由

"自动车公正交易协会"统一印制的《汽车状况记录》。除了对厂牌、车型、首次登记日期、车牌、车辆的用途进行登记以外,还要对车的行驶里程做特别记录。如果车辆曾更换过里程表,那么要将现在的里程数和更换前的里程数分别登记。

除此以外,还要对车辆的侧梁、前梁、发动机舱、中控台、A柱、B柱、C柱、车顶、车内底板、后备箱底板等处的修复历史和不符合安全标准需要修复的隐患做详细记录。修复历史是指车的事故历史,任何修过的地方都要附有《车辆状况评价书》。所有被修复的部位要全部公开。

另外,每一辆二手车都可以在全国享受1年或2.5万公里的售后维修服务;买车人如果有任何不满意,也可以在车辆售出的10天以内或500公里以内退车。

2. 韩国:二手车交易实行拍卖

韩国的二手车统一由车行收购进行整修,经销公司通过每周1~2次的拍卖会向车行竞买整修后的车,再卖给消费者。一辆车会有三个交易价格:第一个是卖车人和车行之间的初始价格;第二个是车经过整修后,经销公司向车行买车的竞拍价格;最后一个是买车人最终购买该车的成交价格。一般来说,初始价格乘以一个利润系数,大致就是车的最后成交价格了,这里面的差价除去整修的费用,就是车行和经销公司的利润,可以作为买车人出价的参考。

3. 墨西哥:二手车要检验250个关键部位

墨西哥的二手车经营者必须对所购车辆250多个以上的关键部位进行严格的机械性能检测和检修。签订合同时必须对保质期、保修条件、违约处罚等进行具体规定。

4. 美国:3天之内无条件退车

美国大部分地区开展网上销售二手车服务。网站对二手车的质量经过综合检测,消费者可享有一定限制的质量保证期;消费者可自己选取取车地点,在发出订购指令后48小时内在指定的经销商处试车。如果准消费者不打算购买该车,其在试车前交纳的300元押金将全额退还。如果消费者对已购二手车表示不满,那么在确保二手车未遭损坏而行车又未满300英里①或购车不足3天的情况下,购车款可全额退还给消费者。

三、我国的二手车市场发展状况

我国的二手车交易市场是机动车商品二次流动的场所,它具有中介服务商和商品经营者的双重属性。具体而言,二手车交易市场的功能有:二手车鉴定评估、收购、销售、寄售、代购代销、租赁、置换、拍卖、检测维修、配件供应、美容装饰、售后服务,以及为客户提供过户、转籍、上牌、保险等服务。

随着二手车交易市场的发展,目前在我国已经有多种二手车交易市场形式,常见的有二手车交易市场、二手车经营公司、二手车置换公司、二手车经纪公司等。随着二手车市场的发展和壮大,二手车超市和二手车园区也在逐渐形成和发展。其主要功能是在一般的二手车

---

① 1英里=1.609千米。

市场的基础上，引入了汽车文化、科技、科普教育、展示、旅游、娱乐等多项功能。

1. 我国二手车市场的主要特点

（1）快速发展

经过多年的快速发展，我国已连续几年成为世界第一大新车销售市场，为二手车的发展奠定了良好基础。特别是近几年，新车销售进入一个平缓的阶段，但二手车销售进入了快速发展时期。据中国汽车流通协会统计，2016年全国共交易二手车1 039.22万辆，交易额6 039.27亿元。2017年全国31个省、市、自治区1 068家二手车交易市场累计二手车交易1 240.09万辆，同比增长19.33%，交易金额达到8 092.72亿元，同比增长34%。2018年，全国二手车累计交易1 382.19万辆，累计同比增长11.46%，交易金额达8 603.57亿元。2019年1—3月，累计交易二手车325.6万辆，同比增长2%，交易金额达2078亿元。

（2）地域性发展突出

在我国，二手车市场还凸显出地域性特点，经济越发达的地区，二手车交易量越大。北京、广东、上海、浙江、山东等经济发展较快的地区，占二手车交易量很大的比例，全国发展较慢的西部地区则成为二手车市场发展的一个新的支撑点。国内汽车消费呈现出梯度交叉传导的特征，国内的一线城市由于限购，成了二手车车源的输出地，而国内的三、四线城市则是二手车的目标市场，从而形成二手车市场的大流通格局。优信研究院2017年的数据显示，一、二线城市车源量仍旧占据绝对优势，集中了全国78%的车源，三线及三线以下城市车源拥有量仅占22%，但二手车消费群体占比将近三分之一，实际车源量和需求严重倒挂。

（3）经营模式有所转变

当前我国二手车市场出现了一系列新的变化，最显著的就是二手车经营主体出现了由单一模式向多元化模式的转变。经过一段时间的尝试，在部分有实力、有条件的新车供应商的组织带动下，一批新车经销商纷纷尝试二手车经营业务，并且在品牌效应、连锁经营、售后服务等更高层面上开始了规模化运营的尝试。一个以二手车交易市场、二手车经纪公司为传统力量，二手车经销商、拍卖商等众多新兴主体参与的多元化二手车经营格局已经形成，初步实现了二手车经营主体由原来的单一模式向多元化模式的转变。新车市场与二手车市场的联动效应更加明显，两个市场的互动性进一步增强。

（4）二手车置换大规模兴起，品牌认证成未来趋势

近年，我国二手车置换业务的广泛开展为新旧汽车两个市场带来了生机与活力，在促进新车销售的同时，也为二手车市场的扩充提供了丰富的经营资源。与此同时，品牌二手车业务取得重要进展，国内主要汽车厂商相继进入二手车领域，并陆续开展业务。品牌认证二手车是由各大汽车公司生产，并通过其指定的特约店进行评估、接收、检修及翻新后，通过正常的机动车所有权变更手续销售与提供服务的汽车。国内已有的品牌认证二手车有上海通用汽车诚新二手车、广州本田喜悦二手车、东风标致诚狮二手车、东风雪铁龙龙信二手车、上海大众特选二手车、东风日产认证二手车、东风悦达起亚至诚二手车、奔驰星睿二手车、宝马尊选二手车、奥迪品荐二手车等。

品牌认证二手车为广大汽车消费者提供了一个真正可以做到放心买、安心卖、省心换的优质服务，这些二手车均为国内各大主机厂旗下授权经销商的终端零售车源。可以说，认证二手车真正做到了杜绝事故车的承诺,并享有和新车一样的质保服务。

2. 国内二手车市场存在的问题及风险

虽然我国二手车市场相比以前有了长足的发展,但相比发达国家的二手车市场,我国的二手车市场无论在经营理念、经营方式还是经营管理上都与发达国家的二手车市场存在着一定的差距,具体体现在以下几点:

(1) 交易方式不够灵活

目前,二手车交易市场仅局限于提供场所、办理手续、收取交易费等,功能过于单一,缺乏现代营销手段,尚未发展成真正意义上的营销主体;只能在二手车交易市场由指定机构办理二手车交易及过户手续,使用统一的旧车交易发票;虽然各地二手车交易市场开展了收购、寄售、租赁、拍卖等多种经营方式,但二手车仍以代理交易为主,二手车行业法规出台滞后,时效性不足。现在市场上普遍存在"黄牛"和"车虫"等黑中介。

(2) 缺乏诚信和公正的评估体系

对于目前二手车市场而言,首要的问题就是传统的二手车市场诚信度不高,消费者购车时对车况总是有所顾虑,事故车坑害顾客的事件难以避免。传统二手车市场的一些商家在服务理念、服务态度和服务水平上都较差,基本上还处于初级阶段。很多二手车市场都存在拉客揽客的情况,一些故意隐瞒事实情况的导购也充斥于二手车市场中,消费者对于二手车市场从业人员简单粗暴的服务方式非常反感。

长期以来,国内还没有一套完整、严谨、科学的二手车鉴定及评估标准,二手车鉴定及评估存在评估随意性大、手段不科学、评估过程中主观因素多于客观因素以及评估结果偏离车辆的实际价值等问题。在二手车交易中,价格的评估是很重要的环节,目前我国经过专业培训的估价师数量并不多,而且估价的标准全国不统一,在交易中存在着定价不合理、随意性较大的问题。有的地方为了抢二手车生意,故意低估价格,竞相压价。评估体系不健全严重制约着二手车市场的发展。

(3) 售后服务环节薄弱

二手车市场的售后服务无法得到保障,消费者在传统的二手车市场购车,基本没有售后保障,这也成为很多消费者对二手车颇有顾忌的重要原因。二手车出现问题后,消费者往往要付出很多时间,问题也无法得到解决,甚至会出现无人可找的状况。一些增值服务在二手车市场更是无迹可寻。同时,我国二手车市场还存在严重的信息不对称,公民诚信体系尚未建立,车辆的维修保养记录、事故记录等信息不公开等问题,所以,消费者通过独立的第三方权威机构,按照二手车鉴定及评估标准,获取车辆真实的技术状况,显得尤为重要和迫切。

(4) 市场网络不完善

各地二手车交易市场在准入、交易方式、交易功能和交易程序等方面存在的差异,导致了各地二手车交易市场的业务主要是面向本地区,缺乏跨地区二手车流通的市场网络,出现信息不畅、运输成本高等问题,以及因各地对二手车档案移送、落户的要求不同,致使二手车的异地流通无法形成规范稳定的交易氛围。

3. 国内二手车的发展前景

驱动我国二手车市场快速发展的因素是多方面的。首先,我国市场新车销量和保有量的持续快速增长，保证会有大量二手车源源不断地流入市场，这也是我国二手车市场发展最主要的驱动因素。其次，家用车辆换车周期的不断缩短，以及企业用车数量的不断增长，将会进一步刺激市场上二手车的供应。再者，随着二手车质量的不断提高，消费者对二手车的接受程度将会越来越高。二手车的市场需求，尤其是来自城近郊区和农村低收入群体的需求，也将进一步增长。

知识链接

近年来，我国密集出台了多项促进二手车行业发展的政策，形成了一套推动行业发展的政策组合拳。其中，2021年出台二手车交易登记"跨省通办"、档案转递"电子化"等措施以及2022年出台的二手车行业临时产权制度、汽车年检放宽、取消国五限迁、年底开始限制车商以个人名义交易二手车等相关利好政策的释放，更是为市场提供了信心和保障。之前的二手车行业一直以来存在信息不透明、标准不统一、盈利模式单一、恶性竞争等问题，这些新政策的出台会进一步规范市场，使得市场更加透明，消费者的权益也能得到更好的保护。

据了解，包括瓜子二手车在内，许多国内二手车交易平台正在加快业务布局，推出了每辆车300多项检测数据，7天无理由退车，火烧、泡水、事故三类车辆终身包退等服务，不仅大大方便了消费者买卖二手车，也让二手车交易从单一的价格竞争逐渐转向质量、服务、保障等多元化竞争的阶段。

除了政策给力外，对于未来的二手车市场，如何保证能够健康有序地发展呢？保证二手车品质、提高二手车增值服务以及建立完善的二手车诚信交易平台将成为未来二手车市场发展最核心的三个内容。

(1) 保证二手车品质

对于品牌二手车而言，为了确保高品质，二手车必须通过严格的技术检测，以符合安全、外观及性能方面的标准。此外，对维修和整备技师进行专业培训，使他们对二手车不同程度和类型的缺陷与损伤采用不同的技术手段进行修复，充分消除原用户的使用痕迹甚至包括前车主给车带来的异味等。通过由内到外的整备，确保交付新用户的二手车处于最佳状态。

(2) 提高二手车增值服务

作为二手车经销商，向用户提供必要的服务，满足用户在购买和使用中的各种需求，是未来二手车发展的核心要素。经销商为用户提供二手车销售、信贷和保险的咨询，代办各种二手车的变更手续等是最基本的服务。更重要的是，全国质量联保索赔、替换车服务、两日退换车以及24小时道路救援等高端服务也应出现在一些高档二手车的增值服务中，并普及到非高档二手车的增值服务中。

(3) 建立完善的二手车诚信交易平台

二手车交易应该有一个透明的交易管理系统和完善的售后跟踪体系。全国联网的车辆保养维修信息系统将是未来二手车市场的一个必要系统，在此系统里，可对车辆的历史维修、保养记录、历史出险情况、表征里程的真实性等方面信息进行核查。客户在整个交易过程中可以参与车辆的检测，能够实时了解包括车辆信息、交易进度、手续处理等流程在内的相关信息，诚信规范的交易平台将可能的用户抱怨消灭在销售阶段。此外，二手车经销商还应该建立售后跟踪体系，对购车用户进行使用状况的访问、记录和分析，及时搜集用户反馈，为以后相关业务的改进提供参考。

4. 我国二手车市场迎来了非常难得的发展机遇，但也面临巨大的挑战

一是行业的管理体系建设、诚信体系建设还需要不断加强；二是对用户非常关注的售后服务的承诺，要继续规范；三是二手车行业发展对人才需求量非常大，但现在人才欠缺；四是如何利用互联网技术对二手车营销模式进行改变。

行业资讯速递

二手车市场上的交易陷阱

很多人在购买二手车时，图的就是价格便宜。因此，在货比三家后，一些超便宜的价格会打动淘宝者的心。但是不排除非法分子从中牟取暴利，欺骗消费者。

 陷阱1：卖方隐瞒实际车况

> **新闻链接：车况被隐瞒**
>
> 市场上的二手车质量参差不齐，通过车体美容、里程表改动等手段，在车的外观、磨损程度甚至背景上"做文章"是比较常见的猫腻。一些卖主在售车前，会对出过事故的车喷漆美容，让车辆从外表看不出来受过伤；除了对车体本身做手脚外，隐瞒二手车的实际背景经历也多见。比如有的车涉及经济纠纷，已质押或被法院查封，在汽车的档案里会有相关手续，但卖家故意隐瞒这一情节，借口"急需用钱"，以较低的价格出售；一些车是套牌车，车型的某些部分与原车档案记载不吻合。

 提示

消费者在购买二手车的时候应对车辆的基本状况有大致的判断。假如旧车重新喷漆，且前脸、尾部和A、B、C柱周围有多余修补的痕迹，该车极有可能发生过交通事故。消费者在选定车辆之后，应再到相关单位去做一个全车检查。

《二手车买卖合同》规定：卖方应向买方提供车辆的使用、修理、事故、检验以及是否办理抵押登记、缴纳税费、报废期等真实情况和信息；买方应了解、查验车辆的状况。在车辆交付买方之前所发生的所有风险由卖方承担和负责处理，在车辆交付买方之后所发生的所有风险由买方承担和负责处理。卖方应按照合同约定的时间、地点向买方交付车辆，保证合法享有车辆的所有权或处置权，保证所出示及提供的与车辆有关的一切证件、证明及信息合法、真实、有效。买方应按照合同约定支付价款，对转出本地的车辆，买方应了解、确认车辆能在转入所在地办理转入手续。卖方向买方提供的有关车辆信息不真实，买方有权要求卖方赔偿因此造成的损失。

陷阱2：运营车冒充私家车

> **新闻链接：1.5万元买了辆即将报废的出租车**
>
> 青岛市民李先生跑到二手车交易市场去选车，准备过年开回老家。看上了一辆外观挺新的桑塔纳，当时卖主称想春节前换辆新车，所以着急脱手。虽然车体看起来保养得很好，里程数不到18万公里，但毕竟是9年的车龄，卖家表示，这辆车质量好、保养好、价格低，才卖1.5万元，非常划算。李先生也觉得价格合适，简单看过行车证后，便付了车款。第二天，两人相约去过户，卖方才告诉李先生车辆登记证书丢了。李先生到有关部门一查，得知这辆桑塔纳原籍河北省，是辆运营了9年多的出租车，马上要报废了。上当受骗的李先生多次找车主理论，可始终没结果。

提示

有些商家会将特殊用途车当私家车卖，特殊用途车其实涵盖很多车辆，主要包括运营用的的士、驾校用的教练车等。这些车辆与私家车相比，由于使用频次和场合都比较"伤车"，因此都有其不同的缺点。在挑选二手车时要仔细鉴别车况，包括对发动机的性能、车辆的底盘、刹车以及外壳的完好程度进行评估，看该车是否有碰撞、维修记录，不妨找修理厂去认定一下，同时，了解清楚车辆的报废年限。另外，还要仔细核查购车原始发票或前次交易过户票等各种票据和凭证。

陷阱3：拖欠罚款和税费不告知

> **新闻链接：疏忽车辆规费，栽了大跟头**
>
> 王先生在广州做生意，需要一辆代步车，前几天，他在路边看到一辆挂牌转让的小汽车，品牌、型号和车身颜色都是他一直想要的，而且只有3年多的车龄。卖主开价不高，不到3万元。他当即就和卖家签订购买协议、付清车款，并约定第二天办理过户。但没想到，到车管所办理过户的时候，他发现爱车除了路桥费、养路费不齐全外，还有10多次交通违规行为，但卖家却以协议没有注明为由拒绝承担费用，要王先生自己来承担。无奈的王先生只好自认倒霉，白白损失了4 000多元。

提示

市场上有许多待售二手车有交通违法记录未处理，一旦购买此类车，消费者就要为前任车主的交通违法行为埋单。所以，购车前要到征稽机构查询车辆是否拖欠车船使用税，如有欠税情况，必须要求卖方缴纳后再进行交易。同时到交管部门查询该车的使用情况，如果有违章情况，则要求将违章处理后再交易。不少二手车都会标明该车拥有全年的保险，并把这项作为卖点，但通常都不会主动告知这辆车发生过什么理赔记录。消费者除了看保险外，还应当看理赔记录，这个找保险公司不难问到。

陷阱4：买车无保障

> **案例衔接：出了门，概不负责**
>
> 　　张先生到二手车交易市场，以8.3万元的价格购买了一辆商用车。不料，车子第一次出远门，还未开到目的地，就不能动了。无奈，他只能叫来拖车，把汽车拖回南昌的修理厂。当他找到二手车商时，车商告诉他，车子已经卖了，一切责任由他自己承担。

提示

　　中华民族弘扬诚信文化，二手车行业更需健全诚信建设长效机制。《二手车交易规范》对二手车的收购、销售以及二手车的经纪、拍卖、直接交易、市场交易的服务与管理等方面做了详细规定。对于二手车经销企业、二手车经纪公司、二手车交易市场等市场主体的职责及二手车拍卖、二手车直接交易等流通形式的行为规范做了进一步的明确规定。二手车经销企业销售使用年限在3年以内或行驶里程在6万公里以内的车辆（以先到者为准，营运车除外），应向直接用户提供不少于3个月或5 000公里（以先到者为准）的质量保证。

项目 2
二手车评估基础

📖 项目导读

本项目是评估人员必须具备的基础知识,主要介绍了整车的分类和识别方法、汽车参数、汽车贬值以及鉴定评估的基本理论等。其中,大部分内容是懂行的消费者在选车时频繁咨询到的问题,需要在学习时特别关注。

学生在理解的基础上,可练习解说汽车的主要性能指标。掌握这些基本知识也是为消费者提供选车咨询服务的基本前提。

📝 项目目标

知识目标	能力目标
1. 熟知汽车的分类、驱动形式、结构和技术参数 2. 知道汽车 VIN 编码及铭牌的编排规则及指示内容 3. 掌握汽车的使用寿命的分类和价值的含义 4. 熟悉二手车评估的相关概念	1. 学会汽车的分类方法 2. 能够在汽车上查找识别代码及标牌 3. 能够检查汽车的技术性能 4. 能够对汽车的经济性贬值进行估算

任务1　汽车的基础知识

任务导入

汽车行业以信息技术为手段构建优质高效的服务业新体系，建设了高效顺畅的二手车服务体系。图2-1-1是某二手车评估机构的管理系统界面，评估师需要在评估前记录该车的基本情况，请观察图2-1-1，说出评估所需的车辆信息有哪些？

(a)　　　　　　　　　　　　　　　(b)

图2-1-1　某二手车评估机构的管理系统界面

(a) 二手车界面首页；(b) 被评估车辆信息界面

相关知识

一、汽车的分类方法

随着汽车用途的日趋广泛，汽车结构装置不断进步，种类也越来越多。人们出于对生产、销售、管理等各种需要，必须对车辆进行分类。汽车分类的方法有很多，可以按照汽车用途、汽车结构分类,也可以按汽车相关标准法规来分类。此处仅介绍多用于车辆评估的汽车分类方法。

1. 世界汽车分类

(1) 欧系分类

欧系分类以德国轿车作为代表,德国将轿车分为6个等级,即A00、A0、A、B、C、D六个等级。其中A(包括A00、A0、A)级车指小型轿车;B级车指中档轿车;C级车指高档轿车;D级车指豪华轿车。其等级划分主要依据轿车的轴距、发动机排量和总质量等参数,具体如下:

①A00级车:轴距在2~2.2 m,发动机排量小于1 L。

②A0级车:轴距在2.2~2.3 m,发动机排量为1~1.3 L。

③A级车:轴距在2.3~2.45 m,发动机排量为1.3~1.6 L。

④B级车:轴距在2.45~2.6 m,发动机排量为1.6~2.4 L。

⑤C级车:轴距在2.6~2.8 m,发动机排量为2.3~3.0 L。

⑥D级车:轴距大于2.8 m,发动机排量在3.0 L以上,大多外形气派,车内空间极为宽敞,发动机动力强劲。

知识链接

图2-1-2是汽车之家的汽车分类方法,请试将欧系分类与之对应。

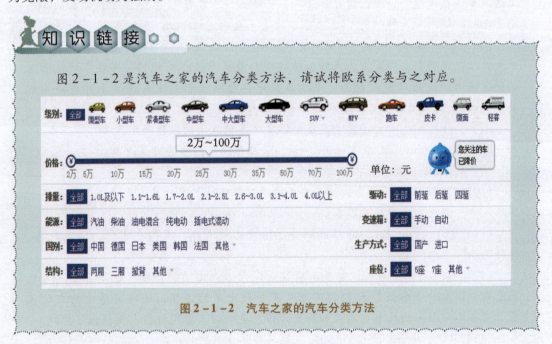

图2-1-2 汽车之家的汽车分类方法

(2) 美系分类

美系分类以通用汽车公司的分类标准为代表。通用公司一般将轿车分为6级,它是综合考虑了车型、尺寸、排量、装备和售价之后得出的分类。

①Mini级:一般指排量在1 L以下的轿车。

②Small级:一般指排量在1.0~1.3 L的轿车,处于我国普通轿车级别的低端。

③Low-med级:一般指排量在1.3~1.6 L的轿车。

④Inter-med级:和德国的低端B级车基本吻合。

⑤Upp-med级：涵盖德国B级车的高端和C级车的低端。
⑥Large/Lux级：涵盖德国C级车的高端和D级车。

知识链接

在欧美汽车市场，还将包括轿车在内的乘用车分为13个类别，分类的依据主要是轿车车身的结构形式、技术功能或某一历史渊源，每个类别都有一个英文名称，在欧美推出的各种乘用车车型中，常会见到这些英文名称。乘用车的13个类别列举如下：

（1）Sedan：又称为Saloon，是指最常见的四门三厢轿车，又称阶背式轿车。

（2）Coupe：四门两厢轿车的英文名称，也称为双门硬顶轿跑车。

（3）Hatchback：两厢轿车。在拥挤的大城市里行驶及停泊，两厢车无论是在使用的经济性还是方便性上，都极具优越性。

（4）Wagon：厢型旅行车，典型的旅行车有本田的奥德赛。大多数旅行车以轿车为基础，将轿车的后备箱加高到与车顶平齐，用来增加行李空间。

（5）Van：客货两用轿车，又称为MPV（Multi-purpose Vehicle），即多功能多用途汽车。在我国，Van也称为面包车、子弹头，通常有7~8个座位，侧面的车门是滑动的。国内常见的别克GL8公务车就是一款典型的Van。

（6）SUV（Sport Utility Vehicle）：运动型多用途汽车。SUV的名称表明了它的三大特征：运动型，即具有出色的加速性能和最高车速；功能性，即在各种路面上的通过能力和适应环境的能力；平顺性，即在操纵性和乘坐舒适性上可与轿车媲美。知名的国产SUV包括长城赛弗、奇瑞瑞虎等。

（7）Pick-up：中文是皮卡，是以轿车为基础改成的客货两用汽车。

（8）Convertible：又称为Open-car，是指车顶可折叠的敞篷汽车。

（9）Roadster：跑车。

（10）Crossover：跨界车，指一种保持运动休闲旅行车的基本元素，同时兼备如跑车元素、实用元素等的跨界车。

（11）ZEV（Zero Emission Vehicle）：指零排放汽车，人们也常称为绿色汽车、环保汽车、生态汽车等。

（12）Wecker：老爷车。老爷车不仅是现代工业文明的产物，也是百年汽车发展史的见证。老爷车吸引人们的不仅是其个性十足的造型，还有其厚重的文化底蕴。老爷车中融入的技术、人文和历史价值，也向旧车鉴定评估人员提出了挑战。

（13）RV（Recreational Vehicle）：运动型休闲车。

乘用车的上述分类标准会引起人们对概念的混淆，但妨碍不大。一款品牌轿车，如本田思域，同时就有Hatchback、Sedan、Coupe三种版本。

2. 我国汽车分类

目前我国汽车分类的方法比较复杂，从用途、结构、管理需要等各个不同的角度，都可以对汽车进行不同的分类。经国家质量监督检验检疫总局批准，汽车分类的两个新国家标准 GB/T 3730—2001《汽车和挂车类型的术语和定义》和 GB/T 15089—2001《汽车和半挂车的术语和定义：车辆类型》于 2002 年 3 月 1 日正式实施。

GB/T 3730—2001 主要用于型式认证，是型式认证各技术的法规适用范围的依据；GB/T 15089—2001 是通用性分类，是一般概念、设计、牌照、保险、政府政策和管理的依据。

新国家标准的新车分类标准与国际较为通行的称谓一致，分为乘用车和商用车两大类。但由于各国在车型细分上没有统一的标准，因此对于乘用车和商用车之下的细分是按照我国汽车自身特点进行的，具体如图 2-1-3 所示。

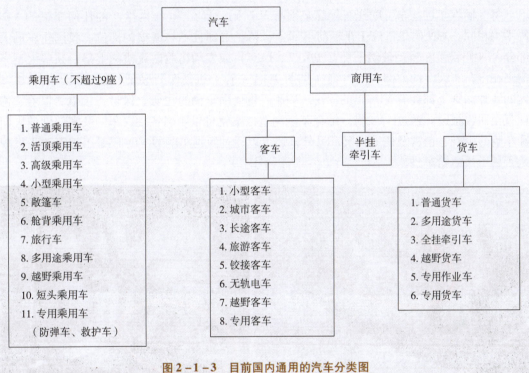

图 2-1-3 目前国内通用的汽车分类图

（1）乘用车

乘用车是指在设计和技术特性上主要用于载运乘客及其随身行李或临时物品的汽车，包括驾驶员座位在内最多不超过 9 个座位。它也可以牵引一辆挂车。乘用车共分为 11 种。

（2）商用车

商用车是指在设计和技术特性上用于运送人员和货物的汽车，并且可以牵引挂车。乘用车不包括在内。

①客车。客车是指在设计和技术特性上用于载运乘客及其随身行李的商用车辆，包括驾驶员座位在内的座位数超过 9 座。客车有单层的和双层的，也可以牵引一辆挂车。客车分为 8 大类。

②半挂牵引车。半挂牵引车是指装有特殊装置用于牵引半挂车的商用车辆。

③货车。货车指一种主要为载用货物而设计的商用车辆，它可牵引挂车。货车分为 6 种类型。

二、车辆识别代码

1. 车辆识别代码的概念和意义

车辆识别代码（Vehicle Identification Number：VIN）是各国汽车制造商为了便于识别车辆信息而给一辆车指定的一组字码，被称为汽车的身份证。VIN 码由 17 位字符组成，包含车辆的制造商、年份、车型、车身型式及安全保护装置型号、发动机代码及组装地点等信息。

每一辆汽车、挂车、摩托车等都必须有 VIN 码，且在 30 年内生产的任何车辆的 VIN 码不得相同。VIN 码尽量位于车辆前半部分、易于看到且不易磨损的部位。我国轿车的大部分 VIN 码设置在风挡玻璃下部（见图 2-1-4）或发动机舱内流槽的上部；某些大型车辆则在汽车车架上的前部右侧打刻（见图 2-1-5）。机动车行驶证、保险单、发动机室内的各种铭牌上都会有 VIN 码的标注。VIN 码将伴随车辆的注册、保险、年检、保养、修理直至回收报废。通过 VIN 码，结合车辆制造档案就可以明确各批次车辆及零部件的去向和车辆的生产、销售及使用状况。另外，还可以通过甄别车辆的 VIN 码是否被篡改来发现是否属于被盗抢车辆。

图 2-1-4　风挡玻璃下部的 VIN 码　　　　图 2-1-5　车架上前部右侧的 VIN 码

2. 车辆识别代码的基本内容

车辆识别代码由三部分组成。

对于年产量 ≥500 辆的制造厂，车辆识别代码的第一部分为世界制造厂识别代号（WMI）；第二部分为车辆特征说明部分（VDS）；第三部分为车辆指示部分（VIS）。如图 2-1-6 所示。

对于年产量 <500 辆的制造厂，车辆识别代码的第一部分为世界制造厂识别代号（WMI）；第二部分为车辆特征说明部分（VDS）；第三部分的第三、第四、第五位同第一部分的三位码一起构成世界制造厂识别代号（WMI），其余五位为车辆指示部分（VIS）。如图 2-1-7 所示。

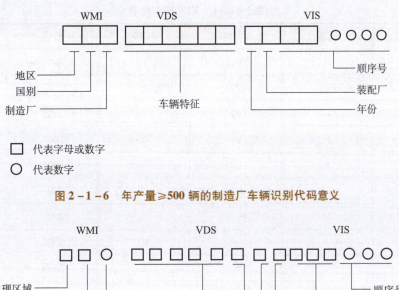

图 2-1-6 年产量≥500 辆的制造厂车辆识别代码意义

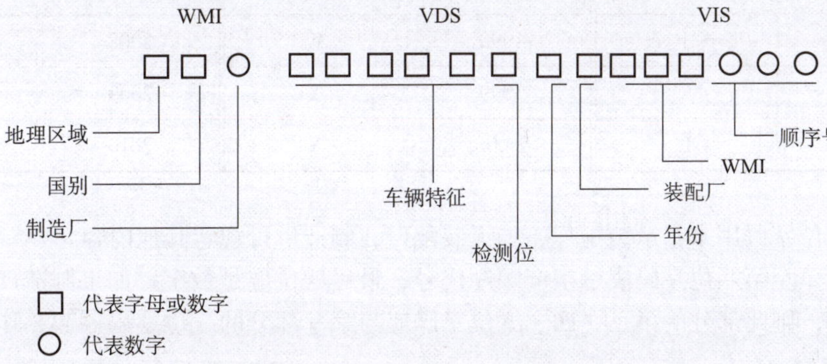

图 2-1-7 年产量<500 辆的制造厂车辆识别代码意义

(1) 第一部分：世界制造厂识别代号（WMI）

①世界制造厂识别代号的第一位字码是标明一个地理区域的字母或数字，第二位是标明一个特定地区内的一个国家的字母或数字。第二位字码的组合能保证国家识别标志的唯一性。

②世界制造厂识别代号的第三位字码是标明某个特定制造厂识别标志的唯一字母或数字。第一、二、三位字码的组合能保证制造厂识别标志的唯一性。如 LSG 表示上海通用汽车有限公司；LSV 表示上汽大众；LNB 表示北京现代；LGB 表示东风汽车；LEN 表示北京吉普。

③对于年产量≥500 辆的制造厂，世界制造厂识别代号由三位字码组成。对于年产量<500 辆的制造厂，世界制造厂识别代号将与第一部分的三位字码一起作为世界制造厂识别代号。

世界制造厂识别代号必须经过申请、批准和备案后方能使用。

(2) 第二部分：车辆说明部分（VDS）

车辆说明部分由六位字码组成，如果制造厂不用其中的一位或几位字码，应在该位置填入选定的字母或数字占位。此部分应能识别车辆的一般特征，由其代号顺序中制造厂决定。

(3) 第三部分：车辆指示部分（VIS）

车辆指示部分由八位字码组成，对于年产量≥500 辆的制造厂，其最后四位字码应是数字。

①第一位表示生产年份代码。年份代码的使用规定见表 2-1-1。

表 2-1-1　VIN 码年份表

年份	代码	年份	代码	年份	代码
1981	B	1991	M	2001	1
1982	C	1992	N	2002	2
1983	D	1993	P	2003	3
1984	E	1994	R	2004	4
1985	F	1995	S	2005	5
1986	G	1996	T	2006	6
1987	H	1997	V	2007	7
1988	J	1998	W	2008	8
1989	K	1999	X	2009	9
1990	L	2 000	Y	2010	A

②第二位字码用来指示装配厂，如无装配厂，制造厂可规定其他内容。

③第三位至第八位字码表示生产顺序代号，最后四位应是数字。如果制造厂的年产量不足 500 辆，则此部分的第三、四、五位字码应与第一部分的三位字码一起，作为世界制造厂识别代号。

以中国一汽集团汽车识别代码（见图 2-1-8）为例进行说明：

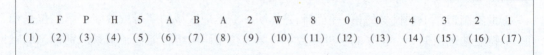

图 2-1-8　中国一汽集团汽车识别代码

第（1）位为生产国别代码，L 表示中国。

第（2）位为制造厂商代码。F（First）表示一汽。

第（3）位为车型类型代码。P（Passenger）表示轿车。

第（4）位为车辆品牌代码。H 表示红旗牌。

第（5）位为发动机排量代码。5 表示 2.1~2.5 L。

第（6）位为发动机类型及驱动形式，A 表示汽油、前置、前驱。

第（7）位为车身型式代码。B 表示四门折背式。

第（8）位为安全保护装置代码，A 表示手动安全带。

第（9）位为工厂检验位代码，用数字 0~9 或 X 表示。

第（10）位为生产年份代码，W 表示生产年份为 1998 年。

第（11）位为生产装配工厂，8 表示第一轿车厂。

第（12）~（17）位表示工厂生产顺序号代码。

知识链接

我国对机动车的管理实行双码制,新车在车管所办理登记的时候就要提交车上的车辆识别代码和发动机号,汽车经销商要把车上的这两串编码拓印下来。拓印的编码装进档案袋,当需要核实车辆身份时,就将档案袋内的拓码调出与现场拓码进行核对(字体大小、形状、间距完全一致才行)。

下面以普桑发动机号拓印为例进行说明:

第一步:查找发动机钢印的位置(见图2-1-9)。

第二步:将红印泥均匀地、薄薄地涂在发动机钢印表面上,钢印字内不要涂上(见图2-1-10)。

图2-1-9　发动机钢印

图2-1-10　涂抹红印泥

第三步:将拓印透明胶黏纸覆盖在已涂抹了红印泥的发动机钢印上,取下已拓印好发动机钢印的拓印纸(见图2-1-11)。

图2-1-11　已拓印好发动机钢印的拓印纸

三、汽车产品型号编制规则

根据《汽车产品型号编制规则》(GB/T 9417—1988)的规定,我国汽车产品型号由企业名称代号、车辆类型代号、主要参数代号和产品序号组成,必要时附加企业自定代号,包括首部、中部和尾部三部分,如图2-1-12所示。

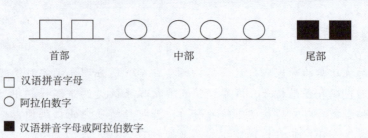

图 2-1-12　汽车产品型号

1. 首部

首部由两个或三个汉语拼音字母组成，表示企业名称代号，例如：ZZ 代表中国重汽；CA 代表第一汽车制造厂；ND 代表北京奔驰；EQ 代表第二汽车制造厂；BJ 代表北京福田；TJ 代表天津汽车制造厂等。

2. 中部

中部由四个阿拉伯数字组成。

第 1 位数字表示车辆类别，如表 2-1-2。

表 2-1-2　车辆类别代号

车辆类别	车辆种类	车辆类别	车辆种类
1	载货汽车	5	专用汽车
2	越野汽车	6	客车
3	自卸汽车	7	轿车
4	牵引汽车	8	半挂车及专用半挂车

中部的第 2、3 位数字表示各类汽车的主要特征参数，其中载货汽车、越野汽车、自卸汽车、牵引汽车、专用汽车均表示汽车的总质量（单位：t）；客车表示汽车的总长度（单位：m）；轿车表示汽车的排气量（单位：L）；半挂车及专用半挂车表示汽车的总质量（单位 t）。

中部的第 4 位数字表示产品序号。其中 0 代表第一代产品，1 代表第二代产品。

3. 尾部

尾部用于在同一汽车中对变型车与基本型车结构加以区别（如采用不同的发动机、加长轴距等），可用汉语拼音字母和数字表示，由企业制定。

例如：BJ2020S，其中 BJ 代表北京汽车制造厂；2 代表越野车；02 代表该车总质量为 2 t；0 代表该车为第一代产品；S 为厂家自定义。CA1092，表示一汽集团生产的货车，总质量 9 吨，2 表示在原型车 CA1091 基础上改进的新车型。CA7226L，表示一汽集团生产的轿车，发动机工作容积 2.2 L，6 表示安装 5 缸发动机的车型，L 表示加长型。

项目 ② 二手车评估基础

知识链接

准确地识别品牌是一名合格的二手车鉴定评估师必备的技能。面对市场上几百种品牌车型，有已经被淘汰的旧车型，也有刚刚入市的新车型，这些车都有可能流入二手车市场。

识别车型首先要能够识别车标，尤其是主流车型的品牌车标。品牌的演变历史、主要核心卖点、所针对的目标群体、车型细分、价格区间以及在同类车型中的地位等都是需要了解的信息。车标帮助人们识别品牌，但品牌的识别不能仅仅依赖车身上的标示，因为现在很多车主喜欢将车标换成某国际知名品牌的车标。例如比亚迪F3的车主喜欢把车标换成丰田的车标，或者将低配置标示改为高配置，等等。所以，评估师必须学会从外观、内饰以及配置上识别品牌，能够根据实际的主要参数、配置情况识别具体车型。现在市场上的车型繁杂多样，很多车每年都出新车型，在外观或是配置上多多少少会进行一些改变，要做到准确地识别，就需要不断地积累和学习。

四、汽车的主要参数

汽车的主要参数包括结构参数与性能参数，结构参数又包括汽车的质量参数和尺寸参数。

1. 汽车结构参数

(1) 汽车的质量参数

1）整车装备质量

整车装备质量是指汽车按出厂技术条件装备完整（如燃油、润滑剂、备胎、工具等）后的重量。

2）汽车的载质量

汽车的载质量是指汽车在硬质良好路面上行驶时的额定装载质量。轿车的装载质量用座位数表示。城市客车的装载质量以座位数与站立乘客数之和表示，其中站立乘客数按每平方米8~10人计算。

3）汽车的总质量

汽车的总质量是指汽车满载时的总质量，等于整车装备质量与汽车的载质量之和。

4）轴荷

轴荷是指汽车满载时，前后车轴所承受的垂直载荷。单个车轴最大载荷质量应满足轴荷分配的技术要求外，还应遵循国家对公路运输车辆及其总质量的法规限制。轴荷分配不当，会导致各轴轮胎磨损不均匀。

(2) 汽车尺寸参数

1）外廓尺寸

外廓尺寸即汽车的长、高、宽。车长是指垂直于车辆的纵向对称平面，并分别抵靠在汽车前后最外端突出部位的两垂面之间的距离。

车宽是指平行于车辆纵向对称平面，并分别抵靠在车辆两端固定突出部位的两平面之间的距离。其中，汽车两端突出部位不包括后视镜、侧面标志灯、示位灯、转向指示灯、挠性挡泥板、折叠式踏板、防滑链及轮胎与地面接触部分的变形部分。

车高是指汽车空载时最高点至水平面的距离。

汽车尺寸在各国均有法规规定，这是为了使汽车尺寸适合于各国的公路、桥梁和铁路标准，保证行驶的安全性。我国 GB 1589—2016 规定：车高不大于 4 m，车辆总宽不大于 2.5 m，汽车总长为货车（包括越野车）不大于 12 m。汽车尺寸的具体规定参照如表 2-1-3 所示。（国标全文可浏览：http://www.wwwauto.com.cn/xgJSBZ/jdCL/index.htm）

表 2-1-3 汽车、挂车及汽车列车外廓尺寸的最大限值   m

车辆类型			长度	宽度	高度
汽车	三轮汽车		4.6	1.6	2
	低速货车		6	2	2.5
	货车及半挂牵引车		12	2.55	4
	乘用车及客车	乘用车及二轴客车	12	2.55	4
		三轴客车	13.7		
		单铰接客车	18		
挂车	半挂车		13.75	2.55	4
	中置轴、牵引杆挂车		12		
汽车列车	乘用车列车		14.5	2.55	4
	铰接列车		17.1	2.55	4
	货车列车		2	2.55	4

2）轴距

轴距是指汽车前轴中心至后轴中心的距离。轴距影响汽车的长度，还对轴距分配、传动轴夹角有影响。轴距稍短有利于机动性，但过短也会带来由于车厢长度不足或后悬过长而产生的问题；轴距稍长有利于乘坐舒适性。

3）轮距

轮距是同一轴上车轮接地点中心之间的距离。轮距对汽车的总宽、总重、横向稳定性和机动性影响较大。轮距越大，横向稳定性越好，对轿车车厢内宽有利。但轮距过宽，汽车的宽度和质量也会加大，机动性不好。

4）前后悬

前悬是指汽车最前端与前轴中心之间的水平距离。前悬尺寸对汽车的通过性、碰撞安全性、上下车方便性、汽车造型等均有影响。前悬过长会使汽车的接近角过小。

后悬是指汽车最后端至后桥中心之间的水平距离。后悬尺寸对汽车的通过性、汽车的行李舱长度、汽车造型均有影响。后悬的长度主要决定于货箱长度、轴距和轴荷分配情况。

5）最小离地间隙

最小离地间隙是汽车在满载（允许最大荷载质量）的情况下，其底盘最突出部位与水平地面的距离。最小离地间隙反映的是汽车无碰撞通过有障碍物或凹凸不平的地面的能力。一般来说，轿车的最小离地间隙在 110～130 mm，例如奥迪 A6 轿车的最小离地间隙为 115 mm。SUV 的最小离地间隙一般在 200～250 mm，例如丰田的陆地巡洋舰是 220 mm。现在装有空气悬挂或电磁悬挂的车型可以自动调整离地间隙，能较好地满足通过性和高速稳定性的双重需要。

案 例

图 2-1-13 是帕萨特的车身尺寸，分别指出它们的含义。

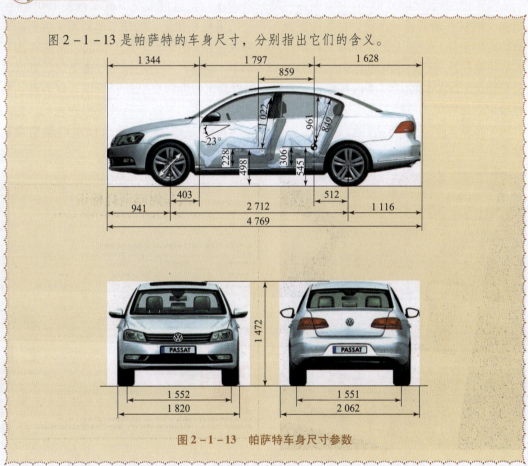

图 2-1-13　帕萨特车身尺寸参数

2. 汽车的性能参数

汽车的主要性能包括动力性、燃油经济性、制动性、操纵稳定性、行驶平顺性、通过性、噪声及排放等。

(1) 汽车的动力性

汽车的动力性是指汽车发挥最大功率或最大转矩时所表现的性能。汽车动力性的衡量指标主要是最高车速、加速性能及爬坡性能。

最高车速是指汽车在水平良好路面上能达到的最好行驶车速。

加速性能是指汽车在各种使用条件下迅速增加汽车行驶速度的能力,一般用加速时间和加速距离来表示。汽车由原地起步加速到一定车速需要的时间是汽车加速性能的一项重要指标。原地起步加速到 100 km/h 所需时间,中、高级轿车一般为 10~17 s;普通级轿车为 12~25 s,也有用 0~80 km 的加速时间来评价其加速性能的。

爬坡性能是指汽车满载时,在坚硬路面上以一挡等行驶期间所爬行的最大坡度,这个指标可以反映汽车的最大牵引力。

(2) 汽车的燃油经济性

燃油经济性是指在一定的使用条件下,汽车以最小的燃油量完成单位运输工作的能力。

汽车燃油经济性是汽车的一个重要性能,常用在一定运行工况下汽车行驶 100 km 的燃油(燃料)消耗量或一定燃油量能使汽车行驶的里程来衡量。为便于消费者了解所购车型的实际油耗,中华人民共和国工业和信息化部规定从 2010 年 1 月 1 日起,车辆在出厂前必须粘贴汽车燃料消耗量标识(见图 2-1-14)。轻型汽车分别标明城市工况、郊区工况和综合工况下的油耗三类油耗标识,另外,进口新车也同样要贴油耗标识,以方便消费者辨识油耗程度或节能效果。该工况油耗数值是在试验模拟工况下行驶操作产生的,是一个较为客观的数值,与实际行驶工况相比存在一定的差距,这个数值仅供购车消费者参考。

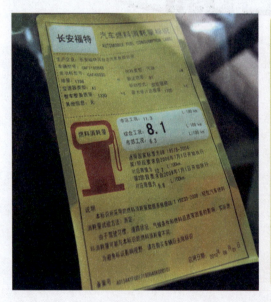 

图 2-1-14 汽车燃料消耗标识

(3) 汽车的制动性

汽车的制动性是指汽车行驶时能在短时间内停车且维持行驶方向稳定性和在下长坡时能维持一定车速的能力,是汽车的几个主要性能之一。制动性直接关系到汽车的行车安全,重大交通事故往往与制动距离太长、紧急制动时发生侧滑等情况有关,因此汽车的制动性是汽车行驶的重要保障。

汽车的制动性主要从以下几个方面评价:

①制动效能,即汽车的制动距离(或制动减速度),用汽车在良好路面上以一定初速度制动到停车的制动距离来评价,制动距离越短,制动性就越好。

②制动效能的恒定性，即制动器的抗衰退性，它是指汽车高速行驶下长坡连续制动时，制动器连续制动时制动效能保持的程度。

③制动时汽车的方向稳定性，即汽车制动时不发生跑偏、侧滑以及失去转向能力的性能，常用制动时汽车按给定路径行驶的能力来评价。

世界各国对汽车制动性的要求有所不同，比如，我国对轿车的制动性要求是：在干的水泥路面上，汽车满载以 80 km/h 的初速制动，制动距离不得大于 50.7 m，而制动时的稳定性要求是不允许偏出 3.7 m；美国对轿车的制动性的要求则是：汽车以 96.5 km/h 的初速制动时，制动距离不得大于 65.8 m，制动的稳定性要求是车轮不抱死、不偏出 3.66 m。

(4) 汽车的操纵稳定性

汽车的操纵稳定性是驾驶者在常态情况下，汽车抵抗各种外界干扰并保持稳定行驶的能力，包括操纵性和稳定性。操纵性是指汽车能够及时而准确地按照驾驶员的指令行驶；稳定性是指汽车在受到外界干扰时，能自行尽快地恢复正常行驶状态和方向，而不失控。汽车操纵稳定性需要采用较多的物理参量从多方面来进行评价。表 2-1-4 给出了汽车操纵稳定性的基本内容及评价所用物理参量。

表 2-1-4 汽车操纵稳定性的基本内容及评价所用物理参量

基本内容	主要评价参量
1. 转向盘角阶跃输入下进入的稳态响应——转向特性 转向盘角阶跃输入下的瞬态响应	稳态横摆角速度增益——转向灵敏度 反应时间、横摆角速度波动的无阻尼圆频率
2. 横摆角速度频率响应特性	共振峰频率、共振时振幅比、相位滞后角、稳态增益
3. 转向盘中间位置操纵稳定性	转向灵敏度、转向盘力特性、转向盘转矩梯度、转向功灵敏度
4. 回正性	回正后剩余横摆角速度与剩余横摆角、达到剩余横摆角速度的时间
5. 转向半径	最小转向半径
6. 转向轻便性 原地转向轻便性 低速行驶转向轻便性 高速行驶转向轻便性	转向力、转向功
7. 直线行驶性能 直线行驶性 侧向风稳定性 路面不平度稳定性	转向盘转角和 侧向偏移
8. 典型行驶工况性能 蛇行性能 移线性能 双移线性能——回避障碍性能	转向盘转角、转向力、侧向加速度、横摆角速度、侧偏角、车速等
9. 极限行驶能力 圆周行驶极限侧向加速度 抗侧翻能力 发生侧滑时的控制性能	极限侧向加速度 极限车速 回至原来路径所需时间

汽车操纵稳定性试验评价有主观评价和客观评价两种方法。客观评价法是通过测试仪器测出表征性能的物理量（如横摆角速度、侧向加速度、侧倾角及转向力等）来评价操纵稳定性的方法；主观评价法就是让评价者根据试验时自己的感觉来进行评价。

（5）汽车的行驶平顺性

汽车的行驶平顺性是指汽车在一般行驶速度范围内行驶时，能保证乘员不会因车身振动而引起不舒服和疲劳的感觉，以及保持所运货物完整无损的性能。由于行驶平顺性主要是根据乘员的舒适程度来评价的，又称为乘坐舒适性。舒适性应包括平顺性、空气调节性能（温度、湿度等）、车内噪声、乘坐环境（活动空间、车门及通道宽度、内部设施等）及驾驶员的操作性能。

汽车是一个复杂的多质量振动系统，车身通过车架的弹性元件与车桥连接，而车桥又通过弹性轮胎与道路接触，其他如发动机、驾驶室等也以橡皮垫固定于车架。在激振力的作用下（如道路不平而激起的冲击和加速、减速时的惯性力，以及发动机与传动轴振动等），系统将发生复杂的振动，对乘员的身体和所运货物的完整性，均会产生不利的影响。在坏路上，汽车的允许行驶速度受动力性的影响不大，主要取决于行驶平顺性。首先，如果此性能不好，乘员就会被迫降低行车速度，这样会使汽车的平均技术速度降低，运输生产率下降。其次，振动产生的动载荷，加速了零件的磨损，乃至引起损坏，降低了汽车使用寿命。此外，振动还引起能量的消耗，使燃料经济性变坏。因此，减少汽车本身的振动，不仅关系到乘坐的舒适性和所运货物的完整性，而且关系到汽车的运输生产率、燃料经济性、使用寿命和工作可靠性等。

（6）汽车的通过性

汽车的通过性是指在一定载质量下，汽车能以足够高的平均车速通过各种坏路及无路地带（松软土壤、沙漠、雪地、沼泽等松软地面及坎坷不平地段）和克服各种障碍（陡坡、侧坡、台阶、壕沟等）的能力。汽车的通过性主要取决于汽车的支承性质（地面物理性质）、牵引参数（汽车结构参数）和几何参数。同时，它也与汽车的其他使用性能（如动力性、平顺性、机动性、稳定性）有关。

评价汽车的通过性，主要指标有接近角、离去角、纵向通过角和最小离地间隙，如图 2 – 1 – 15 所示。

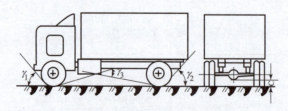

图 2 – 1 – 15　汽车的通过性参数

其中，接近角 γ_1 和离去角 γ_2 是指自车身前、后突出点向前、后车轮切线时，切线与路面之间的夹角。它表示汽车接近或离开障碍物（如小丘、沟洼地等）时，不发生碰撞的能力。接近角和离去角越大，则汽车的通过性越好；纵向通过角是指在汽车空载、静止时，在汽车侧视图上通过前、后车轮外缘做切线交于车体下部较低部位所形成的最小锐角 γ_3。它表示汽车可无碰撞地通过小丘、拱桥等障碍物的轮廓尺寸。纵向通过角越大，汽车的通过性越好。

(7) 汽车的噪声及排放

汽车噪声，即汽车行驶在道路上时，内燃机、喇叭、轮胎等发出大量的人类不喜欢的声音。汽车噪声严重影响人的身体健康。近年来，城市机动车辆增长很快，伴随而来的交通噪声污染环境现象也日益突出。

汽车排放是指从汽车废气中排出的CO（一氧化碳）、HC、NOx（碳氢化合物和氮氧化物）、PM（微粒、炭烟）等有害气体。目前，世界汽车排放标准并立，分为欧洲、美国、日本标准体系。欧洲标准测试要求相对比较宽泛，是发展中国家大都沿用的汽车尾气排放体系。我国目前推行第五阶段机动车污染物排放标准，即"国五"标准，"国五"标准排放控制水平相当于欧洲正在实施的第五阶段排放标准。欧盟已经从2009年起开始执行，其对氮氧化物、碳氢化合物、一氧化碳和悬浮粒子等机动车排放物的限制更为严苛。从"国一"提至"国四"，每提高一次标准，单车污染减少30%~50%。环保部曾发布关于轻型车将于2020年7月1日强制执行"国六"排放的公告。

五、汽车型式

汽车型式是指汽车的轴数、驱动型式、发动机在汽车上的安装位置、传动系的类型及车身或驾驶室的类型。汽车型式对汽车的使用性能、质量、外形尺寸、制造成本等影响很大。

1. 汽车的轴数

汽车可以有双轴、三轴、四轴甚至更多的轴数。影响选取轴数的因素主要有汽车的总质量、道路法规对轴载质量的限制和轮胎的负荷能力。

我国公路标准规定，对于四级公路及桥梁，单轴最大允许轴载质量为10 t，双轴最大允许轴载质量为18 t（每轴9 t）。根据公路对汽车轴载质量的限制、所设计汽车的总质量、轮胎的负荷能力以及使用条件等，可以确定汽车的轴数。因为双轴汽车结构简单、制造成本低，故总质量小于19 t的公路运输车广泛采用这种方案。总质量在19~26 t的公路运输车采用三轴型式，总质量更大的汽车用四轴和四轴以上的型式。因为轿车总质量较小，均采用两轴型式。不在公路上行驶的汽车（如矿用自卸车等），其轴荷不受道路桥梁限制，多数采用两轴型式。

2. 汽车的布置型式

现代汽车按照发动机和各总成的相对位置不同，其总体布置型式通常有前置前驱（FF）、前置后驱（FR）、后置后驱（RR）、中置后驱（MR）和前置四驱（4WD）。

（1）前置前驱（FF）

前置前驱是指发动机前置、前轮驱动。此种型式的动力系统结构紧凑、驱动轴短、动力输出损耗低，但存在转向不足的缺陷，主要用于轿车。例如凯美瑞、新一代天籁、大众迈腾、奥迪A3、奔驰B级等均是前置前驱车型。

（2）前置后驱（FR）

前置后驱是指发动机前置、后轮驱动。前后轮各司其职，转向和驱动分开，因此高速稳定性好，车辆爬坡能力强，负荷分布较均匀。这是一种传统的布置型式，国内外的大多数货车、部分轿车和部分客车都采用这种型式。如丰田锐志、宝马3系、奔驰C级、法拉利599。

(3) 后置后驱（RR）

后置后驱是指发动机后置、后轮驱动。发动机后置，使前轴不易过载，并能更充分地利用车厢面积，还可有效地降低车身底板的高度或充分利用汽车中部底板下的空间安置行李，也有利于减轻发动机的高温和噪声对驾驶员的影响。但发动机散热条件差，同时远距离操纵也使操纵机构变得复杂、维修调整不便。但由于优点较为突出，在大型客车上应用越来越多。现代乘用车采用后置发动机的有保时捷911系列和Smart Fortwo等。

(4) 中置后驱（MR）

中置后驱是指发动机中置、后轮驱动。其优势是可获得最佳的轴荷分配，操纵稳定性和行驶平顺性较好；发动机邻近驱动桥，无须传动轴，从而减轻了车重，具有较高的传动效率；重量集中，车身平摆方向的惯性力矩小，转弯时，转向盘操作灵敏，运动性好。但同时发动机的布置占据了车厢和行李箱的一部分空间，通常，车厢内只能安放两个座椅。大多数高性能跑车和超级跑车都采用这种型式，如法拉利458、兰博基尼盖拉多LP550-2、帕加尼Zonda等。

(5) 前置四驱（4WD）

前置四驱是指发动机前置、四轮驱动。该驱动方式可以按照行驶路面状态的不同而将发动机输出扭矩分别分布在前后所有的轮子上，提高汽车的通过性。这种型式的越野车、高性能跑车应用得最多。

查看图2-1-16中的注册登记机动车信息栏，找出车辆的主要参数。

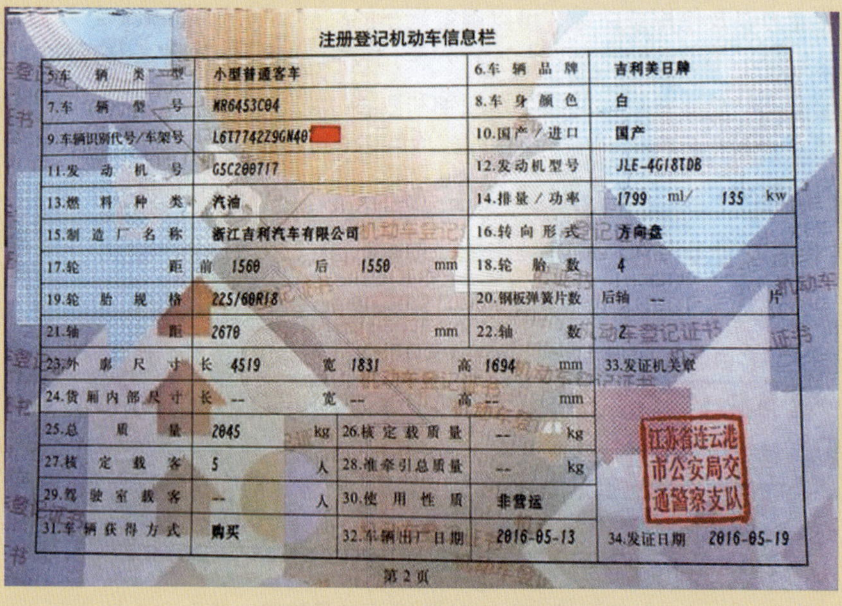

图2-1-16 注册登记机动车信息栏

项目 ② 二手车评估基础

任务2 汽车的使用寿命与价值

任务导入

某车主将一款2017年2月购买上牌的起亚K5（见图2-2-1）卖至二手车市场，到评估日为止仅行驶了不到1万公里，但评估价却比原始新车售价低了近3万元。汽车属于易耗品，从交了车款拿到车钥匙的那一刻起，汽车就步入了旧车的行列。二手车的交易价格一般会明显小于原先的购车价。两个价格的差值在一定程度上反映出了车辆的贬值情况。那么普通的汽车为什么会贬值呢？而老爷车（见图2-2-2）为什么却可以价值连城？

图2-2-1 起亚K5

图2-2-2 老爷车

相关知识

一、汽车的有形损耗及贬值

1. 汽车的有形损耗

汽车的有形损耗是指其本身实物形态上的损耗，又称物质损耗。它是汽车在存放和使用过程中，由于物理和化学原因而导致车辆实体发生的价值损耗，即为自然力的作用而发生的损耗。有形损耗的发生有两种情况：

第一种情况，汽车在使用过程中，由于零部件发生摩擦、冲击、振动、腐蚀、疲劳和日照老化等现象而产生的损耗。这种有形损耗通常表现为汽车零部件的原始尺寸、间隙发生变化，公差配合性质和精度降低；零部件变形，产生裂纹，以致断裂损坏等。

知识链接

这种有形损耗具有一定的规律性，大致可分为三个阶段。

第一阶段为初期磨损阶段。在这个阶段，汽车的行驶速度不能太高，最好不要满载运行。因为汽车零部件在加工装配过程中，其相对运动的表面不可避免地具有一定粗糙度，当相互配合做相对运动时，表面上的凸峰由于摩擦很快被磨平，使配合间隙适中。汽车磨合期的长短，各汽车公司都有严格的规定。一般欧美国家的汽车约为7 000公里，日本汽车约为5 000公里，也有的汽车为3 000公里。使用中，必须按汽车厂家的规定，跑到磨合期的里程数，必须按时去进行首次保养，更换机油，清洗空气滤清器，调整间隙等，使汽车处于最佳状态。

第二阶段为正常磨损阶段。在这个阶段汽车零部件表面上的高低不平已被磨去，磨损速度较第一阶段缓慢，磨损情况较稳定，磨损量基本随行驶里程的增加而均匀正常地增加，持续时间较长，这一阶段车主应严格按照汽车制造厂在使用手册中规定的技术要求使用汽车，也就是通常所说的正常使用，尽可能延长其正常磨损阶段。

第三阶段是急剧磨损阶段。这一阶段由于破坏了正常磨损关系，从而使磨损加剧，磨损量急剧上升。此时，汽车各零部件的精度、技术性能和效率明显下降，使用费急剧增加，油耗量、排放量超常提高，显示出汽车已达到它的使用寿命却仍继续使用。

从上述磨损规律可知，如果汽车在使用中加强维护保养，合理使用，则可延长其正常使用阶段的期限，从而提高经济效率，减少使用费的支出。此外，对汽车要定期进行检查，发现问题，及时解决，"小病不理，大病吃苦"，在进入急剧磨损阶段之前就进行维修，以免遭到不可逆转的破坏性损耗。

第二种情况，汽车在存放闲置的过程中，由于自然力的作用，使汽车受到腐蚀，进而老化，或由于管理不善和缺乏必要的养护而使其自然丧失精度和工作能力。这种损耗与闲置时间和保管条件有关。如起动用蓄电池在长期闲置中没有定期进行养护，会使其丧失工作能力而报废。发动机在长期的闲置中，首先应该封存，或至少每年要进行维护保养和发动一次，否则就有可能因缸内锈蚀而影响其使用寿命。

汽车存在的上述两种损耗形式往往不是以单一形式表现出来的，而是共同作用的。其损耗的技术后果是汽车的使用性能变差，价值降低，到一定程度可使汽车完全丧失使用价值。在经济上，会导致汽车使用费不断上升，经济效率逐步下降。在有形损耗严重时，若不采取措施，会引起行车事故，从而带来极大的经济损失，甚至危及生命。

2. 汽车实体性贬值

汽车实体性贬值是指因车辆的有形损耗引起的车辆贬值。车辆的有形损耗没有办法避免，因此车辆的实体性贬值会随着车辆的使用时间加长而不断积累。车辆经过修理后，有形损耗予以消除，但是因有形损耗而产生的实体性贬值则不会消失。

在评估工作中，我们根据评估师主观的估算或是行业的约定来确定车辆的有形损耗，常用的方法就是观察法。观察法是评估师通过观察，凭借视觉、听觉、触觉，或借助少量的检测工具，对车辆进行检查，根据经验对鉴定对象的状态、损耗程度作出判断，综合分析车辆的设计、使用、磨损、修理、改装情况和剩余使用寿命等因素，判断被评估对象的有形损耗率，从而估算出车辆的实体性贬值。在不具备测试条件的情况下，这是最常使用的方法，也称为成新率法，即确定某车辆有几成新，此方法将在二手车评估方法中详细介绍。

注意：旧车评估师在检查旧车车况时，要仔细确定需要马上更换的部件，并估算需要修理、更换部件的费用，这些费用也属于实体性贬值，需要反映在交易价格中。例如捷达车的一个轮胎磨损较严重，换轮胎和做四轮定位的费用加起来需要600元左右；左侧车门上有划痕，需要修复一下，价格大约是300元。这些费用合起来是900元，谈价格时需要很有技巧性地将其考虑进去。

案 例

2013年11月23日，王先生在北京驾驶一辆新车正常行驶，等红灯时被后面的驾驶员张先生追尾，经勘查后，交警认为张先生负责追尾事故的全责，需要赔偿12 000元的修理费。王先生事后让专家对修理过的车辆进行评估，获知汽车已经发生了15 000元的贬值，2014年1月，王先生将张先生告上北京市第一中级人民法院，要求事故责任人全额赔偿车辆的贬值损失15 000元和所花的鉴定评估费用1 000元。2014年5月，北京市第一中级人民法院判决：王先生胜诉，要求事故责任方全额赔偿贬值损失和鉴定评估费用。

解析：

两车相撞后，无过错一方的车辆尽管修好后仍能使用，但车辆的安全性、驾驶性能降低。在二手车交易市场上，维修过的车辆其估价显然比无事故车辆低。车辆贬值损失是客观事实。因此，无过错车主要求过错车主赔偿车辆贬值费的请求在法律上应被支持。

二、汽车的无形损耗及贬值

1. 汽车的无形损耗

无形损耗是指由于科学技术的进步和发展、市场供需关系的变化、国家政策调整等因素，从而导致车辆的损耗与贬值。这也分两种情况：

第一种情况，因技术不断进步引发劳动生产率的提高。现在再生产制造与原性能和结构相同的车辆，其社会必要劳动时间减少，致使重新生产制造结构相同的车辆的成本降低，造成现有车辆的价值损耗而贬值。这种无形损耗并不影响汽车本身的技术特性和功能，汽车可以继续使用，一般也不需要更新。但是，若汽车的贬值速度比维修汽车的费用提高的速度还要快,修理费用高于贬值后的车辆价值,这时就应考虑更新了。

第二种情况,因科学技术的进步,不断出现性能更完善、运输效率更高的车辆,使原有车辆在技术上显得陈旧和落后,而产生损耗和贬值。这时,如果继续使用原有车辆,就会降低经济效益,这种经济效益的降低,反映在原有车辆使用价值的局部或全部丧失,这就产生了用新的车辆来取代原有旧的车辆的必要性。不过这种更新的经济合理性取决于原有车辆的贬值及经济效益下降的幅度。例如,电控燃油喷射系统的成功使用,使汽车的燃油经济性和排放污染都有明显的改善,使原有化油器汽车产生贬值,并逐渐淘汰退出市场。

根据2017年的最新政策,全国在强制实施"国五"排放标准的同时,也规定了9座以下家用轿车、MPV、SUV等车型取消了强制报废使用年限,取而代之的是60万公里的"引导报废"。"引导报废"并不意味着可以无限制开下去,超过15年就必须每年2次年检,年检不合格就直接报废,而达到报废标准的车不但没有补贴,可能还会面临倒贴!由于环保的压力,我国在2000年开始实施"国一",到2017年已经升到"国五"。由此也可以看出,国内有加速淘汰旧车的趋势,这种趋势的直接后果就是,会压缩汽车的经济使用寿命,让汽车加速贬值。

2. 无形损耗的种类

由于与车辆本身的实物状态和技术状况无关的外部原因导致的车辆的价值损耗都属于汽车的无形损耗。根据导致车辆贬值的因素不同,人们将其分为车辆功能性贬值、经济性贬值和营运性贬值。

(1)车辆的功能性贬值

功能性贬值是指由于科学技术的发展导致的车辆贬值。由于科学技术日新月异,车辆的更新换代很快,大部分车辆都存在这种贬值。同型号全新车辆的价格越低,就表示旧车的功能性贬值越大。在评估的过程中,人们分两种情况对功能性贬值进行估算:

如果现在市场上能够买到与被评估车辆相同的,且制造厂家继续生产的全新车辆,那该车辆的功能性贬值就是被评估车辆原购车价与全新车辆的市场价之间的差值。这也是常用的确定车辆功能性贬值的方法;如果被评估车辆属于已停产或已淘汰,找不到该车型新车的市场价,只好采用类比法来计算。类比法是指被评估车辆与参照物的类别、主要性能参数、结构特征相同,只是生产序号不同,并做局部改动的车辆。但是替代型号的车辆通常比原车型有所改进和增加,故其价值通常会比原车型价值更高。因此,在类比时,需要根据参照车辆的改进情况、功能变化情况测算全新的原车辆在目前市场上的价格。

项目2 二手车评估基础

案　例

一辆2016年1月购买的别克车，账面原值为17.98万元，现在市场报价为16万元，按照第一年折旧20%的行业规则，现在的评估价应该是多少？该车一年中贬值了多少钱？功能性贬值为多少？

解析：

这里进行折旧计算的底价应为16万元，而非初始购车价17.98万元。该车目前的价格为12.8万元。可以看出，一年间，该车贬值近5万元，其中，除去正常折旧，将近2万元的贬值是随着新车降价而产生的，即可被认为是功能性贬值。

（2）车辆的经济性贬值

除了由于科学技术的发展和生产力水平提高外，外部经济环境的变化也会引起车辆贬值，这种贬值就是经济性贬值。外部经济环境有国家宏观经济政策、通货膨胀、市场需求变化和不断增强的环境保护要求等。例如油价的上涨令车主们对大排量的汽车望而生畏，大量的"油老虎"流入了二手车交易市场，一些车型的折旧率飙升，反而是小排量的汽车受到车主青睐。另外，商业银行提高车贷门槛或是提高排放标准等外部因素都会导致旧车型价格的显著下跌。

知识链接

买车需要全面考虑购车成本与养车成本，常听到一个词——"保值率"，保值率与成新率一样是旧车评估的一个重要指标。保值率是指车辆用一段时间后，其卖出时的交易价格与其新车账面原值的比值。它取决于汽车的品牌、汽车性能、配件价格及维修便捷程度等多项因素，是汽车综合水平的体现。消费者非常重视车型的保值率，许多购车指导刊物或网站都将保值率视为重要的车型推荐理由。

保值率高的车型最大优势在于它的价格受降价风潮影响不大，使消费者承受较小的因产品贬值而造成的经济损失。相反，保值率低的车型受降价风潮的影响很大，车辆很容易贬值。简单的保值率计算公式并不能客观实际地表现二手车真正意义上的保值率。消费者需要知道的保值率应该是以汽车原价为依据，加之考虑到周围环境或功能性贬值、经济性贬值等诸多因素归结出的一个综合指标。

2017年中国汽车保值率报告显示：中国汽车各级细分市场的车龄1年综合保值率低于72%，车龄5年综合保值率不足46%。其中，B级车综合保值率最高，车龄1年综合保值率是71.79%，车龄5年保值率是43.45%。与之相反的是，A00级车细分市场综合保值率排名最低。

在综合保值率最高的B级车及主流的A级车、C级车中，德系车都在保值率排名上比较靠前，且在排行榜上都占有很大比例，在紧凑型SUV这一车型中，由于大

> 众途观的存在，紧凑型SUV保值率综合排名第一的位置也被德系车占据。（具体报告可查阅http：//www.sohu.com/a/204320376_428861）

（3）车辆的营运性贬值

由于设计水平和制造技术的提高，市场上出现了性能更优的同类车型，它们的燃油消耗、故障率还有配件价格等更低，致使原有车型的功能相对新车型已经落后，相比而言，旧车的营运成本更高，增加的营运成本即为车辆的营运性贬值。例如，新款的爱丽舍出租车燃油消耗率更低，维修保养及配件方面价格更优惠，老款的爱丽舍与新款车型在完成相同的工作任务时，旧车型就产生了一部分超额营运成本。在评估营运车辆时，不能忽略车辆的营运性贬值。

1) 估算营运性贬值的步骤

① 选定参照物，与参照物对比，计算营运成本有差别的内容和差别的量值。

② 确定原车辆尚可使用的年限。

③ 确定国家所得税税率及当前的折现率。

④ 通过计算超额收益，最后计算出营运性贬值。

2) 下面通过一个实例来解释营运性贬值

例题

两辆东风10 t的载货汽车，用于个体载货经营，还有5年的经济使用寿命，该车每天营运150公里，全年可出勤250天，燃油费用按7元/L计算，各项营运成本对比如表2-2-1所示。

表2-2-1 各项营运成本对比

项目	A 车	B 车
每百公里耗油量/L	20	17
每年维修费/万元	3.5	2.8

求A车相对于B车的营运性贬值。

解析：

A车相对于B车每年超额燃油费用为：

$$(20-17) \times 7 \times 150/100 \times 250 = 7\,875\,（元）$$

A车每年超额维修费用为 $35\,000 - 28\,000 = 7\,000$（元）

A车总的超额营运成本为 $7\,875 + 7\,000 = 14\,875$（元）

所得税税率为33%，则税后超额营运成本为 $14\,875 \times (1-33\%) = 9\,966.25$（元）

取载货汽车预期收益的折现率为10%，按照10%的折现率可计算出5年的折现系数为3.790 8，则在剩余的使用寿命中，A车相对于B车的营运性贬值为：

$$9\,966.25 \times 3.790\,8 = 37\,780.06\,（元）$$

这里出现了折现的概念，折现是指将未到期的一笔资金折算为现在即付的资金数额的行为。在其他条件基本相同的情况下，由于A车相对于B车在以后5年的营运期内需要多出

37 780.06 元，因此 A 车的交易价格应比 B 车少 37 780.06 元。

三、汽车的使用寿命

汽车的使用寿命是指汽车从开始投入使用到被淘汰、报废的整个事件过程。导致汽车被淘汰、报废的原因，主要是由于自然磨损、疲劳、老化、锈蚀等，使汽车随着使用年限或行驶里程的增加，而不能正常工作；或因技术进步使得在用车辆的动能落后，排放超标，而加速车辆到达淘汰、报废的期限。此外，还有因不断地进行保养、维修，用高昂的代价来保持车辆的运行状态，从而使其经济性大幅下降，因而被淘汰、报废的。汽车的使用寿命一般可以分为自然使用寿命、技术使用寿命、经济使用寿命和合理使用寿命。

1. 汽车的自然使用寿命

自然使用寿命是指汽车在正常使用条件下，从汽车使用开始，到因物理和化学的原因而损耗报废的时间。正常使用是指按汽车制造厂的使用手册或使用说明书所规定的技术规范来使用，如按规定的时间或行驶里程数保养清洗空气滤清器、不超载等。

自然使用寿命通常受有形损耗的影响。由于汽车结构复杂，在使用中，往往同时受到多种损耗的影响，致使汽车的主要机件到达技术极限而不能再继续使用。显然，汽车的自然使用寿命主要取决于各部件、总成的设计制造水平以及正确使用、合理地保养和维护。汽车到达自然使用寿命时，应及时报废，其零部件也不能再做备件使用。需强调指出的是，对汽车不正确的使用、不良的维修会缩短其自然使用寿命；反之，则可延长其自然使用寿命。

2. 汽车的技术使用寿命

技术使用寿命是指汽车从投入使用到因技术落后而被淘汰所经历的时间。前面把汽车的自然使用寿命归于受有形损耗的影响，汽车除受有形损耗的影响外，还要受到无形损耗的影响。所以，汽车的技术使用寿命主要受无形损耗的影响。化油器躲不过被淘汰的命运，就是最好的实例。各地车辆的尾气排放标准不尽相同，同一辆车的技术使用寿命在不同的地区是不一样的，如某车辆在北京市已经到达技术使用寿命，但在其他环保要求比较低的地方，还没有达到规定的技术使用寿命。

3. 汽车的经济使用寿命

(1) 汽车经济使用寿命的概念

经济使用寿命是指汽车从投入使用到因继续使用而不经济、成本较高而退出使用所经历的时间。经济使用寿命受到有形损耗和无形损耗的共同影响。汽车到了自然使用寿命期，应是汽车经济效益最佳的时期。汽车能否继续使用或需及时更新应以经济使用寿命为依据。简单地讲，汽车运营成本提高，通过全面地核算使用成本和进行经济分析，确认车辆的总使用成本已足够接近其营运毛收入，此时车辆就不能为车主带来最低程度的经济效益。需要注意的是，车辆到达经济使用寿命只是表明车辆不再具备合理的盈利能力，但并不是说继续使用就会亏本。

(2) 汽车经济使用寿命的指标

汽车经济使用寿命的指标有使用年限、行驶里程、折算年限。

①使用年限。年限是指汽车从初次注册登记日开始计算，到不再被继续使用为止的总使用年数。其中，包括车辆的总行驶时间和停驶时间。国家对汽车的使用年限通过法规形式作出规定。使用年限反映车辆的时间折旧程度，计算比较简单，但不能反映车辆的实际使用强度和使用条件。

②行驶里程。行驶里程是指汽车从开始投入运行到报废，这期间累计行驶的里程数，即总行驶里程。

在评估中，总行驶里程常被作为考核车辆指标的参数。行驶里程能够反映车辆的使用强度，但没有考虑车辆的使用条件和停驶间的自然损耗。

③折算年限。折算年限是指用汽车的总行驶里程与年平均行驶里程之比得到的年限。即

$$T_n = L/L_n$$

式中，T_n——折算年限，单位为年；

L——总的行驶里程，单位为公里；

L_n——年平均行驶里程，单位为公里/年。

对于营运车辆，在使用过程中由于车辆的技术状况、平均行驶速度和道路条件等因素的不同，年平均行驶里程会存在较大差异，使用条件越好，年平均行驶里程一般也越大；反之，年平均行驶里程会小一些，折算年限就是车辆平均使用强度的一种表达。该方法综合考虑了车辆的使用强度、使用条件、使用年限和自然损耗。不同车辆的使用强度如表2-2-2所示。

表2-2-2 不同车辆的使用强度

车辆类型	私家车	商用车	出租车	公交车	长途客车	大货车
车辆使用强度	1~3	2~5	10~15	8~12	10~20	8~12

知识链接

有关资料表明，在一辆汽车的整个使用期内，汽车的制造费用平均约占其总费用的15%，而汽车的使用、维修费用则占总费用的85%左右。业内人士认为，若购买一辆10万元的汽车，将该车使用到报废，则还需要花费约20万元的费用。所以，现代汽车经济使用寿命的长短，很重要的一点是在汽车设计制造时，就应充分考虑到今后可能达到的使用维修费用。如果汽车能在整个使用期内，保持使用费用、维修费用较低，则其经济使用寿命就较长，否则，就要缩短。许多国家的汽车使用期限完全按经济规律确定。如表2-2-3所示。

表2-2-3 部分国家的汽车平均经济使用寿命

国别	美国	日本	德国	法国	英国	意大利	中国
平均经济使用寿命/年	10.3	7.5	11.3	12.1	10.6	11.2	10

4. 汽车的合理使用寿命

合理使用寿命是指以汽车的经济使用寿命为基础，考虑整个国民经济的发展和能源节约等因素，制定符合当地实际情况的使用期限。也就是说，汽车已经到达了经济寿命，但是否要更新，还要视当地的实际情况来定，如是否筹措到更新资金、有无理想的汽车等因素。国家《汽车报废标准》规定多种非营运车辆在到达报废年限后，还可延缓报废，在定期检验合格的情况下，允许延长车辆的使用年限，就是出于对汽车合理使用寿命的考虑。

四、影响汽车经济使用寿命的因素

影响汽车经济使用寿命的因素有车辆的损耗、车辆的使用条件、使用强度等。

1. 车辆的损耗

车辆的损耗是影响其经济使用寿命的第一个因素，这里仅就与损耗相关的汽车使用成本做分析。

（1）汽车使用成本的计算

汽车损耗 = 燃料费用 + 维修费用 + 大修费用 + 折旧费用 + 轮胎费用 + 驾驶员工资 + 管理费用 + 各种规费 + 其他费用

（2）车辆的大修费用

汽车大修是指新车或经过大修后的汽车在行驶一定里程或时间后，经过检测诊断和技术鉴定，用修理或更换汽车零部件的方法，完全或接近完全恢复车辆技术性能的恢复性修理。根据国内初步统计表明，新车的第一次大修费用一般为车辆原值的10%左右。以后的大修费用随里程的增长逐渐增加，同时，大修间隔里程逐渐缩短。

2. 车辆的使用条件

车辆的使用条件是指影响车辆完成运输工作的各类外界条件，包括地理和气候条件、道路条件、道路交通参与者规范管理状况等。地理和气候条件是指在北方或南方，平原或山区，沿海、高原、寒冷、多尘多风沙地区等。在不同的地理区域，主要指地势是否平坦、道路是否宽阔、路面质量高低、雨量是否多、道路是否经常湿滑、空气是否长期潮湿、粉尘和沙粒的多少、气压的高低等；道路条件的主要特征指标是车辆的运行速度和通行能力。道路等级和公路养护水平直接影响汽车的运行速度、汽车的行驶平顺性及汽车装载质量利用程度；道路交通参与者规范管理状况是指机动车、非机动车和行人道设置是否合理，以及快、慢车道的规划是否合理等。

3. 车辆的使用强度

车辆的使用强度是指车辆承载和行驶频繁程度。机动车的使用强度与其使用性质紧密相关。其中，城市出租车的使用强度最大，营运性运输车辆的使用条件比较复杂，使用强度较大。客车年平均行驶里程约为5万公里，货车年平均行驶里程约为4.5万公里，而出租车年平均行驶里程在10万公里左右。

4. 车辆的工作性质

不同的使用性质，使用强度相差很大，一般来说，私家车不仅维护保养较好，而且年平均行驶里程较小；而营运车辆使用强度很大；公务车则介于上述两者之间，使用强度一般。汽车的工作性质决定着其使用条件的优劣和使用强度的高低。

五、汽车报废

车辆的技术状况及性能指标随着使用年限的增加不断劣化，导致汽车行驶安全性变坏，燃油消耗量也增加。为了确保安全、促进汽车消费、发展我国汽车工业，我国政府部门制定并颁发了《汽车报废标准》（以下简称《标准》），该《标准》是二手车鉴定及评估人员对二手车估价的重要法律依据之一。2018年商务部公布的《机动车强制报废标准规定》（以下简称《规定》）已于2018年5月1日起开始施行，以下为《规定》中的相关条款。

1. 强制报废条件

（1）具体强制报废规定

①经修理和调整仍不符合机动车安全技术国家标准对在用车有关要求的；

②经修理和调整或者采用控制技术后，向大气排放污染物或者噪声仍不符合国家标准对在用车有关要求的；

③在检验有效期届满后连续3个机动车检验周期内未取得机动车检验合格标志的；

④达到一定使用年限和行驶里程的。

（2）报废标准中有两个规定的指标：使用年限和累计行驶里程

如果对汽车的使用年限和累计行驶里程都做了规定，如轻型和微型载货汽车，那么当其中的一个指标达到报废年限时，即认为该车辆已达到报废年限。

2. 报废标准

①家用5座位轿车以及7座位的SUV，非营运的小、微型汽车无使用年限。在正常行驶里程达到了60万公里的，国家将引导报废。超过15年以后，每年必须检验2次，检验不通过的，强制报废。

②皮卡强制15年必须报废。（皮卡在美国也许是民用轿车，但是中国法规一律按照货车对待）

③出租车使用年限是8年。

④中型出租客运汽车使用年限是10年。

⑤重、中、轻型载货汽车使用年限是15年。

⑥半挂牵引车使用年限是15年。

⑦微型载货汽车使用年限是12年。

汽车达到报废标准后需要继续使用的，除特别规定的外，经专业技术检验合格，并获得公安机关车辆管理所批准，可延长使用年限，延长汽车的使用年限以技术检验为基础，对于各类汽车的定期检验次数和允许的延长年限，《标准》及其相关文件都有具体规定。2018年的规定和以前一样，但是新规对于没有按要求报废的车辆增加了一条处罚项，那就是如果车辆达到报废要求，但没及时登记注销的，车管所会将其车牌号、行驶证作废。

汽车报废年限规定，办理延缓汽车报废年限手续，车主需要携带相关申请材料到车管所办理，所需手续主要有机动车所有人的身份证明、机动车行驶证、机动车登记证书、机动车第三者责任强制保险凭证、机动车检测表。车主提交申请后，车管所会根据申请材料对车主和申请延缓汽车报废年限的车辆进行审核检测，如果情况符合要求，车管所会出具批准延缓汽车报废年限的证明。

3. 报废汽车的处理

截至2021年底，我国机动车保有量达到3.95亿辆，其中汽车3.02亿辆。与此同时，报废机动车的数量也在不断增加。根据我国《机动车回收管理办法》，报废汽车应当及时交付给报废汽车回收企业。任何单位或者个人不得将报废汽车出售、赠予或者以其他方式转让给非报废汽车回收企业的单位或者个人；不得自行拆解报废汽车。一辆报废车进入厂区，首先要过磅称量，随后检查车架号等信息，确认无误后，先进行预处理，拆下电池和油箱，再拆下前后桥、发动机、变速箱等"五大总成"，最后进行车体分解破碎和压块打包。车辆拆解过程中产生的废油、废电瓶都属于危险废物，在拆解厂有专门的场地存放。而拆解过程中产生的废水也要集中处理。报废车辆的"五大总成"和可回收零件都完整地拆除了下来后，报废车回收流程也进入了最后一步：车壳压块，这些车壳最终回到钢厂去进行回炉冶炼，进行资源的再生循环。

正规的拆解企业可以避免环境污染，还可以让这些报废车辆变废为宝。数据显示，每1 000万辆报废汽车，可以回收钢铁1 035万吨、有色金属75万吨、塑料90万吨、橡胶75万吨、玻璃60万吨。报废车如果处理得当可以成为多种材料的来源，减少资源浪费。如将报废车辆出售给非法拆解网点进行非法拆解，因其没有任何污染防治设施，拆解过程中产生的废机油等各类污染物直接排放进地下水或渗入土壤当中，给周边环境带来极大破坏，损失难以估量。

任务3　二手车评估的基本知识

任务导入

根据统计，目前评估师人才缺口已达30万人。二手车评估师是联系经销商和消费者的重要纽带，然而目前二手车评估人才十分紧缺。如何为消费者提供真正专业的评估师，是消费者关注的问题，也是二手车市场急需解决的问题。在市场上人们看到某些评估人员仅靠自身经验随便开价，根本没有二手车评估相关资格证书。那么，这种做法是否符合行业规范呢？一名合格的二手车评估师需要具备哪些知识、技能和职业素养呢？

一、二手车鉴定评估的基本要素

评估即评定和估价两个过程。汽车评估的关键在于正确评估汽车的技术经济状况。汽车评估的核心在于对汽车在某一时点的价格进行估算。详细来说，二手车评估是由专业的评估人员，按照特定的目的，遵循法定或行业允许的标准和程序，使用科学的计算方法，在对市场行情有深入认识的情况下，对二手车进行证件和手续检查、技术状况的鉴定以及最终价值的估算。

通过概念可以看出，二手车评估过程由六大基本要素组成，即评估的主体、客体、目的、程序、标准和方法。

1. 评估的主体

汽车评估的主体是指汽车评估业务的执行者，由于所评估的对象是技术含量较高的机器，并且评估的工作要求时刻把握国家政策，因此无论是对专业的评估机构还是对评估人员，都提出了很高的要求，目前二手车鉴定评估师职业资格考试正式被取消。但值得注意的是，职业资格考试取消并不意味着职业培训不再重要。

2. 评估的客体

评估的客体是指被评估的车辆，是鉴定评估的对象。
由于机动车是典型的复杂高价产品，决定了二手车评估业务有以下特点：
①二手车的评估必须以技术鉴定为前提。
②由于车型繁多，配置千差万别，车辆的价格范围较大，为了保证客观性和准确性，对于单位价值较大的车辆，一般进行单辆评估。对于以产权转让为目的的评估业务，单位价值小的，可以采取一篮子的评估方法。
③由于国家对车辆实行户籍管理，评估时，除了考虑实体价值外，还应考虑户籍管理手续和相关税费。

3. 评估的目的

评估的目的是采用估价标准的决定性因素，在一定程度上限制了评估方法的选择。评估的目的有以下几种：

（1）二手车交易

这是市场上最常见的评估目的，在汽车交易中，买卖双方对价格的期望值是不同的，评估师根据买卖双方的委托，对二手车进行评估，为双方提供合理的价格。除了私人交易外，企业产权变动，例如合资经营、企业联营、企业出售等情况，必须进行资产评估。对于国有车辆资产的产权交易活动，必须委托鉴定评估机构对车辆资产进行清查、鉴定，以防止国有财产的流失。

（2）抵押贷款

旧车价格评估工作也关系到金融系统有关业务的健康发展。银行为了确保放贷安全，有时要求贷款人以车辆为贷款抵押物，此时，需要对旧车进行评估，确保车辆抵押物的底价。

（3）司法鉴定

一般在当事人遇到机动车法律诉讼时，可以委托专业人员对车辆进行评估，这有助于诉讼各方正确地了解车辆的现时市场价值，为法院司法裁定提供依据。同时，法院判决时，可以依据评估结果进行宣判，这种评估也可由法院委托鉴定评估机构进行。此外，鉴定评估机构亦接受法院等司法部门或个人的委托，以鉴定和识别走私车、盗抢车、非法拼装车等非法车辆。

（4）车辆拍卖

对于执法机关没收的车辆、企业破产清算的车辆、海关获得的抵税和放弃车辆等，也需要进行价格评估，为拍卖提供底价。

（5）置换业务

目前，大部分汽车经销店都增加了以旧换新的业务，还有一种是以旧换旧。这两种情况都会涉及车辆的评估。

（6）典当

又称机动车典当，是指机动车权属人将机动车及随车证件交给典当行，交付一定比例的费用，取得当金，并在约定期限内支付当金利息、偿还当金、赎回汽车的行为。4S店批量新车和已上牌的私家车均可典当，典当时也需要评估。

4. 评估的程序

评估工作需要较高的专业性，为了保证评估过程的科学性，在评估过程中需要遵循一定的业务程序，规范的程序可以减少由于评估人员的随意性造成的误差。评估的程序如图2-3-1所示。

5. 评估的标准

评估的标准即车辆评估的计价标准，应与特定的经济行为相匹配，不同的评估目的决定了不同的价值内涵，决定了评估项目应选择的价值类型。计价标准的确定，对评估方法的选用具有约束性，合理选择计价标准是资产评估具有科学性和有效性的根本前提。资产评估价值标准归纳为重置成本、收益现值、现行市价和清算价格四种类型。

（1）重置成本

任何一个投资者在购买某项资产时，他所愿意支付的价格，绝不会超过现在市场上能够购买到与该项资产具有同等效用的全新资产所需的最低成本。这就是重置成本法的理论依据。重置成本是被评估车辆处于在用状态或可使用状态时的价值，因此适用重置成本价格计量的前提条件有两个：首先，车辆已完成购置过程，处于可使用状态，或正处于营运之中。其次，可继续使用。车辆的重置成本以功能重置为依据，但由于对现行技术条件利

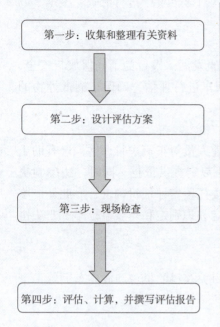

图 2-3-1 评估的程序

用不同,可分为复原重置成本与更新重置成本。两者的共同点在于:均按现行市价与费用标准核计成本。二手车都或长或短地保留了一段时期,在此期间,不论是否使用,车辆的价值、技术等因素都可能发生变化,从而影响车辆的重置更新费用,使车辆的重置成本与历史成本发生差异。

(2) 收益现值

收益现值是指根据车辆未来的预期获利能力,以适当的折现率将未来收益折成现值。从以利索本的角度看,收益现值就是为获得车辆取得预期收益的权利所需支付的货币总额。在折现率相同的情况下,车辆未来的效用越大,获利能力越强,其评估值就越大。投资者购买车辆时,一般要进行可行性分析,只有在预期回报率超过评估时的折现率时,才可能支付货币购买车辆。适用收益现值价格计量的前提条件是车辆可以按其预期收益的现值进行评估,车辆投入使用后可连续获利。

(3) 现行市价

现行市价又称变现价格,是指车辆在公开市场上的销售价格。由于是对预期投入市场的车辆的评估,因此,这里的销售可以是实际销售,也可以是模拟销售。现行市价的最基本特征是价格源于公平市场。所谓公平市场,即充分竞争的市场,卖方不存在对市场的垄断,买卖双方的交易行为都是自愿的,都有足够的时间与能力了解市场行情。

车辆以现行市价进行价值评估时,需具备以下两个基本条件:首先,需要存在一个充分发育、活跃、公平的二手车交易市场;其次,与被评估车辆相同或类似的车辆在市场上有一定的交易量,能够形成市场行情。

（4）清算价格

清算价格是指企业由于破产等原因，以变卖车辆的方式来清偿债务或分配剩余权益状况的车辆价格。显然，清算价格是非正常的市场价格。它与现行市价相比，两者的根本区别在于：现行市价是公平的市场价格，而清算价格是非正常市场上的拍卖价格，这种价格由于受到期限限制和买主限制，一般大大低于现行市价。适用于清算价格计量的二手车鉴定评估业务主要有企业破产清算，以及因抵押、典当等不能按期偿债而导致的车辆变现清偿等。

（5）各种价值类型的联系与区别

重置成本与现行市价的联系主要表现在，决定重置成本的因素与决定现行市价的最基本因素相同，即在现有条件下，生产功能相同的车辆所花费的社会必要劳动时间相同。但是现行市价的确定还需考虑其他与市场相关的因素。

①车辆功能的市场性，即车辆的功能能否得到市场承认。例如，一辆设计及制造质量都很好的专用车辆，尽管它在某一特定领域内具有很强的功能，但一旦退出该领域，其功能就难以完全被市场所接受。

②供求关系的影响。现行市价的价格随供求关系的变化将会出现波动。

由此可见，现行市价与重置成本的区别在于：现行市价以市场价格为依据，车辆价格受市场因素约束，并且其估值只接受市场检验；而重置成本只是模拟条件下重置车辆的现行价格。

现行市价与收益现值在价格形式上有相似之处，两者都是评估公平市场价格。但是两者的价格内涵不同，现行市价主要是车辆进入市场的价格计量；而收益现值主要是以车辆的获利能力进入市场的价格计量。

现行市价与清算价格均是市场价格，两者的根本区别在于：前者是公平市场价格；而后者是非正常市场上的拍卖价格，一般大大低于现行市价。

6. 评估的方法

根据四种计价标准，旧车评估的方法分为重置成本法，现行市价法、收益现值法和清算价格法。

在二手车评估中，由于机动车辆的未来效用有别，从而形成了三种不同的评估前提（或评估假设）。在不同的假设条件下，评估依据各不相同。继续使用假设要求评估二手车的继续使用价值；公开市场要求评估二手车的市场价格；而清算前提则要求评估二手车的清算价格。因此，鉴定评估人员在业务活动中要充分了解评估条件，判断评估车辆最可能的效用，才能得出公平价格。

知识链接

二手车交易价格评估的前提称为二手车价格评估假设。对任何一辆二手车的价格评估都要以某种假设为价格评估的前提条件，否则，二手车价格评估无法进行或评估结果毫无意义。二手车鉴定评估的假设有继续使用假设、公开市场假设和清算假设三种。

1. 继续使用假设

继续使用假设是指二手车将按现行用途继续使用，或将转换用途继续使用。这一假设的核心是强调二手车对未来的有效性。对于可继续使用的二手车的评估与不能继续使用的二手车的评估，所采用的价值类型是不同的。例如，对一辆可继续使用的处于在用状态的二手车进行评估时，一般采用重置成本法评估其处于在用状态时的价值，其评估值包括车辆的购买价及运输费用等。但如果二手车无法继续使用，只能将其拆零出售，以现行市价法评估其零件的变现值，并且还需扣除拆零费用。两者的评估值显然不同。再如，一辆正在营运的二手车，以收益现值法评估其价值，为10万元，但如果该二手车所属的企业因破产被强制清算拍卖，就只能以清算价格法评估其价值，其价格一定会大大低于10万元。

在采用继续使用假设时，需考虑以下几个条件：

（1）车辆尚有显著的剩余使用寿命。这是继续使用假设的最基本的前提要求。

（2）车辆能用其提供的服务或用途满足所有者或占有使用者经营上期望的收益，这是投资者持有或购买车辆的前提条件。

（3）车辆的所有权明确，能够在评估后满足二手车交易或抵押等业务需要。这同时也是转换用途的前提条件。

（4）充分考虑车辆的使用功能，即无论车辆按现行用途使用，还是转换用途继续使用，都是在法律许可的范围内，按车辆的最佳效用使用。

（5）车辆从经济上和法律上允许转作他用。

2. 公开市场假设

二手车价格评估的公开市场假设是指假定被评估旧车可以在完全竞争的二手车市场上按市场规则进行交易，交易双方彼此地位平等，双方都有获取足够市场信息的机会和时间，以便对车辆的功能、用途及其交易价格等作出理智的判断，评估价格的高低取决于该公开市场上的供求行情。公开市场假设的关键在于认识和把握公开市场的实质和内涵，所谓公开市场，是指一个有足够多的买者和卖者的竞争性市场，在这个市场上，买者和卖者的地位是平等的，将按照市场上供求关系决定的均衡价格成交，双方都有足够的市场机会和时间，买卖双方的交易行为是理智和自愿的，而不是在强制或受限条件下进行的。公开市场假设是二手车价格评估的基本前提。凡是能在公开市场上交易，用途较为广泛或通用性强的二手车，都应该考虑按照公开市场假设进行价格评估。

3. 清算假设

清算假设是指车辆所有者由于种种原因，以拍卖的方式出售车辆。这种情况下的二手车交易，与公开市场假设下的交易具有两点显著区别：

（1）交易双方的地位不平等，卖方是非自愿地被迫出售；

（2）交易被限制在较短的时间内完成。

因此，二手车的价格往往明显低于继续使用或公开市场假设下的价格。

二、二手车鉴定评估的依据和原则

1. 鉴定评估的依据

二手车鉴定评估工作和其他工作一样，在评估时必须有正确科学的依据，这样才能得出较正确的结论。二手车鉴定评估的依据是指评估工作所遵循的法律、法规、经济行为文件以及其他参考资料。一般包括理论依据、行为依据、法律依据、产权依据和取价依据五个部分。

（1）理论依据

二手车鉴定评估实质上属于资产评估的范畴，因此其理论依据必然是资产评估学的有关理论和方法。

（2）行为依据

行为依据是指实施二手车鉴定评估行业的依据。一般包括经济行为成立的有关决议文件以及评估当事方的评估业务委托书。

（3）法律依据

法律依据是指二手车鉴定评估所遵循的法律法规，二手车鉴定评估的政策性很强，国家对此颁布了一系列的相关法规。主要包括以下相关法规：

① 《国家资产评估管理办法》；
② 《国有资产评估管理实施细则》；
③ 《汽车报废标准》；
④ 《中华人民共和国机动车登记规定》；
⑤ 《关于规范二手车鉴定评估工作的通知》；
⑥ 《汽车报废管理办法》；
⑦ 《汽车产业发展政策》；
⑧ 《二手车流通管理方法》；
⑨ 《机动车运行安全技术条件》；
⑩ 其他方面的政策法规。

（4）产权依据

产权依据是指表明机动车权属证明的依据，主要包括以下证书：

① 机动车登记证书；
② 机动车行驶证；
③ 出租车营运证；
④ 道路营运证；
⑤ 机动车来历凭证。

（5）取价依据

取价依据是指实施二手车鉴定评估的机构或人员，在评估工作中直接或间接取得或使用的对二手车鉴定评估有借鉴或佐证作用的资料，主要包括价格资料和技术资料。

1）价格资料

价格资料包括新旧车辆整车销售价格、易损零部件价格、车辆精品装备价格、维修工时定额和维修价格资料,以及国家税费征收标准、车辆价格指数变化、各品牌车型残值率等资料。二手车评估中的价格依据主要有历史依据和现实依据。前者主要是二手车的账面原值、净值等资料,它具有一定的客观性,但不能作为估价的直接依据;后者在评估价值时以评估基准日为准,即以现时价格、现时车辆功能状态等为准。

2) 技术资料

技术资料包括机动车的技术参数,新产品、新技术、新结构的变化,车辆故障的表面现象与差别,车辆维修工艺及国家有关技术标准等资料。

2. 鉴定评估的原则

二手车鉴定评估的基本原则是对二手车鉴定评估行为的规范。正确理解和把握二手车鉴定评估的原则,对于选择科学、合理的二手车鉴定评估方法,提高评估效率和质量具有十分重要的意义。

二手车鉴定评估的原则分为工作原则和经济原则两大类。

(1) 工作原则

二手车鉴定评估的工作原则是评估机构与评估工作人员在评估工作中应遵循的基本原则,包括合法性原则、独立性原则、客观性原则、科学性原则、公平性原则、规范性原则、专业化原则和评估时点原则等。

1) 合法性原则

合法性原则是指二手车鉴定评估行为必须符合国家法律和法规,必须遵循国家对机动车户籍管理、报废标准、税费征收等政策要求,这是开展二手车鉴定评估的前提。

2) 独立性原则

独立性原则一是要求二手车鉴定评估机构和工作人员应该依据国家的法规和规章制度及可靠的资料数据,对被评估的二手车价格独立地作出评估结论,且不受外界干扰和委托者的意图影响,保持独立公正;二是评估行为对于委托当事人应具有非利害和非利益关系。评估机构必须是独立的评估中介机构,评估人员必须与评估对象的利益涉及者没有任何利益关系。

3) 客观性原则

客观性原则要求鉴定或评估结果应以充分的事实为依据,在鉴定评估过程中的预测推理和逻辑判断等只能建立在市场和现实的基础资料以及现实的技术状态上。

4) 科学性原则

科学性原则是指二手车鉴定评估机构和人员运用科学的方法、程序、技术标准和工作方案开展活动。即根据评估的基准日、特定目的,选择适用的方法和标准,遵循规定的程序实施操作。

5) 公平性原则

公平、公正、公开是二手车鉴定评估机构和工作人员应遵守的一项最基本的道德规范。要求鉴定评估人员的思想作风态度应当公正无私,评估结果应该公道合理,而绝不能偏向任何一方。

6) 规范性原则

规范性原则要求鉴定评估机构建立完整完善的管理制度、严谨的鉴定作业流程。管理上要建立回避制度、审复制度、监督制度；作业流程制度要科学、严谨。

7）专业化原则

专业化原则要求二手车鉴定评估工作尽量由专业的鉴定评估机构来承担。同时还要求二手车鉴定评估行业内部存在专业技术竞争，以便为委托方提供广阔的选择余地，并要求鉴定评估人员接受国家专门的职业培训。

8）评估时点原则

评估时点，又称评估基准日、评估期日、评估时日，是一个具体日期，通常用年、月、日表示，评估额是在该日期的价格。二手车市场不断变化，二手车价格具有很强的时间性，它是某一时点的价格。在不同时点，同一辆二手车往往会有不同的价格。

评估时点原则是指要说明评估实际上只是求取某一时点上的价格，所以在评估一辆二手车的价格时，必须假定市场情况停止在评估时点上，同时评估对象即二手车的状况通常也是以其在该时点时的状况为准。评估时点并非总是与评估作业日期（进行评估的日期）相一致。一般将评估人员进行实车勘查的日期定为评估时点，或因特殊需要将其他日期指定为评估时点。确立评估时点原则的意义在于：评估时点是责任交代的界限和评估二手车时值的界限。

(2) 经济原则

二手车鉴定评估的经济原则是指在二手车鉴定评估过程中，进行具体技术处理的原则。它是二手车鉴定评估原则的具体体现，是在总结二手车鉴定评估经验及市场能够接受的评估准则的基础上形成的，主要包括预期收益原则、替代原则和最佳效用原则。

1）预期收益原则

预期收益原则是指在对营运性车辆评估时，车辆的价值可以不按照其过去形成的成本或购置价格决定，但必须充分考虑它在未来可能为投资者带来的经济效益。车辆的市场价格，主要取决于其未来的有用性或获利能力。未来效用越大，评估值越高。

预期收益原则要求在进行评估时，必须合理预测车辆的未来获利能力及取得获利能力的有效期限。

2）替代原则

替代原则是商品交换的普遍规律，即价格最低的同质商品对其他同质商品具有替代性。据此原理，二手车鉴定评估的替代原则，是指在评估中面对几个相同或相似车辆的不同价格时，应取较低者为评估值，或者说评估值不应高于替代物的价格。这一原则要求评估人员从购买者角度进行二手车鉴定评估，因为评估值应是车辆潜在购买者愿意支付的价格。

3）最佳效用原则

最佳效用原则是指若一辆二手车同时具有多种用途，在公开市场假设条件下进行评估时，应按照其最佳用途来评估车辆价值。这样既可保证车辆出售方的利益，又有利于车辆的合理使用。

行业资讯速递

拼装车与改装车

一、拼装车与改装车是否一样

拼装车是指使用报废汽车的发动机、前后车桥、变速器、转向器、车架及其他零部件组装的机动车辆。国家《报废汽车回收管理办法》等十五条规定,禁止任何单位或个人利用报废汽车五大总成及其他零配件拼装汽车,禁止已报废汽车整车和非法拼装车上路行驶,禁止各种非法拼装车、组装车进入二手车交易市场或者以其他任何方式交易。

改装车有两种类型:一是厂家使用经国家鉴定合格的零配件,对原车重新设计、改装;二是消费者自己或委托汽车改装公司在已购买汽车的基础上,做一些外形、内饰和性能的改装。

拼装车和改装车是两个完全不同的概念。拼装车一般都存在质量差、成本高、大多不符合安全检验及运行技术标准的问题,有的还因装配技术问题造成事故。因此,拼装汽车是国家禁止的一种非法生产汽车的行为。

二、改装车的限制规定

提到改装,很多人都会以为这是汽车发烧友的专利。实际上汽车的改装在国外早已成为一种时尚。全世界的改装车迷可以说是不分年龄,他们通过改装来打造属于自己的特有车型(见图2-3-2),以此来体现自己的个性。一般来说,改装可分为外观、机械、影音等多方面的改装,当人类生活进入e时代,汽车改装又增加了一项新内容——智能。以上几项的改

图2-3-2 改装车

法很多,可简可繁。不过由于涉及行车安全、交通法规的限制,国内的汽车改装一般以外观内饰、影音、智能产品为主,机械方面的改装很少。

《中华人民共和国机动车管理办法》明确规定,机动车不得擅自改装。如果改装的要求太过离谱,改出来后会面目全非,车管所一般不会批准。在车身颜色方面,有三种颜色不能批准:红色(消防专用)、黄色(工程抢险专用)、上白下蓝(国家行政执法专用)。

机械改装目前在国内尚未被允许。汽车改装中加装的配置,要另外投保才有效;不管是外观还是机械改装,都涉及行车安全。

改装汽车一定要在符合相关法规的前提下进行。当前,交管部门对汽车改装的限制要求依然比较严格,汽车排量、涡轮增压等涉及汽车技术参数部分绝对不能私自改装。汽车的型号、发动机型号、车架号不能改,不能破坏车身结构;改变颜色,更换发动机、车身或者车架的,必须交验汽车;更换发动机、车身或者车架的,还要提交机动车安全技术检验合格证明;车贴面积不能超过车身总面积的30%,超过了就必须去相关部门报批;车的外观不能大幅改动,要求与行驶证上的照片基本保持一致。另外,交管部门对汽车照明灯在功率上做了强制性规定,前大灯瓦数不能超过60瓦,如果太强,将通不过年检。

三、改装车的保险规定

在大多数保险公司的车险条款中，现都已增加了与改装车相关的附加险。据平安保险公司的《新增加设备损失险条款》规定："新增加设备，是指除保险车辆出厂时原有各项设备以外的、被保险人另外加装的设备及设施。办理本保险时，应列明车上新增加设备明细表及价格。"

车辆改装并新增设备后，首先，需要及时投保"新增设备险"（如加装保险杠及音响设备等），否则出险后，最多只能获得原车及附属设备的赔偿，无法获得新增设备损失的赔偿；其次，每辆汽车出厂前都经过了精密的设计和严格的检验，改装要有度，不能只顾漂亮、性能，而忽略了安全。改装之后，首先要在安全方面符合规定，才能够通过车辆年审。与此同时，当家庭用车改变用途，变为商业运输时，也要及时向保险公司申请变更保险合同，尽管保费有可能提高，但利于今后的理赔。不然保险公司很可能在该车辆出险查勘后，对擅自变更使用性质的车辆拒绝给予理赔。

项目 3

二手车技术状况鉴定

📌 项目导读

本项目主要介绍了二手车技术状况鉴定和事故车的鉴定及评估,其中,技术状况鉴定方法为静态检查、动态检查和仪器检查(由于在目前的二手车评估作业中仪器检查仅起到辅助作用,所以将该部分列入动态检查任务中进行简单介绍);事故车的鉴别主要针对碰撞车、泡水车及火灾车来判断。要求学生通过学习掌握传统人工经验诊断方法和现代仪器设备诊断方法,能够为汽车的继续运行作出专业的技术评估,从而为交易提供合理的价格依据。

📝 项目目标

知识目标	能力目标
1. 掌握汽车技术状况的静态检查内容、程序和方法	1. 掌握二手车识伪检查的技巧,能正确辨识"水货"汽车
2. 熟悉常用的汽车检测仪器的使用	2. 掌握识别事故车辆的技巧,能判断出事故车辆
3. 掌握发动机、底盘技术状况的动态检查方法	3. 能准确判断二手车当前的技术状况和功能效用

任务 1　二手车技术状况的静态检查

任务导入

在二手车评估市场，我们会看到一些评估师借用"看""摸""听""敲""磁铁"等多种方法鉴别车况（见图 3-1-1），想一想这些方法能鉴别出来哪些车况？

(a)

(b)

图 3-1-1　鉴别车况

(a) 评估师查看发动机舱；(b) 发动机按压座椅

相关知识

一、识伪检查

识伪检查主要是指对通过走私或非官方正规渠道进口的汽车和配件，进行识别和判断。这些汽车和配件有的是整车，有的是散件在境内组装成整车，有的甚至是旧车拼装成整车。如何发现这部分车辆，是一项重要而又十分艰难的工作。评估人员必须凭借所掌握的专业知识和经验，结合管理部门的信息资料，对车辆进行全面细致的检查和鉴别，将这部分车辆与其他正常车辆区分开，使二手车交易规范、有序地进行。

1. 鉴别走私车辆和拼装车辆

(1) 走私车辆与拼装车辆的定义

走私车辆是指没有通过国家正常进口渠道进口的，并未完税的车辆。

拼装车辆是指一些不法厂商和不法商人为了牟取暴利，非法组织生产、拼装的，无产品合格证的假冒、低劣汽车。包括以下类型：

①境外整车切割、境内焊接拼装车辆；

②进口汽车散件国内拼装的国外品牌汽车；

③国内零配件拼装的国内品牌汽车；

④旧车拼装车辆，即两台或者几台旧车拼装成一台汽车；

⑤国产或进口零配件拼装的杂牌汽车。

（2）走私车辆和拼装车辆的鉴别

在二手车交易鉴定评估中，对于走私车辆或拼装车辆，首先要确定这些车辆的合法性。一些已被国家有关执法部门处理，并且技术状况较好，经过检验符合国家关于机动车行驶标准和要求的车辆，通过拍卖或其他方式，在公安车管部门注册登记上牌，并取得了合法地位，这些二手车可以进行正常交易，但是在评估价格上要低于正常状态的车辆。另外一种情况是无牌、无证的非法车辆。

对走私车辆、拼装车辆的鉴别方法如下：

①查看汽车型号，看其是否在我国进口汽车产品目录上。

②检查发动机号和车架号，检查汽车的车架号和发动机号是一个办法，不过大多数汽车走私团伙，已经做到更改车架号，达到以假乱真的地步。但是他们往往忽略发动机号（见图3-1-2）。

视频3-1 评估师查看点一汽车铭牌

图3-1-2 发动机号

③检查二手车外观。

查看车身是否有重新做过油漆的痕迹，特别是顶部下沿部位。车身的曲线部位是否流畅，尤其是小曲线部位，根据目前技术条件没有专门的设备不可能处理得十分完美，留下的再加工痕迹比较明显。检查门柱和车架部分是否有焊接的痕迹，很多走私车辆是在境外把车身切割后运入国内，再进行焊接拼凑起来的。所以要查看车门、发动机盖、行李箱盖与车身的接合缝隙是否整齐、均衡。

④打开发动机盖，观察发动机室内各线路、管路布置是否有条理，是否有重新装配和改装的痕迹。发动机其他零部件是否正常、有无杂音。空调是否制冷、有无暖风，发动机及其他相关部件有无漏油现象。

⑤查看内饰材料是否平整，表面是否干净。尤其是压条边沿部分要仔细检查，经过再装配过的车辆内饰压条边沿部分有明显的手指印或其他工具碾压过后留下的痕迹。车顶部装饰材料或多或少会留下弄脏过的印迹。

2. 鉴别盗抢车辆

盗抢车辆是指在公安车管部门已登记上牌的，在使用期内丢失的或被不法分子盗窃的，并在公安部门已报案的车辆。由于这类车辆被盗窃时的方式多种多样，被盗窃后所遗留下来的痕迹也会有所不同。如撬开门锁、砸车窗玻璃、撬方向盘锁等都会留下痕迹。这些被盗赃车大部分经过一定修饰后才会卖出。这类车辆的鉴别方法一般有以下几种：

（1）*检查随车证照*

行驶证等随车证照是车辆的身份证。随车证照上登记的发动机号、车架号等是车辆身份的唯一凭证。因此，可以通过审查车辆与行驶证上的牌照、车型及发动机号、车架号是否一致等，判断车辆的合法性。

（2）*检查牌照号与车辆的新旧程度是否相符*

一些犯罪分子为了逃避打击，将盗抢来的机动车换上其他车的牌照甚至假牌照，这可能会造成车辆牌照与车辆新旧程度不相符的情况。遇到这种情况，可以到车辆管理部门核查该牌照所属的车辆情况，看看是否是原车牌照。如果牌照号与车辆种类、型号对不上，则这辆车肯定来历不明。

（3）*检查车锁、车钥匙和点火装置*

检查点火开关和车锁，看是否完好，有无更换痕迹；检查车钥匙，看是否是原配。犯罪分子往往采用破坏车锁和点火开关的方法将车盗走，然后换上新锁。在卸锁和换锁的过程中，犯罪分子肯定会在车锁或锁眼附近留下撬、划的痕迹，只要仔细查看，分辨盗抢车并不难。

（4）*检查玻璃*

砸碎车玻璃进入车内进行盗窃，是犯罪分子经常使用的伎俩之一。汽车的所有原装玻璃都是相同型号的，犯罪分子后配的车玻璃一定和原车玻璃有差异，这个差异可能体现在玻璃色泽上，也可能体现在品牌或型号上。另外，在打碎玻璃后，犯罪分子用铁丝钩开锁时可能使前门的玻璃密封条松动或损坏。

（5）*查看车身颜色*

为了掩人耳目，很多犯罪分子将盗抢汽车重新喷漆，改变颜色后，既不容易被发现，也方便销赃。尽管车身颜色变了，但在发动机舱边缘、行李箱内侧、保险杠内侧以及其他边缘处仍能发现原车的底色。一旦发现车辆有整车重新喷漆的痕迹，需要慎重考虑车辆的合法性。

（6）*查看发动机号和车架号有无改动痕迹*

①查看发动机号、车架号是否有焊接、凿改的嫌疑（见图3-1-3）。

②用手摸发动机号和车架号，感觉号码周围是否有大的起伏和凸起，如有，则改动过；

③用铁片、螺丝刀等硬物刮发动机号或车架号部位。正常号码是先打在金属板上后喷

项目 ③ 二手车技术状况鉴定

图 3-1-3 凿改的 VIN 码

漆处理的，刮起来不易损坏，焊接的车号则是用泥子在金属板上堆出号码再喷漆。

④用橡皮锤敲几下号码周围，被焊接的车号很可能有不牢固的地方，会出现裂缝和脱落现象。

⑤如果发现车辆年限较长，但车架号部分的漆比较新，可以用化油剂清洗号码，新上的漆会脱落，车号被打磨的痕迹就能显现出来。

（7）检查前风挡玻璃所贴票证

前风挡玻璃右上角是否贴有车检、税票等票证，也是判断车辆是否是盗抢车的因素之一。犯罪分子在销赃过程中，怕有人通过票证看出问题，往往将各种票证刮掉。

（8）在公安交管部门查询

可以进入公安车管部门被盗抢车辆查询系统查询车辆的状态情况。被盗抢车辆从车主报案起，其档案资料就被公安车管部门锁定了，不允许进行过户、转籍等一切交易活动。依据公安车管部门的档案资料进行检索，是发现盗抢车的一种有效方法，如图 3-1-4 所示。

图 3-1-4 在系统中检查车辆的状态

二、外观检查

1. 检查车身技术状况

轿车或客车的车身在整车价值中所占的权重很大,维修费用也比较高,故对车身的技术状况鉴定是二手车技术状况检查的首要步骤。查看时从车前部开始,主要检查漆面、车身配合间隙、车身尺寸和车身防腐情况。

（1）检查漆面

观察有无色差,新补的漆往往在色彩上不同于原车漆。从车辆的侧面迎光观察车身平滑度（见图3-1-5）,若车身表面看上去有些凹凸不平,说明车身曾有大面积的撞伤。首先仔细查看胶条、玻璃窗框四周、钣金件缝隙处、轮胎以及排气管等处是否残留有喷漆的痕迹（见图3-1-6）。因为维修人员在打磨泥子的时候往往磨不平,或因喷漆技术不过关、烤漆环境较恶劣,补漆后,仍然可以看出被修复过的痕迹,例如橘皮现象、色差、爆皮及在接缝处留漆痕迹（见图3-1-7~图3-1-10）等。

视频3-2　漆膜测厚仪检查漆面

图3-1-5　检查车身漆面的平滑度

图3-1-6　扒开胶条检查漆面

图3-1-7　喷漆后的橘皮现象

图3-1-8　喷漆后的前后车门色差

项目 3　二手车技术状况鉴定

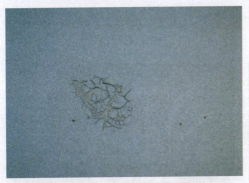

图 3-1-9　喷漆后的漆面爆皮

图 3-1-10　喷漆后车身缝隙留漆痕迹

用一块磁铁沿车身的周围移动,如果感觉磁力突然变小,说明该处曾经重新补灰做漆。因为修补后的漆面较厚,小磁铁不易吸附上去。也可以用手轻轻敲击钣金件表面,修补过的地方声音较原车钣金件更为沉闷。现在大多数评估师采用漆膜测厚仪测量(见图 3-1-11)。

（2）检查车身配合间隙

检查车身是否发生过碰撞已受损。站在车前部观察车身各部的周正、对称情况,特别注意各接缝处,如果出现不直、缝隙大小

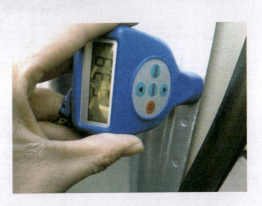

图 3-1-11　采用漆膜测厚仪测量

不一(对比图 3-1-12、图 3-1-13)、装饰条脱落或新旧不一的情况,说明该车可能出现过事故。

图 3-1-12　车身缝隙一致

图 3-1-13　车灯与引擎盖缝隙较大

（3）检查车身尺寸

在距离车前部 5~6 米的位置蹲下,沿着轮胎和汽车的外表面观察汽车的两侧,前、后轮应排成一线(见图 3-1-14),用同样的方法走到车后观察,前、后轮应该也为一条直线。如果发现一侧车轮比另一侧车轮更突出,表明汽车曾发生过碰撞。

视频 3-3　静态外观周正性检查

蹲在车轮附近,用尺子测量车轮后面与车轮罩后缘之间的距离,同样测量另一侧车轮

061

与车轮罩后缘的距离，得出的测量值应大致相同。如果距离大大不同，说明车架或车身弯曲变形（见图3-1-15）。

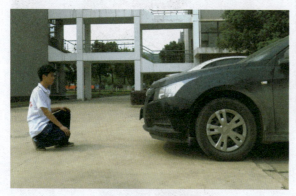

图3-1-14 检查车身周正情况

图3-1-15 测量车轮与车轮罩后缘之间的距离

检查保险杠有无明显的变形、损坏，有无校正、补漆的痕迹。保险杠是交通事故中最容易损坏的零件，仔细检查，能够判断被检车辆是否发生过碰撞。检查车门，观察车门接缝处是否平整。打开车门仔细查看A、B、C柱，如果有类似波浪的情况，说明该车曾经做过钣金修复。也可以将密封胶条揭开查看是否平整，车门附近是否留有铆钉的痕迹。若无，表明此车烤过漆。

（4）检查车身防腐情况

车身锈蚀是二手车常见的现象。检查车身防腐情况就是检查车身锈蚀情况，主要检查挡泥板、减振器、车灯周围、车门底部和轮舱内，俗话说："烂车先烂底。"汽车底盘是最容易被腐蚀的部位（见图3-1-16），在行驶过程中，飞溅沙石的撞击和托底现象会使底盘防腐涂层被破坏，雨雪天气底盘易受到雨水的侵蚀，会对底盘造成致命的伤害，从而大大缩短汽车的使用寿命。另

图3-1-16 检查汽车底盘

外，还需检查车门、车窗、排水槽等接缝处，各钢板焊接部位最容易聚集雨水，容易引起缝隙锈蚀。如果发现车身锈蚀情况严重，说明该车使用条件恶劣，使用年份久。

2. 检查发动机舱

（1）检查发动机舱清洁情况

打开发动机罩，检查发动机表面是否清洁，是否有油污，是否有锈蚀，是否有零部件的损坏或遗失，线路、管路是否松动（见图3-1-17）。

如果发动机上布满了灰尘，说明该车的日常维护不够好；发动机表面如果特别干净，也可能是车主在此前对发动机进行了特别的清

视频3-4 发动机工况检测

项目 ③ 二手车技术状况鉴定

视频 3-5 检查发动机舱

图 3-1-17 检查发动机清洁情况

洗,并不能由此断定车辆状况就一定很好。

(2) 检查发动机铭牌和排放信息标牌

查看发动机上有无发动机铭牌,如果有,检查上面是否有发动机型号、出厂编号、主要性能指标等,这可以判别发动机是不是正品(见图 3-1-18)。排放信息标牌一般在发动机罩下的适当位置或在风扇罩上面。

(a)

(b)

图 3-1-18 检查发动机铭牌

(3) 检查发动机冷却系统

冷却系统对发动机性能有很大影响,应仔细检查发动机冷却系统相关零部件,主要检查冷却液、散热器、软管、风扇皮带、冷却风扇等。

1) 检查冷却液

冷却液应该清洁并且液面在"满"标记附近。冷却液的颜色应该是浅绿色或红色,闻起来不应该有汽油或机油的味道,如果有,则说明发动机气缸垫可能已烧坏。如果冷却液看上去像水,则可能是冷却系的某处有泄漏情况,而车主并没有重视,只是发现冷却液变少,于是一次又一次地加水造成的。这种行为导致冷却液的沸点降低,冷却液容易沸腾,而使更多的冷却液溢出(见图 2-1-19)。

冷却液的质量好坏可通过冰点测量仪(见图 3-1-20)检测,一般普通冷却液的冰点最低可达 -40℃,而优质冷却液一般能达到 -60℃左右。水的沸点是 100℃,而冷却液至少应达到 110℃以上。

图3-1-19 检查冷却液

图3-1-20 冰点测量仪

打开散热器盖,检查冷却液液面上是否有其他异物漂浮。如果发现有油污浮在表面,表明可能有机油渗入冷却液中;如果发现有锈蚀的粉屑,表明散热器内部的锈蚀情况很严重。一旦发现有上述情况,都说明该车的发动机状况不是很好,要特别注意。

2)检查散热器

全面检查散热器,查看是否有褪色或潮湿的区域。散热器芯上的所有散热片应该是相同颜色的。当看到散热器芯局部呈现浅绿色时,说明在此区域有泄漏。修理或更换散热器费用很高。另外,应特别查看水箱底部,如果有潮湿现象,说明冷却液泄漏。

在发动机充分冷却时,拆下散热器盖,观察散热器盖上的腐蚀情况和橡胶密封垫片,散热器盖应该没有锈迹。将手指伸进散热器颈部,检查是否有锈迹或像淤泥状的沉积物,有锈迹,说明冷却液没有定期更换或保养(见图3-1-21)。如果水垢严重,说明发动机机体内亦有水垢,水箱会经常出现开锅的现象(见图3-1-22),即发动机温度过高。

图3-1-21 检查散热器内部的锈迹和水垢

图3-1-22 水箱开锅

3)检查软管

用手挤压散热器软管,查看是否有裂纹或老化情况。仔细观察软管上卡箍的两个端部,查看是否有鼓起部分和裂纹,如图3-1-23所示,检查是否有锈蚀痕迹(特别是连接水泵、恒温器壳及进气管的软管处)。软管通常可以使用十万公里以上,好的软管为冷却系统的正常工作提供了安全保障,但是费用也较高。

图 3-1-23　检查软管

4）检查风扇皮带

大部分汽车散热器风扇是通过风扇皮带来传动的，但有些轿车采用电动机来驱动，即电子风扇。对于皮带传动的冷却风扇，应对散热器风扇皮带的磨损情况进行检查。

仔细检查传动带的外部，查看是否有裂纹或层片脱落。检查传动带与皮带轮接触的工作区是否已经磨得发亮，如果有，则说明传动带已经打滑。传动带磨损、磨光或打滑可能引起尖啸声并使蓄电池充电不足，甚至产生过热现象。传动带的作用区是与皮带轮接触的部分，所以要将传动带的内侧翻转过来检查（见图 3-1-24）。

图 3-1-24　检查风扇皮带

5）检查冷却风扇

检查冷却风扇叶片是否有变形或损坏。若变形损坏，其排风量会相应减少，会影响发动机冷却效果，使发动机温度升高。故风扇若有损坏，应及时更换。

(4) 检查发动机润滑系统

发动机润滑系统的功用是对发动机各个运动部件进行润滑，同时还有密封、冷却、清洁、防腐的作用。若发动机润滑系统工作不良，将严重影响发动机的使用寿命和价值，故对该系统应仔细检查。主要检查项目如下：

1）检查机油

①找出机油口盖。对于直列 4 缸或 6 缸发动机，其机油口盖在气门室盖上。对于 V6 或 V8 发动机，如果发动机纵置，机油口盖则在其中一个气门室盖上；如果发动机横向安装，机油口盖一定在靠近前面的气门室盖上。在拧开加油口盖之前，一定要保证开口周围区域干净，以防止灰尘进入而污染发动机。

②打开机油口盖。拧下加油口盖，检查机油口盖（见图3-1-25），将它反过来可以看到机油的牌号。通常二手车在开到车市之前常常已经更换过机油。但是在加油口盖的底部可以看到旧油甚至脏油痕迹，这是正常的。如果加油口盖底面有一层黏稠的浅棕色巧克力乳状物，还可能有油与油污混合的小水滴，这种情况就不正常了。它表明冷却液通过损坏的衬垫或者气缸盖、气缸体裂纹混入机油中。被冷却液污染的机油在短时间内会对发动机各个零部件造成严重的危害。如果对此不注意，可能会造成发动机需要全面大修。

图3-1-25 检查机油口盖

③检查机油质量。取一片洁净白纸，在纸上滴下一滴机油。如果有较多的硬沥青质颗粒及炭粒等，表明机油滤清器的滤清作用不良，机油很脏，但并不说明机油已变质；如果纸上的黑点较大，且油是黑褐色的，均匀且无颗粒，黑点与周围的黄色油迹有明显的分界线，则说明机油已经变质。机油变质的原因有很多，如机油使用时间过长，一般在车辆行驶5 000公里（或6个月），应当更换机油。如果发动机缸体磨损严重，使燃烧的废气进入油底壳，会造成机油的加速污染。

④检查机油气味。不能用发动机机油的洁净程度来认定该车的保养水平。车主可能在汽车出售前更换新的机油和滤清器，这时油尺上所显示的几乎就是新的机油。

拔下机油尺，闻一下机油尺上的机油有无异味。如果有汽油味，则说明机油中混入了汽油，汽车长期在混合气过浓的情况下运行，发动机在此条件下长时间运转，会使其过度磨损，因为燃油会冲刷掉气缸壁上起润滑作用的机油膜。拿出油尺，查看是否有污垢或金属颗粒。检查油尺的颜色，如果发动机曾严重过热，油尺会变色（见图3-1-26）。

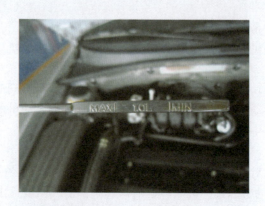

图3-1-26 检查机油油尺

视频3-6 机油检查操作

⑤检查机油油位。起动发动机运转一会,停机5分钟以后,打开发动机舱,抽出机油尺,用抹布将机油尺上的油迹擦干净后,插入机油尺导孔,再次拔出查看(见图3-1-27),油位在上下刻线之间,即为合适。若机油油位过低,则观察汽车底下的地面是否有机油,是否有机油泄漏的现象。

图3-1-27 检查机油油位

2)检查PVC阀

PCV阀用于控制发动机曲轴箱的强制通风,如果其工作不良,对发动机润滑会有严重的影响。从气门室罩盖上拔出PCV阀并晃动,应发出咔嗒声。若没有发出咔嗒声,说明PCV阀内部充满油污,发动机机油和机油滤清器没有按要求更换,发动机需要更换新的PCV阀,如图3-2-28所示。

3)检查机油泄漏

机油泄漏是一种常见的现象(见图3-1-29),可能发生泄漏的地方如下:

图3-1-28 检查PCV阀

图3-1-29 机油泄漏

①气门室罩盖。
②气缸垫(见图3-1-30)。机油泄漏在行驶里程超过8万公里的汽车上很普遍,正常情况下修理不太难,安装新的气门室盖垫片就可以解决。
③油底壳垫片(见图3-1-31)。
④曲轴前、后油封。
⑤油底壳放油螺塞。放油螺塞松动或密封垫损坏,会造成机油渗漏。
⑥机油滤清器。
⑦机油散热器管路。

图 3-1-30 气缸垫处可能发生机油泄漏

图 3-1-31 油底壳垫片可能发生机油泄漏

⑧机油散热器。
⑨机油压力感应器。

(5) 检查点火系统

点火系统工作性能的好坏直接影响发动机的动力性和燃油经济性，点火系统的检查项目如下：

1) 检查蓄电池

检查标牌，判断蓄电池是不是原装。通常标牌固定在蓄电池上部，其上有首次售出的日期，可以此判断出蓄电池的使用时长（见图3-1-32）。一般蓄电池的有效寿命为两年左右，如果蓄电池已经快接近使用极限，需要考虑更换蓄电池。

图 3-1-32 检查蓄电池

视频 3-7 充电系统检查

检查蓄电池的表面情况，蓄电池的表面清洁度亦可以反映出车主对汽车的保养情况。若蓄电池接线柱处有严重的铜锈或腐蚀物，可能会造成正、负极柱之间短路，使蓄电池自行放电，并使电解液消耗过快，或造成蓄电池充不进电等情况。蓄电池常见故障部位如图 3-1-33 所示。

2) 检查高压线

检查点火线圈与分电器之间的高压线，以及分电器与火花塞之间的高压线。各缸布线应整齐。高压线外表面应清洁、无擦伤部位、无裂纹或烧焦处，否则高压线可能会漏电发生跳火，严重时可能引起火灾。高压线需成套更换，费用较高。

3) 检查分电器

对于带分电器的发动机点火系统，应仔细检查分电器的工作情况，观察分电器外壳有

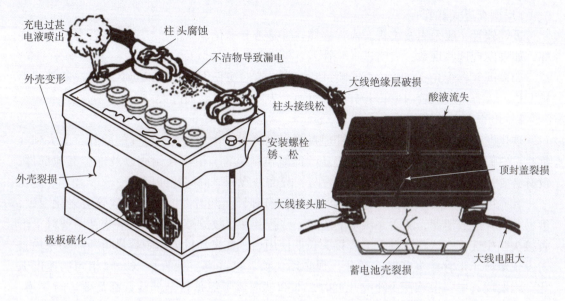

图 3－1－33　蓄电池常见故障部位

无裂纹、积炭、破损等现象,这些现象均可能导致分电器漏电,使点火能量不足,进而引起发动机动力不足。若有这些现象,则需要更换分电器。

4）检查火花塞

任意拆下一个火花塞,查看火花塞的燃烧情况。火花塞位于发动机缸体内,能够直接反映发动机的燃烧情况。若火花塞电极呈现灰白色,且没有积炭,表明火花塞工作正常,燃烧良好。如果火花塞积炭过多、电极严重烧蚀、绝缘体破裂、漏气、侧电极开裂,均会导致点火性能下降,进而造成发动机动力不足,这时则需要更换火花塞。火花塞更换需成组更换,费用较高。

(6) 检查供油系统

1）检查燃油泄漏

检查喷油器插头安装是否可靠,检查喷油器密封圈是否完好,检查油压调节器和真空管是否良好。燃油的泄漏并不常见,而且人们对燃油泄漏普遍比较注意,尤其是有很高压力的燃油喷射系统,若是发生泄漏会很明显。高压电动油泵很昂贵,并且由于油泵通常位于油箱内,使得更换工作更加费力。如果在行驶中闻到了燃油的气味,通常表明有燃油泄漏。

2）检查汽油管路

发动机供油系统有进油管和回油管,检查油管是否老化或龟裂等。

3）检查燃油滤清器

燃油滤清器一般在汽车行驶 15 000 公里时需更换。若有条件,举升车辆检查燃油滤清器管接头是否漏油,检查滤清器使用时间是否过长（如果这辆车的燃油滤清器看起来和底盘的其他部件一样脏,可能燃油滤清器未更换过）。

(7) 检查进气系统

发动机进气系统性能的好坏,对发动机的正常运行有很大影响,尤其是对混合气浓度的控制。因此应仔细检查发动机进气系统。

1）检查进气软管

进气软管一般采用波纹管，检查进气软管是否有老化、变形、变硬，是否有损坏或烧坏，如果发现这些现象，表明进气软管需要更换。

如果进气软管光亮如初，可能喷过防护剂，这时应仔细检查，以防必须更换的零部件被漏检。检查进气软管内壁，若有大量机油，表明发动机磨损过大。

2）检查真空软管

现代发动机上有许多与发动机管理系统相关的小软管。这些小尺寸的软管看上去到处都有，它们连到空调控制器、排放设备、巡航控制装置、恒温控制阀以及许多其他部件。没有必要一定通过软管图来检查这些设备，只需查找明显的问题即可。

首先用手挤压真空软管，这些软管应该富有弹性，随着时间推移，软管会老化变硬，容易开裂并造成泄漏，从而在汽车上造成一些行驶和排放故障。许多真空软管用塑料 T 形管接头互相连接，这些塑料 T 形管接头长期使用后，在发动机工作中容易折断。如果检查时发现塑料 T 形管接头破损或裂开，则必须更换。这些真空软管会以大致相同的速度老化，当发现其中一根软管变硬或开裂时，那么就应该考虑是否全部软管都需要进行更换。在检查真空软管老化情况的同时，应注意各真空软管的管路布置，查看软管是否整齐排列，是否有软管明显地被拔出、堵住或夹断，这些能说明软管是否有人动过，可能是为了隐瞒某些不能工作的系统或部件。

3）检查空气滤清器（见图 3-1-34）

空气滤清器用于清除空气中的灰尘杂物。如果空气滤清器过脏，会降低发动机进气量，影响发动机的动力性。拆开空气滤清器壳体，检查空气滤芯，观察其清洁情况，若空气滤清器很脏，说明此车保养较差，并且可能经常行驶在灰尘较多的地方，车况较差。

图 3-1-34　检查空气滤清器

（8）检查其他部件

1）检查发动机减振支承

检查发动机的减振垫是否老化、有裂纹。如有，会造成发动机振动过大，使用寿命急剧下降。

2）检查正时带

轿车的凸轮轴驱动，一般采用正时带（即齿形带）来驱动。正时带噪声小且不须润滑，但耐用性不及链条驱动。通常每行驶 10 万公里就需要更换。拆下正时带，仔细检查正时带内外两侧有无裂纹、缺齿、磨损等现象（见图 3-1-35）。若有，则表明此车行驶里程较长。对于 V 型发动机，更换正时带的费用非常高。

图 3 - 1 - 35　检查正时带

3）检查各皮带传动附件的支架和调节装置

检查发动机各皮带传动附件的支架和调节装置是否有松动、螺栓是否有丢失或裂纹等现象。支架断裂或松动可能引起风扇、动力转向泵、水泵、交流发电机以及空调压缩机等附件运转失调，不仅可能使传动带丢失，而且可能造成零部件的提前损坏。

4）检查制动液（见图 3 - 1 - 36）

图 3 - 1 - 36　检查制动液

检查制动液液面（见图 3 - 1 - 37）是否位于储液罐的 MAX 和 MIN 标记之间。如果大于 MAX，则可能是制动液加注过多；如果小于 MIN，则可能是制动系统某部分发生渗漏所致。此时应仔细检查制动系统是否存在渗漏现象，之后再将制动液加注到标准范围。

检查制动液质量，鉴定制动液能否继续使用，如果采用传统的根据颜色、味道和手感来判别的方法，远远不能满足实际需要。正确的方法是，通过检测制动液的含水量和沸点，对制动液进行定性或定量分析。新的制动液具有较高的沸点，一般在 260℃ 左右。而造成制动液吸水的原因很多，比如炎热的天气下制动系统使用的频繁程度、制动系统的设计型式、制动系统部件的质量状况、车辆行驶路况以及制动液的类型等。只要被吸入的水分达到 2.5%，就需要更换新的制动液。因此检测含水量或者制动液的沸点，是确定制动液是否需要更换的比较有效的方法。另外，可采用制动液快速探测笔（见图 3 - 1 - 38）来检测，笔上有 3 个 LED 灯，分别为绿色、黄色和红色。使用方法非常简单，只要在管内吸入制动液，根据笔上 LED 灯的显示情况，就可以快速定性判断制动液的含水量。绿色 LED 灯说明制动液含水量低，制动液合格；黄色 LED 灯说明制动液含水量一般，可以继续使用，不过 6 个月以后需要再检测一次；红色 LED 灯说明制动液含水量较高，制动液不能继续使用，需要及时更换。可根据技术资料来找出制动液的沸点，从而确定制动液能否

图3-1-37 检查制动液液面

图3-1-38 制动液快速探测笔

继续使用。在实际应用中,一般参照如下标准判断制动液性能:含水量低于0.59%,说明制动液正常;含水量在0.5%~2.5%,制动液可换也可不换;含水量大于2.5%,制动液必须更换。

5)检查继电器盒

汽车发动机舱内有电器系统总继电器盒,一般在蓄电池附近或沿着发动机舱壁的区域内。打开继电器盒,查看内部。通常在塑料盖内侧附有一张图,按照图表检查相应位置元件是否齐全。如果有一个或两个继电器遗漏,但是图表上并无标识,一般是制造厂家为用于某种车型或某种选项的继电器提供了预留的空间和线路。

查看发动机舱中导线是否有擦破或是裸线;导线是否露在保护层外;导线是否没有固定在导线夹中;是否有外加导线。有胶带或旁通原有线束,说明有不正规的维修问题,或者车辆安装了一些附件,如防盗报警器等。这些附件如果是专业安装的,导线线路和线束应整齐地固定在原来的导线夹中,而不是使用明线、绝缘胶带甚至是非焊接的卷边接头。

2. 检查汽车驾乘舱

检查汽车驾乘舱主要是检查车内操纵机构是否工作正常,这是鉴别车辆实际磨损度的重要依据。

(1)检查驾驶操纵机构

1)检查方向盘

检查方向盘时将汽车处于直线行驶的位置,左右转动方向盘(见图3-1-39),最大游隙应不超过15°。如果游隙超过标准,说明转向系统的各传动部分间隙过大,转向系统需要保养或维修。两手握住方向盘,向上下、前后、左右方向摇动推拉,应无松旷的感觉。如果有松旷的感觉,说明转向器内轴承松旷,需要调整。

2)检查加速踏板和油门踏板

观察加速踏板是否磨损过度,若磨损严重,说明此车行驶里程比较长。踩下加速踏

视频3-8 检查内室 视频3-9 转向盘自由行程

图3-1-39 检查方向盘

板,感觉踏板有无弹性,油门回位是否自如。检查制动踏板(见图3-1-40)的踏板胶皮是否磨损过度,通常踏板胶皮的寿命是3万公里左右。检查制动系统主要的技术参数是否正常,检查制动踏板自由行程,轻踩制动踏板,直到明显感觉踏板变重,自由行程应在10～20 mm,否则应调整踏板自由行程;完全踩下制动踏板时,踏板与地板之间应有一定的距离。

3) 检查离合器踏板

轻轻用手推下离合器踏板,测量踏板有没有自由行程,离合器踏板的自由行程一般在15～25 mm。如果没有自由行程或自由行程小,经过一段时间的使用后会引起离合器打滑。如果自由行程过大,可能是因为离合器摩擦片或分离轴承磨损严重,需要检修离合器及其操纵机构,如图3-1-41所示。

图3-1-40 检查制动踏板

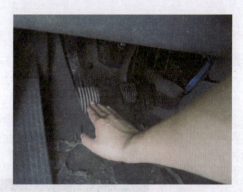

图3-1-41 检查离合器踏板

4) 检查手制动操纵机构

放松手制动操纵杆,再拉紧手制动,检查手制动操纵杆是否灵活,锁止机构是否正常,如图3-1-42所示。大多数手制动拉杆在拉起时应发出五或六声咔嗒声后使后轮制动器抱死。多次声响后不能拉起制动杆,可能是因为太紧的缘故。踏板操纵的驻车制动器实施后轮制动时也应发出五或六声咔嗒声。如果发出更多或更少的咔嗒声,说明驻车制动器需要检修或调整。电子手刹则需要通过操作鉴别是否能够正常工作。

图3-1-42 检查手制动操纵杆

5) 检查换挡操纵机构

手动挡的车辆需要逐一换入各个挡位,检查换挡操纵机构是否灵活。同时查看变速器换挡杆防护罩是否有破损,如有破损,必须更换(若有异物掉入,可能会引起换挡阻滞)。自动挡的车需要查看是否能够顺利挂入各挡位,另外需要在路试中进行深入检查。

(2) 检查座椅、安全带及安全气囊

检查座椅罩是否破损或有开裂、污渍等情况。检查座椅前后调节是否灵活,调节后能否固定,晃动座椅时是否有异响。检查座椅高、低能否调节,检查座椅椅背角度的调节是否有效,安全头枕的调节是否有效。检查安全带自动收紧装置是否工作(见图3-1-43)。多数安全带在中度以下碰撞后还能继续使用,但如果出现织物割伤损坏、

图 3-1-43 检查安全带

边缘松散、弓形等现象,则必须及时更换。

安全气囊是汽车被动安全技术中一项重要的产品,它与人身安全息息相关,因而对可靠性的要求异常严格(见图 3-1-44)。若是气囊开启延误,不仅不能起到保护作用,还可能导致更大的伤亡。因此,对安全气囊的检查,除了系统自诊断外,还必须进行安全气囊的外表检查。要注意的是,配有安全气囊的车辆,方向盘喇叭面板不能粘贴覆盖物,不能进行其他加工,清洁时要注意只能用干燥或者蘸水的抹布擦拭。对其他位置的气囊模块表面要求也一样。

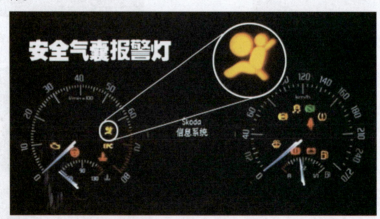

图 3-1-44 检查安全气囊

(3) 检查内饰

检查内饰的清洁情况,可以了解原车主对车辆的养护状况,这会影响到车辆的价值。部分车主在车内吸烟,会使车内饰毡板有明显的颜色污渍。二手车商在进行车辆整备时常会进行内饰清洗整备。一般汽车养护中心进行一次内饰清洁需要耗费 2~3 小时,花费约 200 元,其主要包括对顶篷、门边、仪表台、座椅、脚垫、原车地毯等的清洁。

(4) 检查开关及仪表

检查点火开关、各种车灯开关、刮水器开关、喇叭开关、收音机开关等。分别开启这些开关,检查这些开关是否完好,元件能否正常工作。一般汽车设有转速表、车速里程表、燃油表、机油压力表、水温表、电流表等仪表,分别检查这些仪表能否正常工作。

汽车上有很多指示灯或警告灯,如制动警告灯、机油压力警告灯、充电指示灯、远光指示灯、转向指示灯、燃油不足警告灯、手刹指示灯等，分别检查这些指示灯或警告灯能否正常工作。

检查方法是打开点火开关，正常情况下这些故障灯亮 3 s 后，会自动熄灭。若故障灯常亮，或根本就不亮，说明此电控系统有故障。由于电控系统的故障比较复杂，对汽车的价格影响也很大。若发现故障，应借助专用诊断仪来检查故障，以判断此系统产生故障的原因，确定维修价格。

（5）检查地毯和地板

抬起车内的地板垫或地毯。检查是否有霉味，是否有潮气或锈蚀污染的痕迹。检查地板垫或地毯底下是否有水，如果水的气味像冷却液，则散热器芯可能发生泄漏。冷却液通过发动机舱上的某些孔洞流入汽车内部。这些孔洞可能是制动器或离合器踏板联杆孔、加速踏板或换挡拉锁孔、散热器芯或管孔以及连接发动机舱与仪表板线路的线束孔。这些孔洞通常是用橡胶护圈隔离的，这些橡胶圈有时会由于老化而干裂甚至脱落。

视频 3-10 故障诊断仪检查

如果发现地板上有被水浸泡的迹象，则该汽车的估价要大打折扣。

（6）检查电器设备

现代汽车车内电器设备较多，需要逐项检查。检查刮水器和前窗玻璃洗涤器，打开刮水器和前窗玻璃洗涤器，观察前窗玻璃洗涤器能否向正确的区域喷出洗涤液。观察刮水器各挡位是否都能正常工作，挂刷是否清洁。刮水器关闭时，刷片应能自动返回初始位置。检查电动车窗，按下电动车窗开关，各车窗能升起和落下，升降器工作应平稳、安静、无卡滞现象。检查中控门锁，如果汽车有中控门锁，试用一下。首先确保从外面能打开所有门锁。同时，确保操作中控门锁能使所有门锁开闭。

检查收音机和音响，打开收音机开关，检查收音机能否正常工作。在发动机运转时检查音响系统或收音机，检查是否有发动机电器系统干扰或信号接收不良现象。尤其是车内的中央显示屏，需要进行检查，如果有故障，维修成本较高，如图 3-1-45 所示。

图 3-1-45 检查中央显示屏

如果配置了电动天窗，操作一下，检查能否正常工作，关闭时是否密封良好，如图 3-1-46 所示。注意检查轨道上是否有漏水的痕迹，这是天窗存在的典型问题，特别是在二手车上。许多天窗上安装了遮阳板，检查遮阳板外形是否良好，工作是否正常。检查除雾器，如果该系统工作正常，打开除雾器几分钟后，玻璃摸上去应该是热的。另外，还须检查暖风器并确保风速开关在所有速度挡都能正常工作。

图 3-1-46 检查电动天窗

3. 检查后备箱

检查后备厢箱的开闭功能，有些车的后备箱只能用钥匙打开，还有一部分车采用感应式尾门，可通过操作查看其功能是否正常。一般行李舱采用气体助力支柱，检查气体助力支柱是否泄漏。行李舱防水密封条对行李舱内部和车身底板的防护是十分重要的，所以，应仔细检查防水密封条有无划痕、损坏、脱落。

对后备箱内部近距离进行仔细检查，观察油漆是否相配。内部的颜色是否与外部的颜色相同，行李舱内、外颜色不相配，表明后备箱可能碰撞修理过，查看后备箱是否有修复痕迹（见图 3-1-47）。查看后备箱盖金属构件、地板垫、后排座椅后板、线路或是尾灯后部等是否完好。拉起行李舱中的地毯，观察地板是否有生锈、修理和焊接痕迹，检查有无发霉的迹象。检查备胎是否完好，备胎的花纹深度可以从一个侧面反映出该车的使用情况，检查备胎胎压是否正常；检查是否有原装的千斤顶、千斤顶手柄、轮胎螺母拆卸工具、三角牌、灭火器等随车工具（见图 3-1-48）。通常在后备箱上有门控灯，当舱盖打开时，门控灯应当自动点亮。按下行李舱盖，行李舱盖应不用很大力气就能正常闭合。行李舱盖关闭后，舱盖与车身其他部分的缝隙应均匀，不能有明显的偏斜现象。

图 3-1-47 后备箱修复痕迹明显

图 3-1-48 检查备胎的磨损及随车工具

4. 检查车身底部

检查底盘需要将车辆开进地沟或上举升机工位进行。值得注意的是，车主在卖车之前一般不会也没有条件对车底进行处理，所以，汽车底盘的技术状况更能反映出汽车真实的技术状况。检查发动机是否固定可靠，检查发动机与传动系的连接情况，燃油箱及燃油管路不得有漏油现象，燃油管路与其他部件不应有磨蹭现象。检查软管有无老化、开裂、磨损等异常现象。

视频3-11 汽车底部检查1

视频3-12 汽车底部检查2

视频3-13 检查车身底部3

检查排气管上所有的吊架，大多数汽车都装有带耐热橡胶圈的排气管支承，连接车架支架与排气管支架，它们可以避免更多的噪声和振动传递到汽车上。查看消声器是否齐全，排气系统有无破损和漏气的现象。

减振器是汽车上极易损坏的部件之一，它的性能好坏直接影响行车舒适性和安全性。如果在行驶过程中遇到颠簸路面，汽车底盘发出咔呲声，说明减振器可能已经损坏。对于部分车型可在车辆静态的情况下，用手在汽车前后左右四个角分别进行按压，观察回弹次数，如果发现异响或不能跳动，说明减振器或悬架弹簧工作不良，如果跳动次数过多，则可能是减振器漏油（见图3-1-49）。

图3-1-49 检查减振器

5. 检查转向节臂、转向横拉杆、球头销等

检查转向节臂、转向横拉杆有无裂纹和损伤，检查球头销是否松旷（见图3-1-50），各运动部件有无干涉、摩擦等现象。

图3-1-50 检查球头销

检查前、后桥是否有变形、裂纹，检查传动轴、万向节有无裂纹和松旷，检查制动分泵、制动管路是否有漏油或漏气的现象。对于前轮驱动的车辆，要注意检查万向节上的橡胶套，它里面填满了润滑脂，如果橡胶套破损，杂质或潮气混入润滑脂，会导致万向节严重损坏，更换万向节费用较高。

6. 检查车轮

1）检查车轮轮毂轴承

摆动车轮，一只手放在轮胎上面，另一只手放在轮胎下面，紧紧地推拉轮胎，感觉是否有摆动。用手转动车轮，检查是否能够无噪声地平稳转动，以此方法判断车轮轮毂轴承是否有松旷、损坏（见图3-1-51）。

图3-1-51　检查车轮是否松旷

2）检查轮胎磨损情况

轮胎是汽车上很重要的运行耗材，胎面的非正常磨损是汽车需要调校的信号，否则很有可能损坏转向或悬架系统。检查轮胎不需要复杂的仪器，用简单的深度尺加以外观检查便可。首先查看轮胎是否存在两边磨损、中间磨损、羽状磨损或单侧磨损等不均匀磨损现象，当出现这些异常磨损时，表明该车的四轮定位不准确或者长期超载行驶。检查胎侧是否有割伤和磨损，胎冠上的花纹深度不得小于1.6 mm（见图3-1-52），还应查看轮胎的生产时间，综合判断仪表的里程数、轮胎磨损和整车磨损是否一致。

图3-1-52　测量花纹深度

项目 ③ 二手车技术状况鉴定

任务 2 二手车技术状况的动态检查

 任务导入

二手车评估师要对车辆各个方面进行仔细检查,除了全方位的静态检查之外,还需要通过路试来判断这辆二手汽车内部的一些潜在问题,那么,路试检查包括哪些内容呢?

 **相关知识**

⚙ 一、发动机工况的检查

视频 3-14 发动机启动状况的检查

1. 检查发动机起动性能

① 打开点火开关,观察油压指示灯是否亮,燃油表和水温表是否正常。

② 起动发动机,感觉起动是否顺畅,起动后油压指示灯和充电指示灯应熄灭。如果起动不成功,再次尝试,注意每次起动时间不超过 5 秒。正常情况下,应在三次以内起动成功。

> **知 识 链 接**
>
> 造成发动机起动困难的原因有很多。天气比较冷时,常会出现发动机冷起动困难、怠速抖动、加速不良等故障。若发现在水温表温度升高后故障现象全部消失,则说明发动机内部积炭过多,这时对车辆的估价便要考虑该车需要马上清洗积炭的费用。
>
> 如果不是温度的原因造成发动机起动困难,就要从油路、电路、气路和机械四个方面考虑。如果曲轴不能旋转导致发动机无法起动,其主要原因可能是蓄电池电量不足、发动机工作不良或是发动机运转阻力过大。检查发动机运转阻力是否正常,可拆下火花塞及喷油器,人工运转曲轴,检查其转动的阻力大小。如果起动时曲轴能正常旋转,发动机起动仍然很困难,对于汽油发动机来说,主要从点火、供油两个方面去考虑,可能是点火正时不正确、火花塞火弱甚至无火;燃油管路堵塞、喷油器不工作、燃油系统工作不良导致混合气过浓或过稀;气缸压缩压力过低,也可能导致发动机起动困难。发动机无法起动时应综合分析各种原因,不同的原因所引发的起动困难,对车价的影响相差是很大的。

2. 检查发动机怠速运转情况

发动机起动后使其怠速运转，观察各仪表是否正常。查看发动机转速表，正常的发动机怠速转速应在 800±50 r/min 左右，不同发动机的怠速转速有一定的差别。打开空调，发动机转速应上升到 1 000 r/min 左右。到车前听听发动机运转的声音，越静、越稳越好。如果发动机运转 3～5 min 后，仍然有明显的杂音、抖动或者转速不均匀等现象，说明该车怠速不良。

知识链接

对于汽油发动机，怠速不良的主要原因有点火正时不正确、气门间隙不正确、配气正时或怠速调整不当、真空管漏气、曲轴箱强制通风单向阀在怠速时不能关闭（不密封或卡滞）、废气再循环装置误动作、点火或供油系统工作不良、各缸压缩压力不一致等。

对于柴油发动机，怠速不良的主要原因有供油正时、气门间隙、配气正时或怠速调整不当、燃油中有水或黏度不符合要求、各缸柱塞及喷油器工况不一致、调速器锈蚀或松旷、供油拉杆对应的拨叉或齿扇松动、各缸喷油量或喷油压力不一致等。

引起发动机怠速不良的原因多达几十种，通常需要耗费很多工时。甚至有些车的怠速不良是顽疾，一直都无法解决，对此评估人员应重视。

3. 检查发动机急加速性

待水温、油温正常后，用手拨动节气门，检查发动机在各种转速下运转是否平稳。在加速过程中，检查发动机有无敲缸或气门运动噪声。正常情况下，如果发动机技术状况良好，各运动部件配合间隙适当、润滑良好、工作温度正常、燃油供给及点火正时准确，无论转速和负荷怎样变化，发动机发出的都应该是一种平稳而有节奏的轰鸣声。在额定转速内，若发动机发出敲击声、咔嗒声、咯咯声、尖叫声等，均是不正常的响声。

视频 3-15 发动机运行状况

4. 检查排气颜色

汽车发动机正常工作时，排出的气体应该是无色的或者略带白色。如果尾气呈黑色、蓝色或浓白色，意味着汽车存在故障。

如果排气冒黑烟，说明混合气过浓，油多气少，如图 3-2-1 所示，可能是因为空气滤清器过脏，进气不足；或是电控燃油喷射系统出现故障。长期的混合气过浓会导致气门积炭，影响气门的密封性，车辆的动力性将受到影响，具体体现为上坡困难、加速无力等。

排气呈蓝色，说明发动机有吃机油的现象。一般是由于气缸与活塞磨损过甚，机油窜入燃烧室，这种现象一般出现在使用时间较长的车辆上。另外，在更换机油的时候，一定要按照规定适量添加，如果加多了，在飞溅润滑时，也可导致大量的机油窜入气缸，发生烧机油的情况，呈蓝色的尾气，其中的化学成分会直接影响三元催化器的寿命。

图 3-2-1 检查排气颜色

排气颜色发白，说明废气中水蒸气的含量较多，说明气缸垫即将报废，冷却水进入缸内。当然，也可能是汽油中的水分过多造成的。

二、路试检查

评价一辆车性能的优劣，不能单靠静态检查各个零部件的新旧程度。在进行完静态检查和发动机工况检查后，还需要对车辆进行路试。在行驶的过程中，评估人员可依靠专业知识和驾驶经验，对整车性能的好坏进行综合评价。路试的时间为 15~20 min。

视频 3-16 汽车摆振现象

1. 动力性的评价

动力性是汽车性能中最重要和最基本的部分，因此在路试中，检查汽车的加速性能成为必不可少的环节。通过检测加速性能、爬坡性能和最高车速，能够综合反映出汽车动力性是否良好。

选择一段宽敞的道路，原地起步加速行驶，猛踩油门，看提速是否迅速，有无"推背感"。也可以选择在坡道上进行加速试验，如果加速无力，说明发动机功率下降。由于汽车本身的设计差异，不同车型之间的加速性能不尽相同。例如对于轿车来说，一般情况下发动机排量越大，加速性能就越好。面对这种情况，评估人员需要有足够的经验，了解各种常见车型的加速性能，在路试时以被检汽车的加速性能与该车型正常的加速性能相比对，使鉴定结果更为客观。

在道路条件允许的情况下，检查车辆能否达到原设计最高时速，同时检查高速行驶时车辆的稳定性。

2. 检查传动系的工作状况

（1）检查离合器

手动挡的车在怠速状态下踩下离合器踏板，应无噪声、卡滞等现象。挂挡或挂挡后尚未放松离合器踏板，汽车就起步甚至熄火，说明离合器分离不彻底。若一切正常，缓慢抬起离合器踏板，起步应柔顺，不应有发抖或起步冲击等现象。待离合器完全结合时加速，检查有无打滑的现象；或者重新进行一次起步测试，直接挂入三挡起步，若发动机不熄火，说明离合器已经打滑。离合器打滑可能是由于自由行程过小造成的，但也可能是离合器已经磨损严重,需要更换。

(2) 检查变速器

变速器的维修费用很高,所以在二手车检查时一定要仔细检查变速器的技术状况。

①对于手动变速器,主要检查换挡质量及异响。发动机怠速运转,变速器处于空挡时有异响,踩下离合器踏板异响消失,说明噪声是变速器故障引起的。如果汽车行驶时,变速器发出不正常响声,且随着车速的增加而提高,说明变速器各轴弯曲变形、轴承磨损过度、松旷或缺油,齿轮损伤等导致啮合不良。由低挡逐步换至最高挡行驶,再由高挡减至低速挡,要求各挡位进挡平顺。如果不能顺利挂挡,还伴有齿轮撞击声,可能是离合器分离不彻底,也可能是变速杆或同步器的故障。此外,还需注意在各个挡位运转是否平稳、无噪声,是否出现乱挡或跳挡的现象。

②对于自动变速器,首先应检查升挡情况。在前进挡位置踩下油门踏板,保持加油状态,感觉自动变速器的自动升挡过程。自动变速器在换挡时的感觉并不明显,如果感觉到车辆在加减速时有明显的发"冲"感,说明自动变速器存在换挡冲击。注意车速表和转速表的变化,自动变速的换挡通常从这些数据的变化当中反映出来。不同型号的自动变速器各挡位传动比不同,升挡车速也不完全一样。所以,升挡车速并没有严格的范围,只要汽车在行驶过程中加速良好,无明显的换挡冲击,都可认为升挡车速正常。

判断自动变速器工作是否正常的另一重要依据是升挡时的发动机转速情况。在行驶过程中注意发动机转速的变化,正常情况下,发动机的转速应低于 3 000 r/min,在刚刚升挡的短时间内发动机转速会有所下降。如果在整个行驶过程中,发动机的转速始终低于 2 000 r/min,说明发动机动力不足,或者自动变速器升挡时间过早。如果发动机的转速偏高,尤其是在升挡前后转速达到 3 000 r/min 左右,并且伴随着明显的换挡冲击,说明升挡时间过迟。如果发动机转速始终维持在比较高的范围,在加速时甚至达到 4 000 ~ 5 000 r/min,说明自动变速器换挡执行元件打滑,自动变速器需要维修。

(3) 滑行试验

手动挡的车在平坦的路面上可进行滑行试验,在车速 50 km/h 左右时,将变速器调到空挡滑行。滑行距离的长短,表明传动系传动效率的高低(滑行距离短,也有可能是制动系统拖滞造成的)。滑行距离短,传动效率低,说明传动系的传动阻力大,会使汽车行驶油耗增加,且动力不足。在路试过程中,将汽车加速至 50 km/h,迅速抬起加速踏板,倾听有无明显的金属撞击声,若有,说明传动系某些零部件的配合间隙过大。

3. 检查行驶稳定性

(1) 检查转向操纵

转向操纵的检查一定要在宽敞的路面上进行,路试时一定要注意路况安全。左、右转动方向盘,检查转向是否灵活、轻便,有无自动回正的作用。方向盘的自由转动量不应大于15°,否则会造成转向不灵。保持汽车直线行驶,松开方向盘,汽车应该仍然保持直线行驶,如果发现有跑偏现象,说明该车的前轮定位可能已经失准,需要检查调整;左右两侧胎压不等;或者是车身、悬架系统受到过碰撞而发生变形。

以超过 80 km/h 的高速行驶,如果发现方向盘抖动,即高速摆头现象,说明该车存在严重的车轮不平衡或不对中,转向系各部磨损过甚,存在轴承或球头松旷等故障。这种现象直接影响汽车的行驶安全,严重破坏汽车行驶的平顺性,必须引起重视。

(2) 检查汽车行驶的平顺性

通过检查汽车行驶的平顺性可以综合反映转向系、悬架以及车轮等部件的性能好坏。在平坦的路面上,汽车在任何车速状态下都不应该有抖动。如果有,说明汽车的传动系或行驶系中的一些旋转部件的动平衡出现了偏差,主要出现在车轮及传动轴上。

将汽车开到坏路面行驶一段,感觉汽车的平顺性和乘坐舒适性如何。如果汽车在转弯或通过不平的路面时,从汽车前端或后端发出嘎吱声等异响,说明减振器出现了问题或轴衬磨损严重。汽车转弯时,如果车身侧倾过大,则可能是横向稳定杆衬套磨损严重或减振器漏油。

对于前轮驱动的汽车,如果行驶中汽车的前部不断地发出沉闷的金属声,可能是等速万向节已磨损,需要更换。

4. 检查制动性能

制动性能在评估中应仔细检查,不可掉以轻心。手刹和脚刹都需要评价。

(1) 检查驻车制动

检查手制动的方法是,在坡道上实施驻车制动,看汽车是否能停驻稳定、牢靠,有无溜车的现象。驻车制动力应不小于整车质量的20%,制动力的大小可以用制动试验台测得。(关于利用仪器检查车辆技术状况的具体实施方法会在后面的内容中介绍)

(2) 检查制动效能

制动效能的评价指标有制动时间、制动减速度、制动力和制动距离。制动距离通过路试就可以很方便地测得,但路试检查制动是比较危险的动作,需要在行人、车辆稀少的宽阔路面进行。将车速提升至50 km/h,迅速将制动踏板踩到底,首先观察制动系统是否立即工作,车辆是否立即减速,再停车后测量制动距离。

(3) 检查制动时的方向稳定性

在制动的过程中,观察汽车是否存在着跑偏的现象。在紧急制动时,注意汽车是否会出现侧滑或失去转向能力的情况。在紧急刹车时,如果制动防抱死系统正常,脚下应能感觉到制动踏板的脉动。

5. 检查噪声和异响

关闭车窗高速行驶,倾听车外风噪声,通常车速越高,噪声越大。若车门及车窗密封胶条损坏,或车门变形导致密封不严,风噪声会比较大。这种情况一般说明该车可能发生过碰撞,是整形后的事故车。打开车窗,留心有没有一些不正常的异响,尤其是来自车底部分的异响。在有条件的情况下,最好在各种路况上行驶一段时间,仔细倾听汽车各部分是否有杂音。

6. 路试后的检查

路试结束后,不要急着作出结论,应注意检查车辆经过一段时间行驶过后的状态是否正常,主要是温度和"四漏"的检查。

检查冷却液温度,正常的水温应在80℃~90℃,机油的温度不应超过95℃,齿轮油的温度不应超过85℃。检查轮胎、变速器壳、传动轴等有关运动部件是否有过热的现象。

停车后检查发动机水箱、水泵、缸体各连接部位有无渗水。停车5 min后观察机油、变速器油、主减速器油、制动液、助力转向液等不能有明显的渗漏现象。检查进气、排气系统以及气压制动的管路系统和气阀等部位是否有漏气现象。检查点火系统有无漏电现象。

三、仪器检查结果分析

目前，二手车辆技术状况评估的主流方式是通过鉴定评估师的经验进行判别，给予定性描述，但常常是不同的评估师给出的评估结果相差很大。若是采用仪器设备来对汽车进行检测，通过特定的实验方法可以获得反映汽车性能的各种参数值，为分析、判断汽车的技术状况提供定量的数据依据，检测结果的准确度会大大提高。但是仪器检查需要专门的检测设备、场地和经过专业培训的技术人员，成本高且费时费力。因此，一般只对一些价格很高的二手车，或是在为司法鉴定评估时，会实施仪器检查。随着市场需求的提高，有些二手车经营公司或汽车销售公司也开始采用仪器检查对需要收购的旧车进行全面、深入的检测，以便有针对性地进行维修保养后再出售。不过这些二手车的价格一般会高于市场上其他普通的旧车，因为其检测、修复的费用，会列入成本，包含在售价中。

全面检测汽车性能指标所需要的仪器设备有很多，主要的检测内容和对应的设备见表3-2-1。这些设备一般在汽车综合性能检测站都能见到。

表3-2-1 汽车性能检测内容及设备

检测项目			检测设备
发动机部分	发动机功率		发动机综合测试仪
	气缸密封性	气缸压力	气缸压力表
		曲轴箱窜气量	曲轴箱窜气量检测仪
		气缸漏气率	气缸漏气量检测仪
		进气管真空度	真空表
	起动系统	起动电流	发动机综合测试仪 汽车电器万能试验台
		电瓶起动电压	
		起动转速	
	点火系统	点火波形	专用示波器 发动机综合测试仪
		点火提前角	
	燃油供给系统	燃油压力	燃油压力表
	润滑系统	机油压力	机油压力表
		润滑油品质	机油品质检测仪
	异响		发动机异响诊断仪
底盘部分	离合器打滑		离合器打滑测定仪
	传动系游动角度		游动角度检测仪

续表

检测项目			检测设备
行驶系	车轮定位		四轮定位仪
	车轮平衡		车轮平衡机
空调系统	系统压力		空调压力表
	密封性		卤素检漏仪
整车性能	动力性	底盘输出功率	底盘测功机（带模拟）
		加速时间	
		滑行性能	
	燃油经济性	百公里油耗	油耗计、底盘测功机
	制动性	制动力	轮重仪、制动检测台
		制动力平衡	
		制动协调时间	
		车轮阻滞力	
		驻车制动力	
	操纵性	转向轮横向侧滑量	侧滑检验台
		转向盘自由转动量	转向力—转向角检测仪
		转向操纵力	
		悬架特性	底盘测功机
	前照灯	发光强度	前照灯检测仪
		光束照射位置	
	排放污染物	汽油车怠速污染物排放	废气分析仪
		汽油车双怠速污染物排放	
		柴油机排气污染物	不透光仪
		柴油机自由加速排气烟度	烟度计
	喇叭声级		声级计
	车辆防雨密封性		淋雨试验台
	车辆表示值误差		车速表试验台

　　这些设备的操作难度大，需要专门的场地和专业的人员进行操作。对于二手车评估人员，通常不要求掌握这些设备的操作技能，但要求评估师能对检测的结果进行分析和判断，以提供准确真实的评估报告。

　　通过静态检查、动态检查及相关设备的检查，可采用表3-2-2二手车检查项目表对二手车进行综合评判。

表 3-2-2 二手车检查项目表

总分 1 000 分,在以下项目的检查中,若发现问题,则从总分中扣去相应的分值,若车辆的同一问题在不同的检查项目中出现,则只扣取最高分,数值表明相对重要度,分数越高,表明车辆状况越好。

鉴定程序共分三个部分:静态检查、原地起动检查、路试检查。

序号	项目	动作内容	检查	可能的问题	分值
1. 静态检查					
1	方向盘	上下、左右摇动	是否松动	主轴上部磨损	2
		转动方向盘、调整高度	自由行程是否正常	整个转向系统包括横拉杆等连接部分出现问题	3
2	喇叭	按喇叭	响声是否正常	喇叭簧片、继电器可能出现问题	1
3	风窗玻璃洗涤器	喷洗风窗	喷嘴是否流畅、喷射位置适中	电机坏、喷嘴堵塞、缺水	2
4	雨刷片	起动雨刷	是否松旷、角度是否正常	机构松动	1
5	各种按钮	操作一遍	指示灯是否正常	按钮失效	1
6	座位	调整位置、角度	滑槽、定位、锁止是否正常	固定不稳、滑槽脏污	2
7	遮阳板	翻动遮阳板	是否顺畅	卡住	1
8	油门踏板	踩下、松开踏板	是否顺畅	连杆机构拉索变形	1
9	刹车踏板	踩下、松开踏板	踩踏是否有力	油路、执行机构出现问题	2
10	离合器踏板	踩下、松开踏板	间隙是否合适	离合器片磨损	10
			踩踏是否沉重	分离机构出现问题	4
11	手刹车拉杆	拉起、放松	响声是否在 5~7 次	制动片磨损过度	3
12	变速箱排挡杆	依次挂挡	挡位是否清晰,不发卡	换挡机构磨损	1
13	油压灯	打开点火开关	灯是否亮起	线路或仪表故障	1
14	充电指示灯	打开点火开关	灯是否亮起	线路或仪表故障	1
15	燃油表	打开点火开关	灯是否亮起	线路或仪表故障	2
16	水温表	打开点火开关	灯是否亮起	线路或仪表故障	2

续表

			1. 静态检查			
序号	项目	动作内容	检 查	可能的问题	分值	
17	发动机机油	打开发动机盖检查机油尺，观察气缸盖、挺杆罩等	机油容量是否合适、是否有泄漏、是否洁净	漏油	10	
			色泽是否混浊呈白色	气缸垫泄漏	20	
			机油标尺是否有金属屑	曲轴、连杆严重磨损	50	
18	冷却系统	观察水箱补液罐液面，给水管各部分夹子处，水泵、散热器等的结合处	是否泄漏	管路老化	10	
19	刹车油	观察制动液面是否正常；底盘下的刹车油管上是否有污泥；手摸总泵外表面	是否渗漏	管路老化	5	
20	各电线接头	拨动电瓶桩头、电瓶至起动装置的电线两端、搭铁线、点火线圈、起动机线路、发电机线路	是否松动、有无自行搭线	线束短路	10	
21	插头与夹子	拨动插接件、固定夹子、卡子等	是否松动	维修过、未还原	2	
22	电瓶	查看制造日期，前大灯打开时起动发动机	寿命是否在有效期内，发动机是否顺利起动，电瓶电压是否正常	电力不足	10	
23	皮带	按压、摇动皮带	松紧度是否正常	松弛、老化	2	
24	空气滤清器	打开空滤器盖	是否有污物、发霉	发动机进水	2	
25	水箱散热器片	观察折损弯曲状况	是否平整	事故车	10	
26	风窗玻璃	观察四周胶封	胶条是否新旧一致	玻璃曾破损	20	
27	车窗玻璃	升降	是否顺畅	玻璃滑槽脏污	10	
28	保险丝	打开各处保险丝盒	是否熔断，有无备份	线路过载或短路	2	
29	座椅	按压	回弹是否正常	过度使用	2	
30	烟灰盒、点烟器等	使用检查	是否正常	车辆使用或保养不当	2	

续表

			1. 静态检查		
序号	项目	动作内容	检　　查	可能的问题	分值
31	发动机舱	整体观察	周边及下方有无油污	气缸垫漏油	20
32	排气管	摸排气管内壁	污渍是否呈黑灰色、黑色且有黏稠液体	发动机燃烧不完全、漏机油、发动机可能部分损坏	20
33	水箱	检查水面	是否有漂浮物	如有锈蚀粉屑，说明水箱内锈蚀严重，如有油污，则说明机油渗漏	10
34	变速器	检查变速器油	颜色是否为红色或棕色，是否有焦味；	红色正常，棕色表示发生故障；焦味为磨损严重	23
35	轮胎	检查磨损情况、轮胎型号	磨损是否不均匀，是否补过	车轮定位、悬架有问题	20
36	车辆水平度	车辆水平放置自后向前看	车身是否平整	轮胎磨损，减震器、弹簧坏，悬架有问题	20
37	车身号、发动机号	检查	号码是否清晰	积压车	10
38	车身外表	使自己的视线与钣金件表面保持水平，观察车身表面、车身密封胶条	观察是否有重新修补的起伏痕迹，车身色差是否明显	事故车	20
39	车身内部	观察	观察钣金件是否安装过支架，内饰板缝隙是否均匀	事故车、出租车、赛车	20
40	水箱护罩、横梁、发动机下纵梁、引擎室侧副梁	观察水箱、发动机周围结构件	是否有失圆或大小不一的点焊形状或修理过的痕迹	事故车	20
41	行李箱盖板	观察行李箱周边	密合度大小是否一致	后车尾碰撞	20
42	行李箱地板	翻开行李箱地毯	是否有烧焊的痕迹	事故车	20
43	地板	翻开地毯，观察底部	是否有锈蚀、漏洞，大梁是否有曲折及修复情况	泡水车、事故车	40

续表

		1. 静态检查			
序号	项目	动作内容	检 查	可能的问题	分值
44	引擎盖	观察引擎盖与翼子板的缝隙、引擎盖与车灯间的结合、引擎盖与风窗玻璃间隙、引擎盖与前保险杠的间隙	是否均匀，有无原车胶漆	事故车	10
45	引擎盖内板	打开引擎盖，观察内护板	是否有烤漆痕迹	事故车	5
46	车身B柱	观察车门框与B柱	是否为一直线，接缝处是否自然平整	事故车	10
47	车门	来回打开车门，揭开防水胶条	车门开闭是否顺畅，A、B、C柱与车门是否呈一直线，防水胶条是否平整，车门附近是否留有原车结合时的卯钉痕迹	事故车	10
48	悬架	按压车身后松开	回弹次数是否为2~3次	减震器有问题	5
49	减震器	观察减震器活塞杆	减震器活塞杆是否潮湿或减震器桶油污严重	过度磨损、密封不良	5
50	车身底部	拨动球头和弹性铰接头	是否松旷、损坏	过度使用、事故车	10
51	轮毂轴承	在举升机上上下移动车轮	是否松动	过度使用、事故车	10
52	后轴轴承	用手移动	是否发响	过度使用、事故车	10
53	排气管	观察排气管	是否生锈	使用年限较长	10
		2. 原地起动检查			
	项目	动作内容	检 查	可能的问题	分值
54	油压灯	打开点火开关	油压灯是否正常亮	机油不足或系统故障	1
55	充电指示灯	打开点火开关	充电指示灯是否正常亮	充电不足	2
56	前大灯（远近光）、小灯、雾灯、倒车灯	观察外观，逐一开关	是否正常工作，有无破损或变色	灯泡或线路故障	3

续表

2. 原地起动检查					
	项目	动作内容	检　查	可能的问题	分值
57	发动机	起动发动机	怠速是否抖动，各缸压力、怠速转速是否正常	怠速过低、发动机支架不稳固	5
		听发动机声响	是否有异响如气门声等	嗒嗒声为气门间隙过大，隆隆声为轴承坏	10
		踩下油门提高转速	是否有异响，如咯咯声	活塞有问题	50
		堵住排气管	发动机在几秒内是否正常熄火	车底有嚓嚓声，密封性不好	25
		打开机油添加口盖	是否有汽油味	活塞环损坏	50
		观察排气颜色	是否出现偏蓝颜色	烧机油	25
58	空调系统	打开空调开关	是否有制冷效果	制冷剂缺乏	5
			是否抖动	动力不足、离合器故障	18
		听空调压缩机响声	是否有吱吱声	压缩机、皮带有问题	5
59	发电机	测发电机电压	是否正常	充电电压过高	5
60	发动机电喷系统	起动发动机	故障灯是否亮	电喷系统故障	30
61	动力转向系统	一只手转动方向盘	车轮是否转动，是否有助力	动力转向系统失效	30

3. 路试检查					
	项目	动作内容	检　查	可能的问题	分值
62	直线行驶	方向盘正位	是否跑偏，车轮是否摆动、发飘，方向盘是否振动	胎压不均、事故车、车轮定位不准、转向系统有问题、车架变形、轮辋变形、动平衡有问题	30
63	转向灯亮灭装置	左右拨动转向灯	在方向盘回正时自动跳回	转向灯开关故障	5
64	车身发响	关闭车窗坏路行驶	听车内是否有响声	车身钣金件、座椅、附件安装有问题	10
65	悬架弹簧	过坏路	感觉回弹是否正常、是否存在异响	悬架弹簧、减震器等有问题	10

续表

3. 路试检查					
	项目	动作内容	检　　查	可能的问题	分值
66	转向	过弯道	方向盘是否正常回正	系统松旷，拉杆有问题	10
67	离合器	挂二挡拉手刹松开离合器	发动机是否正常熄火	离合器打滑或过度磨损	15
68	制动	直线行驶点刹制动、持续制动	有无跑偏、甩尾等	制动系统有问题	16
69	运动部件	手动挡空挡滑行（初速度20 km/h）	距离是否低至50～80 m	润滑不当、轴承过紧、刹车刮蹭、润滑油凝固	10
70	发动机	空挡滑行	发动机有无霹雳声	排气门密封不严、点火角错、点火装置故障	5
		观察排气管尾气	有无大量蓝烟或黑烟	气门或活塞磨损严重	50
			是否冒白烟	缸垫渗水	20
合计					
评定					

任务3　事故车的鉴定与评估

 任务导入

不管是经过碰撞还是水泡，只要经过专业人士的一番美化，二手事故车摇身一变，立马就能变成一辆新车（图3-3-1为车辆发动机室翻新前后对比照），很难判断车况。二手事故车防不胜防，但并不是发生过事故的二手车，就认定其为事故车。经过严重的撞击、水泡、火烧，即使修复但仍存在安全隐患的车辆统称为事故车。那么，事故车可以通过哪些方法来鉴别呢？

 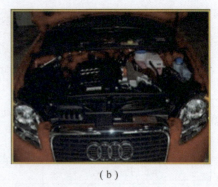

（a） （b）

图 3-3-1　车辆发动机室翻新前后对比照

相关知识

一、碰撞事故车的鉴定与评估

1. 碰撞事故车的鉴定

汽车在行驶中难免发生碰撞，在二手车评估中，并不是所有发生过碰撞的车都属于事故车的范畴。车辆在发生碰撞后导致车的结构部件，比如横梁、纵梁、悬架系统、ABC柱等车身骨架变形（见图3-3-2），则称为事故车。在检查时要仔细，发现蛛丝马迹就要认真查下去，以保证不漏查事故车。发生事故时，车辆可能受到来自前部、侧面或后部的冲击载荷而产生不同程度的损坏。

图 3-3-2　汽车结构件

知识链接

如符合以下任何一条，即属于事故车。
A. 经过严重碰撞，损伤到发动机舱和驾驶舱的车辆；
B. 水箱支架有碰撞损伤的车辆；
C. 车身后翼子板撞击损伤超过三分之一的车辆；
D. 纵梁有焊接、切割、整形和变形的车辆；
E. 减振器座有焊接、切割、整形、变形的车辆；
F. ABC柱有焊接、切割、整形、变形的车辆。

2. 汽车碰撞机理

汽车在碰撞过程中，碰撞冲击力的方向总是同某点冲击力特定角度相关，因此，冲击力可以形成分力，通过汽车向不同方向分散，冲击合力可以分解成为三个分力：垂直分力、水平分力和侧向分力，这三个分力都被汽车零部件所吸收。碰撞力以锥体模式在承载式车身上传播，圆锥体的中心线表示碰撞的方向，其高度和范围表示碰撞力穿过车身壳体扩散的区域。前部碰撞力的传递如图3-3-3所示。

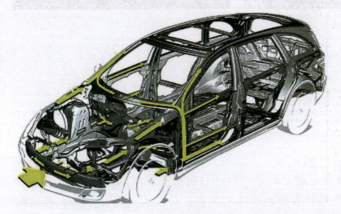

视频3-17 事故车案例

图3-3-3 前部碰撞力的传递

大部分乘用车采用承载式车身壳体，它是由许多片薄钢板制作的车身零部件连接，形成一个箱型的立体空间结构，其碰撞时的受力状态多为空间力系，引起的冲击、震动力的方向不会在同一平面内，冲击、震动力大部分被车身壳体吸收。为了控制二次损伤变形并为乘员提供一个更为安全的空间，承载式车身结构在汽车前部（前车身）和后部（后车身）都设计了碰撞应力吸收区域，当汽车受到碰撞时，它能按照设计要求形成折曲或压溃，碰撞冲击力在此形成应力集中，这样传到车身结构件的冲击力在传送时就被大大减小，如车身左右前后纵梁、左右前后翼子板、左右门槛板、左右ABC柱、左右门框等处。故承载式车身任何构件、支承、连接板等局部变形，都会直接影响汽车的整体性能。

汽车零部件金属材料中的金属晶粒都处于相对松弛的状态，当金属材料受到碰撞后，如果金属材料产生严重变形（塑性变形），材料中的晶粒被拉伸和压缩、移位和重置，并产生较大的内应力。较大的内应力会使车身结构件变形，焊缝和焊点撕裂或拉断，油漆面和内涂层开裂。

3. 碰撞鉴别方法

（1）车辆正面碰撞

汽车的正面碰撞事故在汽车事故中占比很多，即使一次小碰撞，也会导致前端保险杠受损后移、车灯受损、翼子板前端受损［见图3-3-4（a）］。中度的正面碰撞，会伤及保险杠支架，使车灯受损，散热器框架、引擎盖、前翼子板产生严重变形，前纵梁弯曲变形。如果冲击力再大，在车头前端变形的同时，会造成汽车骨架的纵梁梁头、引擎盖、翼子板发生变形褶皱，甚至A柱（特别是前车门上部铰链安装部分）和挡风玻璃受损［见图3-3-4（b）］。

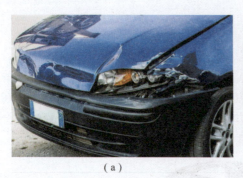
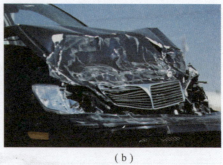

（a） （b）

图3-3-4　汽车前部碰撞

鉴别方法如下：

事故车鉴别时应从碰撞后的维修方法入手。

①应从整体漆面开始查看，如果漆面有大面积的修复痕迹或整个钣金件进行过更换，可着重排除该位置是否曾发生过较大事故。在查看车漆方面可利用漆膜测厚仪进行验证。

②对比车头前端接缝是否一致，尤其是保险杠、车灯、引擎盖、翼子板之间的缝隙，如果发现缝隙大小不一致，极有可能是钣金件拆卸后再次安装时未匹配到位。如图3-3-5所示，可清晰看到钣金件的接缝处有重新喷漆的痕迹，可以通过图3-3-6看出保险杠与翼子板的缝隙上下大小不一致。

图3-3-5　汽车缝隙中有喷漆痕迹　　　图3-3-6　汽车缝隙上下大小不一致

③接下来打开引擎盖查看，先观察整个机舱的整体性。经过长时间使用的车辆，发动机舱内都会有很多灰尘，这属于很正常的情况。但如果某一部位明显比其他地方更干净，则需要留心，有可能该部分进行过维修。

可以拿一般卷尺丈量一下从前减震器上支架到前大灯的距离，用对角线的方式进行测量。测出来的两个数据应一样或误差在5毫米之内，都算正常（见图3-3-7）。

④查看引擎盖的固定螺栓是否有拧动的痕迹（见图3-3-8），顺势查看引擎盖边缘是否有修复痕迹（见图3-3-9），舱内所有螺栓（车灯固定螺栓、翼子板螺栓、水箱支架螺栓、

图3-3-7　发动机舱对角线测量

发动机机脚固定螺栓、减振器塔顶螺栓、梁头螺栓等)是否有位移、拧动、新旧不一的痕迹(见图3-3-10),其中,水箱支架螺栓、减振器塔顶螺栓(见图3-3-11)和梁头螺栓(见图3-3-12)如有拧动或更换痕迹,基本可判断前部事故较为严重,部分二手车网站对此类车型拒绝上架。如果汽车大梁有过大修,后期可能会出现跑偏、吃胎等问题,现在的汽车多数大梁和车身是一体成型的,大梁如果有损伤,其刚性就会大幅下降,修复难度很高。

图3-3-8 引擎盖固定螺栓有拧动痕迹

图3-3-9 查看汽车引擎盖边缘是否平滑

图3-3-10 螺栓有位移

图3-3-11 减振器塔顶螺栓

图3-3-12 梁头螺栓

⑤查看水箱支架和水箱,看是否有变形修复或更换过的痕迹。若水箱支架损坏,判断碰撞有可能殃及了发动机或车架。另外,可通过观察新换的零部件和原厂配件的标识及厂商信息来判断是否被更换过。

（2）汽车侧面碰撞

汽车侧面受到撞击时，常常会导致前后翼子板、车门、ABC柱甚至车身底板发生弯曲变形，若碰撞严重，受到的冲击会一直传递到车辆的另一端。在这种情况下，车门、车窗玻璃、悬挂、ABC柱都会受到损伤。

鉴别方法如下：

①应查看车身侧面是否是原厂漆，查看方法与前部碰撞一致，值得强调的是，可通过对比前后车门的色差来判断是否做过喷漆。此外，站在汽车侧面查看整个车身腰线是否平滑自然，车辆在修复时，往往会因为钣金工艺参差不齐使得汽车线条无法完全恢复（见图3-3-13）。观看腰线的同时仍然留心汽车钣金件之间的缝隙是否一致。

视频3-18 事故车检查—车辆侧面碰撞的检查

图3-3-13 侧身腰线不自然

侧面碰撞首先会伤及车门，车门一般由车门本体、附件和内外装饰件三部分构成，如果发生碰撞，车门外钣金件变形可用吸盘、撬杆、整形机等钣金工具进行修复（见图3-3-14）。如果是没有拆卸过的车门，开关应该非常顺畅。而一般拆装多次的车门，不仅开关困难，密封条肯定也有破损的情况，严重的，可能车门在不用力的情况下较难关严。把车门密封条拉下来之后，可以看到门框与门柱处于平行状态，有焊点的地方应该呈圆形并且略有凹陷的状态。如果焊点粗糙且排列不均，且A柱、B柱、C柱的两侧油漆存在色差，可以怀疑是事故车。

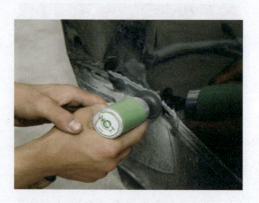

视频3-19 静态检查车玻璃和轮胎

图3-3-14 汽车的车门钣金修复

②评估师还应查看细节，包括车门铰接链、下裙围、A柱、B柱、C柱的平滑度，判断是否有修复痕迹，查看时可借用漆膜测厚仪查看。侧面碰撞中，轮胎和玻璃往往首

当其冲,成为受损严重的部件。可通过查看轮胎的生产日期判断是否进行过单个轮胎的更换,更换单条轮胎除了爆胎等特殊情况外,也有可能是事故导致的,车玻璃的鉴别同理。

知识链接

在侧面碰撞中,容易损伤到玻璃,玻璃属于易碎品,通过玻璃的生产日期和整车生产日期的对比也可推测车辆是否发生过事故。正常情况下,整车的生产日期应该晚于玻璃的生产日期。以一台2004年出厂并上牌的丰田轿车为例(见图3-3-15),玻璃上"····4"表明年份,黑点在4前,表明上半年出产,计算公式是"7-黑点数",例如图3-3-15中的车玻璃是"····4",就大概是7-4=3,所以这块玻璃大概是2004年3月出产的;若是黑点在4后,则表明为下半年出产,计算公式是"13-黑点数",如"4···",表明该车玻璃是13-3=10,即是10月出产的。经过日期我们能够看出,这台车侧门玻璃的出产日期和车辆的出厂日期很近,都是2004年的,而前挡风玻璃的出产日期与车辆的出厂日期相差很远,为2009年的玻璃。可能是2009年替换过一次前挡风玻璃,那就要加强对前部的查看,看是不是有碰撞的痕迹。

图3-3-15 丰田车窗玻璃的识别

(3)后部碰撞鉴定

汽车受到来自后方的碰撞时,若冲击力较小,则后保险杠、后车灯受损,如果冲击力较大,后围板、车尾行李箱盖和车身底板、后翼子板及后纵梁会因冲击产生溃缩(如图3-3-16)。

鉴别方法如下:

与汽车前端碰撞同理,后部碰撞事故的鉴定仍需要先从汽车整体周正性和车漆方面查看,例如后备箱盖、车灯、后保险杠之间的缝隙是否一致,缝隙之间是否有做漆痕迹,两个

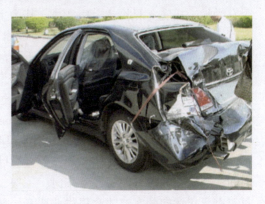

图3-3-16 后部碰撞

后尾灯是否新旧一致,后备箱盖的固定螺栓有无修复痕迹(见图3-3-17),再仔细查看后备箱盖边缘(黏结剂)是否自然,有无修复痕迹。现在大部分车辆装配了倒车雷达系统,如果车辆发生后部碰撞损伤,评估价格时要注意检查倒车雷达系统是否损伤。

图3-3-17 后备箱盖的螺栓有修复痕迹

打开后备箱盖检查整个后备箱的平整度,备胎箱底板、后翼子板和后避震器支架内衬板和内部接缝线条是否平整、顺滑、有无烧焊痕迹。备胎盆四面应该很光滑,没有凹凸不平,里面线束饰板没有任何油漆。后备箱备胎盆的对比如图3-3-18所示。

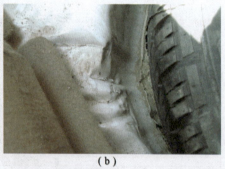

(a) (b)

图3-3-18 后备箱备胎盆的对比
(a) 原厂状态;(b) 有修复痕迹

在事故车排查最后,应将车辆架起,看底盘是否有受损、托底(见图3-3-19)。其中主要观察纵梁、横梁是否有异样,看大梁有无弯曲、开裂,以及二次焊接的痕迹。一般发生过严重事故的,即便修理得很好,也会出现修复的痕迹。如果是小冲击,漆面会因震荡产生裂纹,梁体就会锈蚀。查看发动机、变速箱以及水箱等处是否有漏油、渗水(见图3-3-20),以及整体的底盘锈蚀程度。

但由于将车辆举升比较麻烦,而且会耽误不少时间,因此在消费者购买二手车时,一般二手车商只对有真正意向的客户才会提供此服务,并且事先须支付一定的购车定金。

图3-3-19 检查底盘是否状况良好

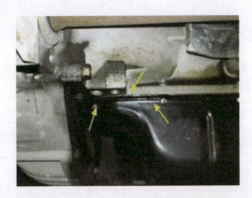

图3-3-20 发动机位置有渗漏

二、泡水车的鉴定与评估

1. 泡水车的界定

泡水车是指经过水浸泡的车子,一般是指引线被水泡过,浸水深度超过车轮的1/3,车身底部部件与水长时间接触的机动车。泡水车按照损害严重程度分为三类:第一类是水深超过车轮,并涌入了车内;第二类是水深超过了仪表盘(仪表工作台);第三类是积水漫过车顶,如图3-3-21所示。在这三类情况中,第一类最为常见,危害性相对后两类要小很多,修复后对日常使用影响不大。而后两类,水深超过了中控台或者直接没顶的车辆,就算修复后也存在安全隐患。

图3-3-21 泡水车

现在汽车内部都有着很多的电子控制系统,混合后的雨水杂质很多,腐蚀性也很强,会严重损害车辆的电路。比如发动机 ECU、ABS 系统、SRS 系统,等等,这些系统一旦遭到雨水侵蚀,其可靠性就无法保证了,而且故障难以检测。而车内一旦经过水泡,材质会变形、变粗糙,还会产生异味,久久不能散去。车内的仪表、音响等装置,也无法恢复如初。而且泡水车底盘长时间在脏水中浸泡,防锈涂层会遭到破坏,底盘腐蚀会相对严重很多。车辆在水淹后外观一般没有太大的变化,但水淹后的操作或维修不当造成发动机及电控系统损坏的情况很常见。同时由于有些砂石是无法清理的,留在一些齿轮或者皮带处,会造成某些部件损坏。

知识链接

水灾车损（以下简称水损）事故一般情况下分为两种：动态水淹车损事故，即车在行驶时发动机气缸因吸入水而熄火，或在强行涉水未果、发动机熄火后被水淹没；静态水淹车损事故，即车在停放时被暴雨或洪水侵入甚至淹没。汽车水灾损伤的影响因素较多，汽车状态（停置或行驶）、不同的水质（海水会损坏漆面）、水淹时间、水淹高度对汽车的损伤各不相同。水损级别如表3-3-1所示。

表3-3-1 水损级别

水损级别	水淹时间	水淹高度	水损分析
一级	$H \leq 1\ h$	制动盘和制动鼓下沿以上，车身底板以下，乘员舱未进水	可能造成的损伤零部件主要是制动盘和制动鼓。损坏形式主要是生锈，生锈的程度取决于水淹时间的长短和水质
二级	$1\ h < H \leq 4\ h$	车身底板以上，乘员舱进水，水面在驾驶员座椅坐垫以下	除一级损失外，还会造成以下损失：车轮轴承进水、悬架下部连接处生锈、ABS轮速传感器失准、车身底板锈蚀、部分控制模块水淹后失效
三级	$4\ h < H \leq 12\ h$	乘员舱进水，水面在驾驶员座椅坐垫以上，仪表工作台以下	除二级损失外，还会造成以下损失：座椅潮湿和污染、真皮座椅和木饰板损伤、车门电机进水、变速器进水、起动机被淹、中高档车行李箱中CD换片机被水淹、部分控制模块被水淹
四级	$12\ h < H \leq 24\ h$	乘员舱进水，水面在仪表工作台中部	除三级损失外，还会造成以下损失：发动机进水，仪表台中部空调控制面板、音响控制设备、CD机受损，蓄电池放电、进水，继电器、保险丝盒进水，大量控制模块被淹
五级	$24\ h < H \leq 48\ h$	乘员舱进水，水面在仪表工作台以上，顶篷以下	除四级损失外，还会造成以下损失：全部电器装置被淹、发动机严重进水、内饰被泡
六级	$H > 48\ h$	水面超过车顶	所有零部件受损

需要说明的是，同样是动态条件下的水损，由于发动机转速高低不同、进排气门安装位置不同、吸入水量多少不同等因素，所造成的损坏程度也有所不同。如果发动机在转速较高的条件下直接吸入水，完全有可能导致连杆折断、活塞破碎、缸体被捣坏等严重故障。

2. 泡水车的识别鉴定

（1）查看车辆外观

泡水车与正常车辆在外观方面不易区分，但可以查看汽车的车灯。如果车灯内明显发黄，有可能是泡水所致，如图3-3-22所示。如果大灯组的新旧程度与车辆年份明显不符合，也应留心。

视频3-20 泡水车的查看

图 3-3-22　泡水车的车灯发黄

雾灯是车辆外观上被关注度最少的一项配置，绝大部分二手车整备时会忽略雾灯。因此，雾灯是否有进水的痕迹，也是辨别泡水车的一种方法。注意，由于雾灯位置普遍较低，有些车辆过涉水路段时，雾灯也可能会进水。因此，看雾灯也仅仅是一种参考手段。

（2）**查看发动机舱**

首先打开发动机舱，观察电线插头各处有无氧化现象。泡水较深的汽车，在发动机和变速箱上的各个传感器的插头里的水分很难完全处理掉，常常发生氧化反应，有绿色铜锈和黄色铁锈，电线绝缘壳内易有污泥（见图 3-3-23），这些是没有办法清洗的。这是鉴别是否为泡水车最为明显的方法之一。

图 3-3-23　电线的对比

查看发动机的金属质地和其他金属部件是否存在着一些霉点，如果全车金属都有霉点，这辆车很大程度上是泡水车（见图 3-3-24），但是如果只是部分金属出现这样的问题，也有可能只是车辆长期放置在潮湿的地方才导致这样的问题。另外，泡水车由于有一些砂石是没有办法清理的，留在齿轮或者皮带处，所以会造成某些部件容易损坏，并伴随异响。检查保险丝盒，正常保险丝为亮银色，经过浸泡后的保险丝失去光泽，而且会有一些霉点（见图 3-3-25）。泡水后的车辆（不点火的情况下）也许影响最大的就是电源问题。电源问题不能完全修复，而且修复后的电路问题也会在短则 3 个月、长则 1 年或更长时间发作，具体症状是没有故障也会亮起故障灯、大灯无故打开等。总之，通过整体和细节查看判断车辆的发动机舱锈蚀情况，如图 3-3-26 所示。

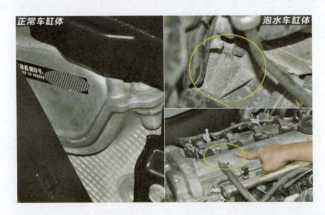

图 3-3-24 缸体对比

图 3-3-25 保险丝盒的检查

图 3-3-26 发动机舱明显的泡水痕迹

(3) 检查内饰

鉴定时进入汽车内部查看前后排座椅，查看弹簧及内套绒布有无残留的污泥，是否伴有霉味，因为泡水后的霉味无法完全清除。所以如果把车门关闭，闻到一阵霉臭味，那么这辆车很大程度上就是泡水车了。中控台的皮质材料在泡水后颜色会变深，而且会出现有些地方深有些地方浅的情况，仔细闻一下，也会闻到霉味。仔细检查前后门中间的 B 柱，如果塑料饰板没有更换，可以发现泡水高度的水线印记。撬开塑料饰板，可以查看 B 柱内死角接缝处不易清洗的污泥和水线印记。还可以检查前后风挡玻璃胶条，从车内将其拉开，如果有污泥，则可以怀疑该车为泡水车。

视频 3-21 静态检查汽车内饰检查

如果泡水水位较高，空调进风口和安全带等处的水难处理掉，将安全带尽量拉长，检查其色差（见图 3-3-27），检查空调进风口有无淤泥、泥沙。特别注意整车的每个地方，如果发现有泥沙，都应该特别注意是不是泡水车。还应查看金属部件的锈蚀情况，例如座椅的滑轨（见图 3-3-28）、脚踏板的锈蚀、掀开地毯看底板的锈蚀情况，如图 3-3-29 所示。

图 3-3-27 安全带抽拉检查

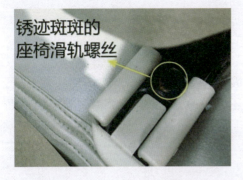
图3-3-28 泡水车的滑轨螺丝

图3-3-29 座椅底板的锈蚀

（4）检查后备箱

掀开后备箱查看钢铁处有无锈蚀，如备胎轮辋，随车工具等。如有明显锈蚀，应引起重视，如图3-3-30所示。

图3-3-30 备胎盆内的金属的锈蚀

（5）检查底盘

泡水车的鉴定最直接、最快捷的办法就是看底盘。检查发动机底壳、变速箱底壳，这些铝制部件是否有类似发霉的情况，检查排气管的锈蚀情况，一般车辆经过长时间使用，经过雨水的侵蚀，排气管有轻微锈蚀或者泛红是正常的，但如果出现图3-3-31这样严重的锈蚀情况，就证明该车一定被水泡过。

图3-3-31 泡水的汽车底盘与正常车辆对比

三、火灾车的鉴定与评估

无论什么原因导致的起火燃烧，都会使车主及周围的人措手不及，即使扑救及时，汽车也会被烧得满目疮痍。若在行驶中起火，还会给驾驶员、乘客造成严重的人身伤害。

1. 车辆火灾的类型

按照起火的原因，汽车火灾可分为自燃、引燃、碰撞起火、雷击和爆炸五种类型。

（1）自燃

自燃是指在没有外界火源的情况下，由于汽车电器、线路、供油管理、机械系统等自身部件或所载货物所引起的燃烧。汽车自燃可能的原因有以下几种：

1）供油系统原因

严重的汽车自燃一般都是供油系统出现问题，燃油的泄漏是引发汽车自燃的罪魁祸首，油箱中泄漏出来的汽油是汽车上最可怕的助燃物。漏油点大多集中在油管接头处、油管与车身摩擦处等薄弱环节。

无论是行进还是停驶，汽车上都存在着火源，如点火系产生的高压电火花、蓄电池外部短路产生的高温电弧、排气管排出的高温废气和积炭火星等，当泄漏的燃油遇到火花时，会造成火灾。

电喷发动机喷油器清洗后必须更换密封圈，个别维修厂为了小利重复使用，常常引发汽车火灾。采用柴油发动机的汽车，有时冬季气温较低，会出现供油管路挂蜡的现象。为了解决这一问题，有的驾驶员会在油箱外用明火烘烤，极易引起火灾。

2）电器原因

发动机工作时，点火线圈自身温度很高，有可能使高压线绝缘层老化、龟裂，导致高压漏电。另外，高压线脱落引起跳火是高压漏电的一种常见形式。当漏电处的温度持续升高时，若遇到油泥等可燃物，就会引发火灾。定期清洁发动机有助于预防此类火灾的发生。

低压线路老化、过载或磨损搭铁漏电是引发汽车自燃事故的另一主要原因。私自改装（如加装高档音响、增加通信设备、加装电动门窗等）会导致个别线路用电负荷增大，如果没有对整车布线进行合理的分析及功率复核，发生火灾则在所难免。

在汽车电路维修中，有随意加大保险丝容量的现象，更有甚者直接用铜线代替保险丝，在之后的运行过程中，由于保险丝无法及时断开，会造成线路短路引发火灾。

3）机械系统原因

汽车的相关部件若因汽车超载处于疲劳和过热的状态，一旦超过疲劳极限，就有可能引发自燃。

近年来高速公路上轮胎过热起火的现象较为常见，轮胎过热主要是气压不足与超载的综合效应。无论是胎压不足还是超载，都会导致轮胎的侧壁弯曲，这种情况下所产生的热量比机动车行驶过程中散发的热量还要多，其结果必然是轮胎侧臂的温度持续升高，积聚的热量使轮胎自燃。

(2) 引燃

引燃是指汽车被外界火源引发的燃烧。建筑物起火、周围可燃物起火、其他车辆起火、人为纵火等都属于汽车被引燃的范畴。

(3) 碰撞起火

当汽车发生追尾或迎面碰撞时，由于基本不具备起火的条件，一般情况下不会起火，只有当撞击后导致易燃物（尤其是汽油）泄漏且与火源接触时，才会起火。如果是前置发动机的汽车，在发生了较为严重的正面碰撞后，由于水箱后移，有可能会导致油管破裂，此时发动机尚处于运转状态，一旦高压线脱落或漏电引起跳火，就会引发火灾。

当汽车因碰撞或其他原因导致倾覆翻滚时，极易发生油箱泄漏事件，一旦遇上火花，就会起火爆炸。

(4) 雷击

在雷雨天气里，露天停放的车辆有可能遭遇雷击。雷击的电压非常高，可以使车体与地面之间形成回路，从而将汽车上的电气电子设备击穿，严重时可以引起火灾。

(5) 爆炸

车内违规装载的易爆物品（鞭炮、雷管、炸药）极易引发爆炸和火灾。

2. 火灾车的检查

汽车过火比较容易辨认，烧蚀严重的金属会出现像排气歧管一样的颜色，凡是燃烧面积较大、燃烧时间较长、过火严重的车修复起来是很困难的，常作报废处理，不再继续使用（见图3-3-32）。因为过火的机件，其金属变脆，内部组织发生变化，不能继续使用，否则事故频发。如果是车辆自身电器线路老化、过载、短路引起的火灾，而且断电及时，那么损失一般可以控制在线路部分，只需更换相关线束即可。

图3-3-32 火灾车

二手车鉴定及评估

行业资讯速递

认证二手车

品牌专营让二手车驶入"快车道"

由于二手车交易市场缺乏规范，陷阱较多，很多消费者担心吃亏而放弃购买二手车，而品牌二手车专营业务有效解决了消费者对二手车品质和价格的疑虑，使得买卖二手车不再只通过二手车交易市场这一单一渠道完成。

进入认证体系的车辆，首先要求6年或12万公里内无事故，技术专家还要花一个半小时完成160项专业检测，更新机油蓄电池等，并对指定零部件全数更换，完成发动机、底盘等的高标准清洁后，最终达到准新车的品质，评估出价格后销售。消费者对记者表示，虽然认证店价格略高，但专业检测保证了车质，而1年或2万公里的全国联保也能让人放心。

品牌二手车依靠品牌的优势和强大的售后服务能力，通过执行生产企业严格的认证规范，明示车辆质量信息，明码标价，改变了以往二手车市场信息不透明的问题，拓展了新的盈利渠道。从今年开始，各品牌汽车企业均开始在二手车市场发力，根据目前的发展速度预判，该模式将成为未来二手车的主流业务，这种品牌认证的运营模式也将使二手车市场驶入良性发展的"快车道"。

二手车认证业务是一种由各大品牌汽车生产商提供质量保证及保修服务的二手车交易形式。汽车生产厂商利用自己的技术、设备、专业人员、遍布全国的服务网络和品牌信誉优势，回购本品牌的二手车，经过严格的检测和专业的修复之后，使该车成为经品牌认证的二手车，以获得消费者的信任。同时，汽车生产商还会为其品牌二手车提供一定范围内的保修，一些大的公司更是能够提供与新车一样利率的购车贷款。在这种强大的品牌保证下，顾客在购买二手车时不再有那么多的顾虑。即便是由于标准化认证程序成本较高、修复所采用原厂配件的价格昂贵以及考虑到专业技术人员和品牌服务的成本消耗等因素，品牌二手车的价格要高于其他市场上的二手车，消费者也觉得更易接受。

目前国内已经开展品牌二手车业务的汽车厂家有上海通用的诚新二手车、广州本田的喜悦二手车、东风标致的诚狮二手车、东风雪铁龙的龙信二手车、上海大众的特选二手车、一汽奥迪的AAA二手车、东风日产的认证二手车、东风悦达起亚的至诚二手车等。各大品牌二手车认证的具体内容见表3-3-2。

表3-3-2 二手车认证内容对比

厂商	品牌	认证要求	检测标准	质保期	备注
上海通用	诚新二手车	（1）车龄小于5年、行驶里程低于15万公里 （2）非营运车辆（租赁车除外） （3）非事故车、盗抢车或任何涉及法律纠纷的车辆	七大类106项专业检测	1年/2万公里	

续表

厂商	品牌	认证要求	检测标准	质保期	备注
宝马	尊选二手车	（1）车龄小于5年 （2）行驶里程低于12万公里	100项专业检测	1年/2万公里	提供1年免费24小时道路救援
东风日产	认证二手车	（1）非营运车、非重大事故车、非泡水车、非失火车，不涉及法律纠纷 （2）车龄小于5年、行驶里程低于10万公里，里程表未发现改动	全球通用的128项检测	1年/2万公里	3天/150公里内可换
一汽奥迪	AAA二手车	（1）使用年限不超过60个月，行驶里程不超过15万公里 （2）无重大交通事故损伤，无重大改装 （3）有保养维修记录	110项技术检测	1年/2万公里	2天的退换车权利 1年免费24小时道路救援
一汽丰田	Smile二手车	（1）更换机油、雨刷、蓄电池、刹车油及其他指定零部件，保证机件与原厂质量一致 （2）全车高标准清洁	160项专业检测	1年/2万公里	3个月/5 000公里内免费保养 保修期内免费24小时道路救援
东风悦达起亚	至诚二手车	（1）4年/8万公里内 （2）非营运车辆、非事故车、不涉及法律纠纷的车辆 （3）车辆底盘、动力总成等重要部件未经改装，里程表未发现改动	7大类108项质量检测	6个月/1万公里	
奔驰	星睿二手车	（1）车龄未超过4年且行驶里程不超过10万公里 （2）无结构性损伤	158项认证	1年/2万公里	12个月免费24小时道路救援
东风雪铁龙	龙信二手车	（1）车龄小于4年、行驶里程小于8万公里； （2）无火烧、水泡、重大事故的车辆 （3）非营运车辆	99项专业技术检测	1年/2万公里	
上海大众	特选二手车	非事故车、非运营车	七大类128项检测	1年/1万公里	

续表

厂商	品牌	认证要求	检测标准	质保期	备注
广州本田	喜悦二手车	（1）非事故车辆、盗抢车、任何涉及法律纠纷的车辆 （2）使用5年以内、行驶里程不超过15万公里 （3）非营运车辆 （4）未改装底盘、动力总成等重要部件 （5）有详备的维修档案及历史记录	191项检测	1年/2万公里	
东风标致	诚狮二手车	车龄在4年以内且行驶里程少于8万公里	7大类245项检测	6个月/1万公里	

各大品牌二手车的认证内容形式基本一致，检测项目涵盖汽车外观、内饰、操作系统、动力总成、底盘和安全系统等，基本囊括了整台汽车的所有零配件。经过整修后的二手车，必须通过所有的检测项目，全部合格后才能获得该品牌的认证书，享受该品牌的质量保证及相应的售后服务。下面介绍宝马尊选二手车的认证内容，具体的检测项目见表3-3-3：

表3-3-3　宝马尊选二手车100项认证

序号	项目	序号	项目
	发动机		排气系统
1	缸压测试	15	工作状况
2	检查机油（液位/是否泄漏）	16	触媒转换器工作状况
3	检查水位（是否泄漏）		离合器
4	杂音（正常/过度）	17	工作状况
5	正常皮带（种类/状况）	18	液压系统
6	检查止回阀	19	噪声
	燃油喷射系统		变速器（手动）
7	喷油性能	20	工作状况
8	碳氢比	21	支座（固定夹子）
9	急速时状态	22	噪声（正常/过度）
	冷却系统	23	变速箱油（液位/是否泄漏）
10	水箱		变速器（自动）
11	防冻液（液位/浓度）	24	工作状况
12	水泵（噪声/是否泄漏）	25	支座（固定夹子）
13	节漏器	26	噪声（正常/过度）
14	水管	27	变速箱油（液位/是否泄漏）

续表

序号	项目	序号	项目
	传动轴	53	工作状况
28	工作状况	54	手刹系统
29	松紧性	55	刹车盘状况
30	运行状况		油管
	悬挂系统－前部	56	液压系统
31	高度	57	燃料系统
32	弹簧	58	工作状况
33	球节		轮胎/车轮
34	防尘套	59	工作状况
35	减振器	60	胎压
	转向系统		底盘
36	转向机（工作状况/助力油是否泄漏）	61	工作状况
37	转向助力泵（工作状况/是否泄漏）	62	修复
38	软管		车身
39	噪声（正常/过度）	63	喷漆质量
40	安全气囊	64	抛光质量
	四轮定位	65	总体质量
41	球节接头		车锁
42	四轮定位	66	车门锁及后备箱锁
	悬架系统－后部	67	机器盖锁
43	高度	68	燃油盖锁
44	弹簧		内部
45	高度控制器	69	座椅（调整装置/操作性能/工作状况）
46	减振器		电子装置
47	支架	70	布线
	差速器	71	未经认可的装置
48	工作状况	72	电瓶正负极
49	机油（液位/是否泄漏）	73	灯光（大灯/边灯）
50	噪声	74	发电机
	刹车系统	75	仪表盘（刹车报警灯）
51	刹车盘片	76	风扇皮带
52	防侧滑控制系统	77	车窗

续表

序号	项目	序号	项目
78	错误记忆	90	保养指示灯
79	防盗系统	91	车载电脑
雨刷器		92	主动检查控制系统
80	操作性	空调系统	
81	工作状况	93	工作状况
82	喷水器	94	氟量
83	雨刷	95	空调皮带
仪表		96	压缩机（噪声）
84	车速表	97	渗漏
85	转速表	安全带	
86	燃油表	98	操作性
87	水温表	99	工作状况
88	时钟	100	安全带张紧器
89	油位报警器		

项目 4
二手车评估方法

📕 项目导读

本项目主要介绍了二手车评估中的四种方法，鉴定评估人员通过价格估算为买卖双方提供一个合理的参考交易价格。评估界公认的评估方法有现行市价法、重置成本法、收益现值法、清算价格法。而清算价格法只针对特定的评估目的。

📝 项目目标

知识目标	能力目标
1. 掌握几种成新率的计算方法	1. 能够独自完成实际评估任务
2. 了解四种评估方法的原理及应用范围	2. 学会使用每种评估方法，尤其是现行市价法与重置成本法需重点掌握
3. 熟悉四种评估方法的估算过程	3. 能熟练估算二手车的成新率

任务 1 二手车的成新率

任务导入

在生活中,我们常听到人们评价一个物品的新旧会用几成新的说法,显而易见,几成新表示的是该物品与其全新状态相比之下的状态,在二手车评估中,车辆的新旧程度指标参数包括有形损耗率、成新率、折旧率、保值率等,其中,成新率应用最为广泛。成新率表明车辆的综合状态还有几成新,是一个反映被评估车辆新旧程度的常用指标。人们一般从车辆的平均使用强度、各总成及零件技术状况或综合分析等角度分别研究其成新率,确定成新率有以下几种基本方法,即使用年限法、行驶里程法、部件鉴定法、整车观测法、综合分析法和综合成新率法。

相关知识

一、使用年限法

使用年限法(简称年限法)的出发点是假设车辆的成新率与其使用时间成反比,主要反映车辆的已用年限对其有形损耗的影响。计算公式为:

$$年限成新率 =(1-已使用年限/规定使用年限)\times 100\% \qquad (式4-1-1)$$

公式4-1-1中,已使用年限一般取该车从新车在公安交通管理机关注册登记日起至评估基准日所经历的时间。这个时间可以用年或月或日为单位来计算。规定使用年限是指《汽车报废标准》中对被评估车辆规定的使用年限,如表4-1-1所示。

表4-1-1 各类汽车规定使用年限

车型	使用年限/年
非营运性9座以下载客汽车、大型非营运轿车、轮式专用机械车	无年限要求,以60万公里为上限
中型出租客运汽车	10
大型出租客运汽车	12
小、微型出租客运汽车	8
公交客运汽车	13

用年限法计算成新率的前提条件是车辆在正常使用条件下,按正常使用强度(年平均行驶里程)使用。如私家车每年平均行驶里程1万~3万公里,商务公务车为3万~

6万公里。

例题 4-1-1：

某辆中型旅游客车已使用 3 年两个月，在正常的使用条件下工作，试用使用年限法来计算该车辆成新率。

解：

该车辆已使用 38 个月，已知此类汽车规定使用年限为 10 年，即 120 个月。

$$使用年限成新率 = (1 - 38/120) \times 100\% = 68.3\%$$

知识链接

使用年限法计量的前提条件是车辆的正常使用条件和正常使用强度。在实际评估中，运用已使用年限指标时，应特别注意车辆的实际使用情况。例如，对于某些以双班制运行的车辆，其实际使用时间为正常使用时间的两倍，因此该车辆的已使用年限，应是车辆从开始使用到评估基准日所经历的时间的两倍。

二、行驶里程法

在《汽车报废标准》中除了规定使用年限外，还规定了行驶里程，所以，也可以使用行驶里程法进行计算。行驶里程法是通过确定被评估车辆的尚可行驶里程与规定行驶里程的比值来确定成新率的一种方法。计算公式为：

$$行驶里程成新率 = (1 - 已行驶里程/规定行驶里程) \times 100\% \quad （式4-1-2）$$

规定行驶里程是指《汽车报废标准》中规定的该车的行驶里程。其中小、微型非营运载客汽车的行驶上限为 60 万公里。此方法与使用年限法相似，在按照行驶里程法计算成新率时，一定要结合二手车本身的车况，判断里程表的记录与实际的二手车的物理损耗是否相符。由于里程表容易被人为变更，因此，在实际应用中，较少采用此方法。

知识链接

对于家用轿车，除了使用上述行驶里程法来估算二手车价格外，也可以采用经验方法"54321法"估算（注：只是民间的一种估算方法，不算正式鉴定评估方法），这种经验方法的思路是：一般认为，一辆家用轿车存在价值的里程数为 30 万公里，超过 30 万公里后，维修保养费可能比车价值还高，因此将 30 万公里分为 5 段，每段 6 万公里，每段的价值比例依次为 5、4、3、2、1，也就是说，新车开了第 1 段 6 万公里后，耗去了新车价值的 5/15，开了第 2 段 6 万公里后，又消耗 4/15，依次递减。

如果某车已行驶了 12 万公里，同款车市场新车售价为 10 万，请问该车的评估值为多少？

三、部件鉴定法

部件鉴定法是指评估人员在确定二手车各组成部分技术状况的基础上，按其各组成部分对整车的重要性和价值量的大小加权评分，最后确定成新率的一种方法。

计算步骤如下：

①将车辆分成若干个主要部分，根据各部分建造成本占车辆建造成本的比重，按一定百分比确定权重。表 4-1-2 为汽车各部分的价值权重参考表。

②以全新车辆各部分的功能为标准，若某部分功能与全新车辆对应部分的功能相同，则该部分的成新率为 100%；若某部分的功能完全丧失，则该部分的成新率为 0。

③根据若干部分的技术状况给出各部分的成新率，分别与各部分的权重相乘，即得某部分的权重成新率。

④将各部分的权重成新率相加，即得到被评估车辆的成新率。

表 4-1-2 汽车各部分的价值权重参考表

序号	车辆各主要部分总成、部件名称	价值权重/%		
		轿车	客车	货车
1	发动机及离合器总成	25	27	25
2	变速器及万向传动装置总成	12	10	15
3	前桥、前悬架及转向系总成	9	10	15
4	后桥及后悬架总成	9	11	15
5	制动系	6	6	5
6	车架	0	6	6
7	车身及附属装置	28	20	9
8	电气及仪表	7	6	5
9	轮胎	4	4	5
	合计	100	100	100

例题 4-1-2：

王先生欲出售一辆进口高档轿车，根据调查，目前全新的此款车的售价为 35 万元（含新车购置税），至评估基准日止，该车已使用了 3 年 6 个月，累计行驶里程 8 万公里，经现场勘查，该车车身有两处明显修复痕迹，后悬架局部存在故障，前排座椅电动装置工作不良，一侧电动车窗不能正常工作，其他车况均与车辆的新旧程度相符。试评估该车价格。

解：

由于该车价值较高，故采用部件鉴定法确定其成新率。

（1）根据调查，该车的重置成本为 35 万元；

（2）该车使用 42 个月，8 万公里，车况均与车辆的新旧程度相符，采用年限法求基准成新率。

$$基准成新率 = [1 - 42 \div (12 \times 15)] \times 100\% = 76.7\%$$

（3）对车辆进行技术鉴定，首先确定车辆各部分成新率，从原则上讲，存在问题的部件成新率应低于基准成新率。结合评估师的经验，车身及附属装置部件因车身有明显划痕，故为68%，后悬架局部存在故障，后桥及后悬挂部件成新率为70%，前排座椅电动装置工作不良，一侧电动车窗不能正常工作，电气及仪表成新率为60%，其他部件成新率以基准成新率为准，将其确定为76.7%。将每个部件的权重与各部件成新率相乘，得出加权成新率，如表4-1-3所示。

表4-1-3　车辆成新率估算明细表

总成部件	权重/%	成新率/%	加权成新率/%
发动机及离合器总成	25	76.7	19.2
变速器及万向传动装置总成	12	76.7	9.2
前桥、前悬架及转向系总成	9	76.7	6.9
后桥及后悬架总成	9	72	6.5
制动系	6	76.7	4.6
车身及附属装置	28	70	19.6
电气及仪表	7	70	4.9
轮胎	4	76.7	3
总计	100		73.9

（4）计算车辆的评估值。

车辆的评估值 = 350 000 × 73.9% = 258 650（元）

根据以上例题可以看出，一般情况下，先根据汽车的使用年限和行驶里程计算出车辆大概的成新率（基准成新率），然后再根据技术鉴定结果对每个部件进行估算（需要注意的一点是：对于车主未曾更换、目前表现正常的部件，如题目中的发动机及离合总成，其成新率均选用基准成新率即可），再将各部件的成新率加权求和，就得出了车辆的成新率。

由上述计算可见，采用部件鉴定法计算加权成新率比较费时费力，但可信度高，既考虑了二手车的实体性损耗，同时也考虑了二手车维修或换件等追加投资使车辆价格发生的变化，所以一般应用于价值较高的二手车。

四、整车观测法

整车观测法主要是通过评估人员的现场观察和技术检测，对被评估车辆的技术状况进行鉴定、分级，以确定成新率的一种方法。

运用整车观测法应观察、检测或搜集的技术指标主要包括以下几项：

①车辆的现时技术状态；

②车辆的使用时间及行驶里程；

③车辆的主要故障经历及大修情况；

④车辆的外观和完整性等。

二手车技术状况的分级可参考表4-1-4。

表4-1-4 二手车技术状况的分级

车况等级	新旧情况	技术状况描述	成新率/%
1	使用不久	行驶里程一般在3万~5万公里,在用状态良好,能按设计要求正常使用	100~90
2	较新车	使用一年以上,行驶15万公里左右,一般没有经过大修,在用状态良好,故障率低,可随时出车使用	89~65
3	旧车	使用4~5年,发动机或整车经过一次大修,大修较好地恢复了原设计性能,在用状态良好,外观中度受损,恢复情况良好	64~40
4	老旧车	使用5~8年,发动机或整车经过两次大修,动力性能、经济性能、工作可靠性都有所下降,外观油漆脱落受损、金属件腐蚀程度明显,故障率上升,维修费用、使用费用明显上升。但车辆符合《机动车安全技术条件》,在用状态一般或较差	39~15
5	待报废处理的车辆	基本达到报废年限,但通过《机动车安全技术条件》检查,能使用,但不能正常使用,动力性、经济性、可靠性下降,燃料费、维修费、大修费增长速度快,车辆收益与支出基本持平,排放污染和噪声污染达到极限	15以下

运用整车观测法估测车辆的成新率,要求评估人员必须具有一定的专业水平和相当的评估经验,这是运用整车观测法准确判断车辆成新率的基本前提。整车观测法的判断结果没有部件鉴定法准确,一般用于中、低价值车辆成新率的初步估算,或作为利用综合分析法确定车辆成新率的参考依据。

五、综合分析法

综合分析法是指以使用年限为基础,综合考虑二手车的实际技术状况、维护保养情况、原车制造质量、二手车用途及使用条件等多种因素对二手车价值的影响,以调整系数形式来确定成新率的一种方法。其计算公式为:

综合分析成新率 = (1 - 已使用年限/规定使用年限) × 100% × 综合调整系数 K

(式4-1-3)

综合使用系数 $K = K_1 \times 30\% + K_2 \times 25\% + K_3 \times 20\% + K_4 \times 15\% + K_5 \times 10\%$

(式4-1-4)

式4-1-4中,K——综合调整系数;

K_1——车辆技术状况调整系数;

K_2——车辆维护保养调整系数;

K_3——车辆制造质量调整系数;

K_4——车辆用途调整系数;

K_5——车辆使用条件调整系数。

每个系数的选取可参照表 4-1-5。如技术状况调整系数与维护保养调整系数都是相对于那些使用年限基本一致的车辆的平均情况而言的。

表 4-1-5　二手车成新率综合调整系数参考表

序号	影响因素	因素分级	调整系数	权重/%
1	技术状况	好	1.0	30
		较好	0.9	
		一般	0.8	
		较差	0.7	
		差	0.6	
2	维护保养	好	1.0	25
		一般	0.8	
		差	0.7	
3	制造质量	进口	1.0	20
		国产名牌	0.9	
		国产非名牌	0.8	
4	车辆用途	私用	1.0	15
		公务、商务	0.9	
		营运	0.7	
5	使用条件	好	1.0	10
		一般	0.9	
		差	0.8	

具体说明如下：

1. 车辆技术状况调整系数

车辆本身的技术状况优劣在很大程度上影响汽车的成新率多少，所以占30%的权重。系数选取的方法是：以车辆的技术状况鉴定结论为基础，对车辆进行分级，再在某一个等级内对车辆进行细分，在等级内对车况进行细分，需要在当地二手车市场中积累一定的经验，因为等级细分是一个分析比较的过程，各地的参照标准可能存在一定差别。为了更接近实际情况，在表 4-1-5 中列出的车况调整系数可以根据车辆状况，取 0.85、0.78。

在表 4-1-5 中，技术状况调整系数的取值范围为 0.6~1.0。其上限选为 1.0。这里考虑到一点，即在评估中，所谓的二手车，与新车的区别仅在于是否办理了机动车注册登记手续，并非强调车辆很陈旧了。在某些参考资料中，也将该现值取为

0.95，是由于车辆即使完美无损，但是也属于二手车的行列，由于不可避免的沉没成本，只好假定已经发生了一定程度的贬值。到底这个现值该取多大，在工作实践中，可根据当地的实际情况加以调整。

2. 车辆维护保养调整系数

不同的驾驶者，其经济实力以及驾驶习惯不同，对车辆进行的保养条件和措施也不同。平日对车辆保养比较重视的车主，对车辆频繁进行保养和维护，能够及时发现和消除故障隐患；驾驶人员的驾驶习惯也能很大程度地影响车辆情况，车主在驾驶过程中习惯于半离合行驶，对飞轮、离合器等部件均会造成过度磨损。车辆维护保养调整系数取值范围为0.7～1.0。同技术状况调整系数一样，对被评估车维护保养条件等级的判别，是相对于与被评估车辆使用年限基本一致的车辆的平均维护保养条件进行的。

3. 车辆制造质量调整系数

在车辆各方面条件基本一致的情况下，汽车的品牌、口碑、可靠性以及是否是成熟车型等，都会影响二手车的交易价格。一般来说，通过国家正规手续进口的以及大型合资企业生产的车辆质量优于国产车辆，名牌产品优于一般产品。对依法没收的已领取牌证的走私车辆，该系数建议同国产品牌系数。

4. 车辆用途调整系数

一般车辆用途不同，使用强度也不同。普通轿车一般为私人工作和生活用车，每年最多行驶3万公里；公务、商务用车每年不超过6万公里；而营运出租车每年行驶有些高达15万公里。对于大部分时间只在市内行驶的私家车，该系数取为0.9或更低，而不是1.0，这是因为市内经常性的堵车和交通不畅，相当于增加了车辆的使用强度。

5. 车辆使用条件调整系数

车辆工作条件分为道路条件和特殊使用条件。道路条件可分为好路、中等路和差路三类。好路是指国家道路等级中的高速公路，一、二、三级道路，好路率在50%以上；中等路是指符合国家道路等级四级道路，好路率在30%～50%；差路是指国家等级以外的路，好路率在30%以上。特殊使用条件主要指特殊自然条件，包括寒冷、沿海、风沙、山区等地区。

综合分析法较为详细地考虑了影响二手车价值的各种因素，并用一个综合调整系数指标来调整车辆成新率，评估值准确度较高，因而适用于具有中等价值的二手车评估。这是二手车鉴定评估最常用的方法之一。

例题4-1-3：

张某欲出售一辆已使用3年6个月的帕萨特汽车（见图4-1-1），该车为商务用车，常年工作在郊区或市区，工作条件好，维护保养较好，车身依然光亮如新，没有明显划痕；发动机动力性较好；新换了离合器和轮胎，制动时稍向右跑偏。其他情况均与车辆新旧程度基本相符。试用综合分析法估算成新率。

（a）

（b）

图4-1-1 帕萨特

解：

①该车使用42个月，6.5万公里，车况均与车辆的新旧程度相符，采用年限法求基准成新率。

$$基准成新率 = (1 - 42/180) \times 100\% = 77\%$$

②根据汽车具体情况，在表4-1-5内选取调整系数。

车辆技术状况调整系数 $K_1 = 0.8$

车辆维护保养调整系数 $K_2 = 0.8$

车辆制造质量调整系数 $K_3 = 0.9$

车辆用途调整系数 $K_4 = 0.85$

车辆使用条件调整系数 $K_5 = 0.9$

③通过公式4-1-4计算得出综合调整系数。

$$\begin{aligned}综合调整系数\ K &= K_1 \times 30\% + K_2 \times 25\% + K_3 \times 20\% + K_4 \times 15\% + K_5 \times 10\% \\ &= 0.8 \times 30\% + 0.8 \times 25\% + 0.9 \times 20\% + 0.85 \times 15\% + 0.9 \times 10\% \\ &\approx 0.84\end{aligned}$$

④综合成新率 $= 0.77 \times 0.84 \times 100\% \approx 65\%$

通过以上步骤就可以得出最终成新率。

六、综合成新率法

在几种计算方法中，使用年限法、行驶里程法和技术鉴定法三种方法计算的成新率只考虑了旧机动车的一个因素，因而就它们各自所反映的机动车的新旧程度而言，是不完全的。为了全面地反映旧机动车的新旧状态，在对旧机动车进行鉴定评估时，还可以采用综合成新率来反映旧机动车的新旧程度，即将使用年限成新率、行驶里程成新率和现场查勘成新率分别赋以不同的权重，计算三者的加权平均成新率。这样，就可以尽量减小使用单一因素计算成新率给评估结果所带来的误差，因而是一种较为科学的方法。其计算公式如下：

$$综合成新率\ N = N_1 \times 40\% + N_2 \times 60\% \qquad (式4-1-5)$$

式 4-1-5 中，N_1——机动车理论成新率；
N_2——机动车现场查勘成新率。

其中，N_1 = 使用年限成新率 ×50% + 行驶里程成新率 ×50%；N_2 由评估人员根据现场查勘情况确定。

综合成新率的确定，必须以现场技术查勘、核实为基础。实际操作时，把被评估车辆的基本情况、技术状况的主要内容和查勘鉴定结论编制成《车辆技术状况调查表》，由评估人员查勘后填写，如表 4-1-6 所示。在对二手车做技术状况现场勘查的基础上，对整车和重要部件做定性分析并以评分形式给予量化，可参考表 4-1-7 对车辆技术状况进行评分，总分即二手车现场查勘成新率。

表 4-1-6 车辆技术状况调查表（样表）

评估委托方：××× 评估基准日：×××年××月××日

		明细表序号	01	车辆牌号	×××××××	厂牌型号	×××
车辆基本情况		生产厂家		已行驶里程	××km	规定行驶里程	
		购置日期		登记日期		规定使用年限	
		大修情况					
		改装情况					
		耗油量		是否达到环保要求		事故次数及情况	
		现场查勘情况					
车辆实际技术状况	外形车身部分	颜色		光泽		褪色	锈蚀
		碰撞		严重程度：严重 一般 轻微 修复情况：全部 局部 未修复			车灯是否齐全
		前后保险杠		其他			
	车内装饰部分	装潢程度		颜色		清洁情况	仪表是否齐全
		座位是否完整		其他			
	发动机总成	动力状况评分		是否更换部件		是否有修补痕迹	是否替代部件
		漏油现象		严重 一般 轻微 无			
	底盘各部分	是否变形		是否有异响		变速器状况	后桥前桥
		传动状况					
		转向系统情况				制动系统情况	
		漏油现象		严重 一般 轻微 无			
	电气系统	电源系统		点火系统		空调系统	
		音响系统		其他			
		鉴定意见					

表 4-1-7 二手车成新率评分表

序号	项目名称	达标程度	参考标准分	评分
1	整车（满分20分）	全新	20	
		良好	15	
		较差	5	
2	车架（满分15分）	全新	15	
		一般	7	
3	前后桥（满分15分）	全新	15	
		一般	7	
4	发动机（满分30分）	全新	30	
		轻度磨损	25	
		中度磨损	17	
		重度磨损	5	
5	变速箱（满分10分）	全新	10	
		轻度磨损	8	
		中度磨损	6	
		重度磨损	2	
6	转向及制动系统（满分10分）	全新	10	
		轻度磨损	8	
		中度磨损	5	
		重度磨损	2	
	总分（现场查勘成新率/%）		100	

知识链接

　　二手车成新率的确定可根据鉴定评估目的和评估对象的实际情况选择相应的模型计算，在这些计算成新率的方法中，由于综合分析法是以使用年限为基础，以调整系数形式调整二手车成新率，调整系数综合考虑了二手车的实际车况、维护保养等多种因素，评估值准确度较高，因此是目前二手车评估业务中最常用的方法，综合成新率法是以现场查勘为基础的，也较为常用。

任务2　二手车评估的重置成本法

二手车评估值与同款型新车价紧密相连

同种车型的汽车由于使用、保养程度的不同，价格也会有差异。二手车价格与汽车使用状况以及重新购买同样或同档次一款新车支付的成本有很大的关联。新车上市以及新车价格波动，都使得二手车市内行情变化得相当快，现在评估价格精确度基本上最多维持一周，最少三天，一款热销车型的评估价格就可能发生变化。那么影响二手车价格的因素主要有哪些？

一、重置成本法的基本原理

1. 基本概念

重置成本法是指在现时条件下重新购置一辆全新状态的被评估车辆所需的全部成本（即完全重置成本，简称重置全价、重置成本），减去该被评估车辆的各种陈旧贬值后的差额作为被评估车辆现时价格的一种评估方法。具体计算公式如下：

被评估车辆的评估值 = 重置成本 − 实体性贬值 − 功能性贬值 − 经济性贬值

（式4−2−1）

被评估车辆的评估值 = 重置成本 × 成新率　　　（式4−2−2）

从理论上讲，式4−2−1比式4−2−2更加精准，这是因为式4−2−1不仅考虑到了汽车的有形贬值，而且还减去了功能性贬值和经济性贬值。但由于评估人员在实际掌握和运用该式时，各项贬值的确定比较烦琐，受主观影响较大，这在一定程度上影响了评估的准确性。而式4−2−2使用成新率来综合反映贬值情况，较能反映实际情况，也便于操作，故被广泛采用。

知识链接

新车的最低价格就是二手车的重置成本，它包含了二手车从原始登记日开始到评估当日同型号车辆所承受的所有汽车外部因素导致的贬值。式4−2−2可以理解为被评估车辆的现时市场价值的评估值等于其同型号新车最低售价与成新率的乘积。

2. 重置成本的确定方法

重置成本是购买一辆全新的与被评估车辆相同的车辆所支付的最低金额。按重新购置车辆所用的材料、技术的不同，可把重置成本分为复原重置成本（简称复原成本）和更新重置成本（简称更新成本）。

复原成本指用于被评估车辆相同的材料、制造标准、设计结构和技术条件等，以现时价格复原购置相同的全新车辆所需的全部成本。

更新成本指利用新型材料、新技术标准、新设计等，以现时价格购置相同或相似功能的全新车辆所支付的全部成本。一般情况下，在进行重置成本计算时，如果同时可以取得复原成本和更新成本，应选用更新成本；如果不存在更新成本，则再考虑用复原成本。之所以要选择更新重置成本，原因有两方面：一方面，随着科学技术的进步、劳动生产率的提高，新工艺、新设计的采用被社会所普遍接受；另一方面，新型设计工艺制造的车辆无论是其使用性能还是成本耗用方面，都会优于旧的机动车辆。

由此可见，重置成本法主要立足于二手车的现行市价，与二手车的原购置价并无多大的关系，现行市价越高，重置成本也越高。

知识链接

> 任何一个投资者在购买某项资产时，他愿意支付的价格，绝不会超过现时市场上能够购买到的与该项资产具有同等效用的全新资产所需的最低成本，而不管这项资产当时的购置价是多少，这就是重置成本法的理论依据。可见，重置成本是现时购买一辆全新的与被评估二手车相同的车辆所支付的最低金额。

重置成本的估算在资产评估中，其估算的方法有很多。对于二手车评估定价，一般采用重置核算法和物价指数法。

（1）重置核算法

重置核算法也称为直接法，是按待评估车辆的成本构成，以现行市价为标准，计算被评估车辆重置成本的一种方法。其计算公式如下：

$$重置成本 = 直接成本 + 间接成本 \qquad (式4-2-3)$$

直接成本是指直接可以构成车辆成本的支出部分，具体来说，是按现行市价的买价，加上运输费、购置附加费、消费税、人工费等。间接成本是指购置车辆发生的管理费、专项贷款发生的利息、洗车费、美容费、停车管理费等。以直接法取得的重置成本，无论是国产车还是进口车，都尽可能采用国内现行市价作为车辆评估的重置成本全价。在一般的二手车重置成本估算中，评估师常以目前市场新车售价加新车购置税（新车价格的10%左右）作为重置成本。如果是进口车辆，则需要增加关税等相关税费。

如果被评估的车型已经停产并退出市场，那么重置成本中的新车价格可以用同品牌同档次的车型当前市场价代替。

> **知识链接**
>
> 二手车重置成本的构成一般分下述两种情况考虑:
> 属于所有权转让的经济行为,可按被评估车辆的现行市场成交价格作为被评估车辆的重置成本,其他费用略去不计。
> 属于企业产权变动的经济行为(如企业合资、合作和联营,企业分设、合并和兼并等),其重置成本构成除了考虑被评估车辆的现行市场购置价格以外,还应考虑国家和地方政府对车辆加收的其他税费(如车辆购置附加费、教育费附加、社控定编费、车船使用税等)一并计入重置成本,而其他小额费用是否计入,要视情况而定,主要是防止国有财产流失。

(2)物价指数法

对于那些无法从现行市场上寻找到重置成本的车型,如淘汰产品或是进口车辆,也可根据汽车市场的物价变动指数调整得到旧机动车的重置成本。物价指数法也称为账面成本调整法。计算式为:

车辆重置成本 = 车辆原始成本 × 车辆评估时的物价指数/车辆购买时的物价指数

或

$$车辆重置成本 = 车辆原始成本 \times (1 + 物价变动指数) \quad (式4-2-4)$$

> **知识链接**
>
> 如果被评估车辆是淘汰产品,或进口车辆,当询问不到现时市场价格时,物价指数法是一种很有用的方法,用时注意的问题有:
> (1)一定要先检查被评估车辆的账面原值。购买原值不准确,则不能用物价指数法。
> (2)运用物价指数法时,如果现在选用的指数与评估规定的对象的评估基准日之间有一段时间差,这一段时间差内的价格指数可由评估人员依据近期内的指数变化趋势结合市场情况确定。
> (3)物价指数要尽可能选用有法律依据的国家统计部门或物价管理部门以及政府机关发布和提供的数据。不能选用无依据、不明来源的数据。

例题4-2-1:

某汽车2014年购置,在登记日至评估基准日(2018-12-28)这四年间,物价平均每年上涨2%,该车账面原值为10万元,计算它的现时重置成本。

解:

由公式4-2-4可以得出,

重置成本 $P = 10 \times (1 + 4 \times 2\%) = 10.8$ (万元)

> **知识链接**
>
> 应用重置成本法，一般要有四个前提条件：
> （1）购买者对拟交易的评估对象，不改变原来用途。
> （2）评估对象的实体特征、内部结构及其功能效用必须与假设重置的全新资产具有可比性。
> （3）评估对象必须是可以再生的、可以复制的，不能再生、复制的评估对象不能采用重置成本法。
> （4）评估对象必须是随着时间的推移，具有陈旧贬值性的资产，否则就不能运用重置成本法进行评估。

二、重置成本法的特点及应用案例

1. 重置成本法的特点

重置成本法是目前国际上公认的资产评估三大基本方法之一，具有一定的科学性和可行性，特别是对于不存在无形陈旧贬值或贬值不大的资产，只需要确定重置成本和实体损耗贬值，而确定这两个评估参数的资料、依据又比较具体和容易搜集到，因此该方法在资产评估中具有重要意义。

重置成本法多用于市场上不常见车型的评估定价，而像赛欧、凯越、雅阁、富康、捷达等常见车型，则需要使用市场价格法定价，也就是根据市场价格浮动和车况，为该车进行价格评估。比如捷达车的保值率相当高，重置成本法基本是不适用的，但一些上市新车没有参考，可以用重置成本法。

2. 重置成本法的应用案例

下列的评估报告并不具备法律效力，此类报告的样式并不统一，但是内容上必须包括车辆基本信息（品牌、行驶里程、型号等）、手续规费情况、配置、静态和动态检查、综合评定及计算过程。

二手车评估实例——本田思域

某评估师在2018年6月1日评估一辆东风本田思域轿车的市场价格，采用重置成本法，成新率采用综合分析法来计算。

车辆基本信息：

品牌：东风本田

车辆类型：轿车

制造厂名称：东风本田汽车有限公司

发动机号：27060529××××

车身颜色：白色

排量/功率：1.799 L/103 kW

行驶里程：96 463 公里

型号：DHW1781（CIVIC1.8M）

国产/进口：国产

VIN 号：LVHFA15406500×××

发动机型号：R18A1

燃油种类：93 号无铅汽油

出厂日期：2013 年 06 月

上牌日期：2014 年 06 月

手续、规费情况：

行驶证、机动车登记证书、车辆购置税完税证明、养路费单、车船使用税等手续齐全；保险至 2018 年 10 月（全保），车船税至 2018 年 6 月。

配置：

发动机：SOHC 链式驱动、全铝直列四缸、16 气阀、i – VTEC

变速器：5 速手动

悬架：前——麦弗逊式独立悬挂；后——双横臂式独立悬架

备胎规格：全尺寸子午线轮胎 205/55R16

转向系：齿轮齿条式液压助力转向

性能：最高车速 190 km/h

最大扭矩（N·m）：174/4 300

排放标准：国 IV

其他：包括双气囊、天窗、真皮电动调节座椅、电动恒温空调、6 碟 CD，加装胎压及温度监测器、倒车雷达。

制动器：真空助力前后盘式（ABS + EBD）

最大功率（kW）：103/6 300

油耗：6.9 L/100 km

静态检查评估：

全车外观良好、无划痕；车内整洁、干净；该车保养不错。各项指标与新车标准差别不大。金属漆漆面光鲜耀眼，前杠右侧有约 10 厘米划痕，车身左侧车门护条有不同程度凹陷，右侧车门有不同程度划痕；全车玻璃原厂无更换；各轮胎处于可正常使用状态，相对较新；发动机舱内各线管整齐，前进气格栅换过，助力泵轻微渗油；车厢内饰略脏，但仪表台各处及座椅使用磨损痕迹不大，与行驶里程相符。

动态检查评估：

发动机起动良好，怠速稳定；仪表台各功能检测灯自检正常，空调、音响、灯光、电动窗等使用正常；发动机无渗油现象，舱内干净，起动发动机运转正常，怠速时发动机稳定，动力强劲；空调效果非常好；行驶过程中变挡平顺，此外，转向、制动良好。车辆过减速坎悬挂反应正常，底盘扎实无异响，刹车系统亦表现良好，整车总体上操控表现良好。

综合评估：

本田思域的内部空间非常宽敞，主要是本田在车内空间方面下足了功夫，每一款本田车型在空间运用方面都走在同级别其他车的前面。本田思域的仪表台和中控设计非常科幻，使人仿佛进入太空飞船的驾驶舱一样，时尚前卫，但是并不凌乱，你可以准确、迅速地找到你想要调节的任何东西。

保养方面，本田思域日常保养周期为5 000公里，小保养（如更换机油机滤等）加工时、材料费的价格在180元左右，大保养根据车况而定，一般费用在700元左右，本田思域的保养费用还是比较合理的。

新车指导价：经市场询价，在评估基准日，同型号车14.98万元，购置附加税约1.1万元，合计16.08万元。

根据已知数据和具体车况，确定有关参数如下：

已使用年限：48个月

规定使用年限：15×12＝180（个月）

重置成本：14.98万元

重置成本全价：16.08万元

车辆技术状况调整系数 $K_1 = 0.75$

车辆维护保养调整系数 $K_2 = 0.8$

车辆制造质量调整系数 $K_3 = 0.9$

车辆用途调整系数 $K_4 = 0.9$

车辆使用条件调整系数 $K_5 = 0.9$

各调整系数的加权系数按表4－2－5中的推荐值选取。

根据式4－2－7和式4－2－8，可得：

综合使用系数 $K = K_1 \times 30\% + K_2 \times 25\% + K_3 \times 20\% + K_4 \times 15\% + K_5 \times 10\%$
$= 0.75 \times 30\% + 0.8 \times 25\% + 0.9 \times 20\% + 0.9 \times 15\% + 0.9 \times 10\%$
$= 83\%$

成新率 $= (1 - 48/180) \times 0.83 \times 100\% = 61\%$

根据式4－2－2可得：

评估价格 $= 16.08 \times 0.61 = 9.81$（万元）

车辆照片（见图4－2－1）。

图 4-2-1 评估车辆外观及内饰

任务3 二手车评估的现行市价法

任务导入

美国针对二手车编制了一本《价格总目录》（以下简称《目录》），该目录包括汽车出厂的年代、品牌、型号、行驶里程等。销售人员在确定二手车价值的时候只需翻查《目录》就可大致给出比较合理的价格。日本评估协会每月也会发行一本《价格指导手册》，俗称"银皮书"，在书中刊登各地区（全国分为3个地区）的零售价格。

目前我国的大多数二手车评估网站，可以帮助车主在网上评估，只需输入车辆大概信息，在很短的时间内即可得出估价。如第一车网的二手车查询系统，利用《二手车蓝本》收集了60多万条二手车市场实际价格数据，车主只要将二手车经纪公司收购及出售的二手车价格数据进行加工整理，就可得到指导二手车报价的参考数据（见图 4-3-1），车

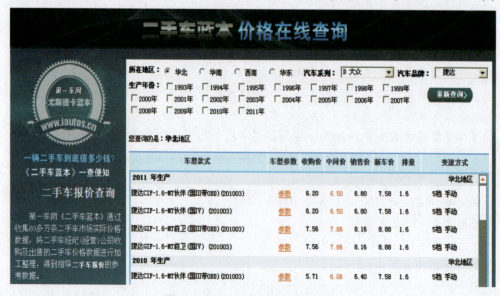

图 4-3-1 二手车报价参考数据

主在网上所得到的二手车价格行情是根据不同地区市场二手车买卖的实际成交价格数据整理而得的。那么，实际交易价格还会受哪些因素影响呢？

一、现行市价法的基本概念

1. 现行市价法的定义

现行市价法又称市场法、市场价格比较法和销售对比法，是指通过比较被评估车辆与最近售出类似车辆的异同，并将类似车辆的市场价格进行调整，从而确定被评估车辆价值的一种评估方法。现行市价法是最直接、最简单的一种评估方法。

2. 现行市价法的基本原理

现行市价法的基本原理是：通过市场调查选择一个或几个与评估车辆相同或类似的车辆作为参照物，分析参照物的构造、功能、性能、新旧程度、地区差别、交易条件及成交价格等，并与评估车辆一一对照比较，找出两者的差别及差别所反映的在价格上的差额，经过调整，计算出二手车的评估价格。

3. 现行市价法应用的前提条件

①需要有一个充分发育、活跃的二手车交易市场，经常有相同或类似的二手车交易，有充分的参照车辆可取，市场或成交的二手车价格可以准确反映市场行情。

②评估中参照的二手车与被评估的二手车有可比较的指标，并且这些可比较的指标其技术参数的资料是可收集的，其价值影响因素明确，而且可以量化。

运用现行市价法，重要的是要在交易市场上能够找到与被评估二手车相同或相似的已成交的参照车辆，并且参照车辆是近期的、可比的。近期是指参照车辆的交易时间与被评估车辆评估基准日相近，一般在一个季度之内；可比是指参照车辆在规格、型号、功能、用途、配置、内部结构、新近程度及交易条件等方面与被评估车辆接近。

4. 采用现行市价法评估的步骤

①考察鉴定被评估车辆。收集被评估车辆的资料，包括车辆的类别、名称、型号等。了解车辆的用途、目前的使用情况，并对车辆的性能、新旧程度等做必要的技术鉴定，以获得被评估车辆的主要参数，为搜集市场数据资料及选择参照物提供依据。

②选择参照物。按照可比性原则选取参照物。可比性因素包括车辆型号、车辆制造厂家、车辆来源、车辆使用年限、车辆行驶里程、车辆实际技术状况、车辆所处的市场状况、交易动机和目的、车辆所处的地理位置、成交数量和成交时间。

③对被评估车辆和参照物之间的差异进行比较、量化和调整。

④汇总各因素的差异量，求出车辆的评估值。

> **知识链接**
>
> 销售时间的差异量可以采用价格指数法进行调整,新旧程度的差异量可以用差异量＝参照物价格×(被评估车辆成新率－参照物成新率)求得。其他因素酌情估算差异量。

二、现行市价法的分类

现行市价法通常分为直接法和类比法。

1. 直接法

直接法是指在市场上能收集到与被评估车辆完全相同的车辆的现行价格,并以该价格直接作为被评估车辆价格的一种方法。

需要注意的是,由于现在国内二手车仅在发展阶段,很难找到完全相似的成交案例,所以将条件适当放宽。一般情况下,完全相同是指车辆的类别、主参数、结构性能相同,但只是生产序号不同,并做局部改动的车辆,均可认为它们是完全相同的。

直接法的公式是

$$P = P_1$$

P 为评估值;P_1 为参照车辆的市场成交价格。

例题 4-3-1:

某伊兰特出租车,初次登记日为 2013 年 5 月,行驶 45 万公里,该市出租车使用年限为 8 年,试运用现行市价法进行评估。

解:

在此期间,该车所在城市的出租车进行了大规模的更新,大批伊兰特汽车被淘汰到二手车市场,同类型、入户时间相近、使用状况相近的车辆在二手车交易市场较多,故有可选择的参照物。

选择的参照物分别为三辆 2013 年初次登记上牌的伊兰特,市场价为 15 000 元、15 500 元、16 000 元,使用性质均为出租车,配置完全一样,评估基准日与参照物成交日期相近。故所评估车辆价值为三个参照物的平均值 15 500 元。

2. 类比法

类比法是指在被评估车辆评估时,在市场上找不到与之完全相同的车辆,但能找到与之可类比的车辆,通过分析比较,找出差异并对参照价格进行调整,从而确定评估价格的方法。其计算公式为:

$$被评估车辆的价值 = 参照物现行市价 \pm \sum 差异量 \qquad (式4-3-1)$$

$$被评估车辆的价值 = 参照物现行市价 \times 差异调整系数 \qquad (式4-3-2)$$

若参照物的交易时间在评估基准日之前,可采用指数调整法将销售时间差异量化并予以调整。

例题 4-3-2：

现在要评估一辆轿车，二手车市场上获得的市场参照物的品牌型号、购置日期、行驶里程、整车技术状况基本相同。区别在于：

（1）参照物的左后组合灯损坏需更换，费用 220 元。

（2）被评估车辆改装了一套音响系统，目前价值约 5 000 元。

已知参照物的市场交易价为 225 000 元，试计算被评估车辆的价值。

解：

由公式 4-3-1 可得出：

被评估车辆的价值 = 参照物现行市价 ± ∑差异量
$$= 225\,000 + 220 + 5\,000 = 230\,220（元）$$

例题 4-3-3：

评估人员在对一辆上海大众车辆进行评估时，选择了三个近期成交的与被评估车辆类别、结构基本相同，经济技术参数相近的车辆作参照物。试评估其价值。参照物与被评估车辆的有关经济技术参数见表 4-3-1。

表 4-3-1 参照物与被评估车辆的有关经济技术参数

序号	经济技术参数	参照物 A	参照物 B	参照物 C	被评估车辆
1	车辆交易价格/元	60 000	70 000	50 000	
2	销售条件	公开市场	公开市场	公开市场	公开市场
3	交易时间	6 个月前	2 个月前	9 个月前	
4	已使用年限/年	5	5	6	5
5	成新率/%	60	75	55	70

解：

（1）对参照物与被评估车辆之间的差异进行比较、量化。

①销售时间的差异。根据收集到的资料，在评估基准日之前的一年内，物价指数大约每月上升 0.5%。各参照物与被评估车辆由于时间差异所产生的差额是：

被评估车辆与参照物 A 相比晚 6 个月，物价指数总上升了 3%，其差额是：
$$60\,000 \times 3\% = 1\,800（元）$$

被评估车辆与参照物 B 相比晚 2 个月，物价指数总上升了 1%，其差额是：
$$70\,000 \times 1\% = 700（元）$$

被评估车辆与参照物 C 相比晚 9 个月，物价指数总上升了 4.5%，其差额是：
$$50\,000 \times 4.5\% = 2\,250（元）$$

②成新率的差异。

参照物 A 与被评估车辆相比，由成新率而产生的差额为：
$$60\,000 \times (70\% - 60\%) = 6\,000（元）$$

参照物 B 与被评估车辆相比，由成新率而产生的差额为：
$$70\,000 \times (70\% - 75\%) = 3\,500（元）$$
参照物 C 与被评估车辆相比，由成新率而产生的差额为：
$$50\,000 \times (70\% - 55\%) = 7\,500（元）$$

（2）根据参照物与被评估车辆之间差异的量化结果，确定车辆的评估值。

①初步确定车辆的评估值。

与参照物 A 相比，车辆评估值 = 60 000 + 1 800 + 6 000 = 67 800（元）

与参照物 B 相比，车辆评估值 = 70 000 + 700 − 3 500 = 67 200（元）

与参照物 C 相比，车辆评估值 = 50 000 + 2 250 + 7 500 = 59 750（元）

②综合定性分析，确定最终评估值。

为减少误差，结合考虑参照物与被评估车辆的相似度，决定采用加权平均法确定评估值。参照物 B 的交易时间与评估车辆的评估基准日、成新率较接近，故采用加权系数 50%，参照物 A 与参照物 C 的加权系数分别采用 40% 与 10%。

车辆评估值 = 67 200 × 50% + 67 800 × 40% + 59 750 × 10% = 66 695（元）

三、现行市价法的特点和适用范围

1. 采用现行市价法的优缺点

现行市价法能够客观反映二手车目前的市场情况，其评估的参数、指标，直接从市场获得，评估值能反映市场现时价格，结果易于被各方面理解和接受。

但是现行市价法需要公开及活跃的市场作为基础，然而我国二手车市场还只是刚刚建立，发育不完全、不完善，寻找参照物有一定的困难。可比因素多而复杂，即使是同一个生产厂家生产的同一型号的产品，同一天登记，由不同的车主使用，受其使用强度、使用条件、维护水平等多种因素作用，其实体损耗、新旧程度都各不相同，所以选择的参照物可比性不强。

2. 现行市价法的应用场合

现行市价法要求评估人员经验丰富，熟悉车辆的评估鉴定程序、鉴定方法和市场交易情况，采用现行市价法评估时间会很短，因此，特别适用于成批收购、鉴定和典当的情况。单件收购估价时，还可以讨价还价，达成双方都能接受的交易价格。

3. 现行市价法的应用实例

二手车评估实例——广汽本田雅阁

一、车辆基本信息（评估基准日 2019 − 3 − 1）

品牌型号：广汽本田雅阁（见图 4 − 3 − 2）

(a)　　　　　　　　　　　　　(b)

图 4-3-2　广汽本田雅阁

颜色：黑色

行驶里程：86 463 公里

登记日期：2014 年 3 月

排量：2.4L

排放标准：京 5

原购车价：21.98 万元（净车价）

费用情况：保险至 2019 年 3 月（全保），年票至 2019 年 3 月，车船税至 2019 年 3 月，年审至 2019 年 3 月

二、车辆配置

横置直列 4 缸 i-VTEC（智能可变气门及升程控制系统）发动机、CVT 变速箱、ABS、EBD、ESP、全车气囊、无钥匙起动、天窗、真皮电动调节座椅、电动恒温空调、6 碟 CD，加装胎压及温度监测器、倒车雷达、全车遮阳帘、轮眉等。

三、车辆检查

静态检查评估：金色金属漆漆面光鲜耀眼，前杠右侧有约 10 厘米划痕，车身左侧车门护条有不同程度凹陷，右侧车门有不同程度划痕；全车玻璃原厂无更换；各轮胎处于可正常使用状态，相对较新；发动机舱内各线管整齐，前进气格栅换过，助力泵轻微渗油；车厢内饰略脏，但仪表台各处及座椅使用磨损痕迹不大，与行驶里程相符。

动态检查评估：发动机起动良好，怠速稳定；仪表台各功能检测灯自检正常，空调、音响、灯光、电动窗等使用正常；踩住刹车，挂各个挡位切换平顺无打滑，挂入 D 挡起步，猛踩油门踏板，转数至 3 000 转，油门与动力线性输出，推背感明显；行驶中转向精准平滑，虽然助力泵有渗油现象，但无明显的不良反应，车辆过减速坎悬挂反应正常，底盘扎实无异响，刹车系统亦表现良好，整车总体上操控表现良好。

综合评估：雅阁一直领跑二手车市场的保值率前三名。此次评估的这辆雅阁，尽管外观上有划痕，内饰上也略为失色，但仪表台磨损很小，而且操控性好，结合雅阁车的流通情况，综合评估参考价为 13.4 万元，如表 4-3-2 所示。

表 4-3-2 雅阁目前的二手车市场平均流通价参考

上牌年份	2.0 AT/万	2.4AT/万
2013 年	10.2	11.3
2014 年	12.8	13.5
2015 年	13.5	14.5
2016 年	14.3	16.5
2017 年	16.8	

说明：以上价格仅为参考，具体价格必须根据实际车况以及市场情况而定，从表 4-3-2 中可以看出，雅阁的保值率比较稳定，属于二手车市场上非常受欢迎的车型。

知识链接

已停产二手车如何评估？

通常来说，二手车估价都要有同款新车价格作为参考，根据旧车的使用年限和使用情况等进行折价。已经停产的车辆在评估时也要找一个可以参考的车辆作参照物，这时可以找与该车属于同一档次车的新车价格作参考。车辆的维修保养费用及配件的价格，对二手车价格影响也很大。例如一辆维修保养费用高、配件难找、价格高的车，在二手车市场比较难销售，那么价格也就相对较低。二手车价格除受车况影响外，市场行情对其影响也很大。评估二手车要紧密结合市场行情，了解市场的供需情况，尤其是已经停产的车型，更要结合市场行情。新车已经停产，可能会对二手车产生很大影响，可能使二手车热销，也可能使二手车滞销。在评估停产的车辆时，一定要了解市场行情，市场需求量大的车辆，无论停产与否，价格都会很高，反之，则不同。

以上所说的评估停产二手车时应该注意的问题也只是参考，因为不同车辆有所不同，评估师在评估时除了考虑上述的这些问题外，还需要具体车辆具体分析，从而评估出公正、合理的二手车价格。

任务4　二手车评估的收益现值法

任务导入

我们知道，对于营运性二手车的交易，人们购买的目的往往不在于车辆本身，而在于车辆获利的能力。购买时主要考虑这辆车能否为自己带来一定的收益。如果某车辆的预期收益小，车辆的价格就不可能高；反之，车辆的价格肯定就高。那么，你认为这种预期收益是否能够方便估算？为什么？

一、收益现值法的基本原理

1. 收益现值法的基本概念

收益现值法（以下简称收益法）是指将被评估的车辆在剩余使用寿命期内预期收益用适用的折现率折现为评估基准日的现值，并以此确定二手车评估价格的一种评估方法。收益现值法的计算，实际上就是对被评估车辆未来预期收益进行折现的过程。

2. 收益现值法的计算方法

被评估车辆的评估值等于剩余寿命期内各收益期的收益折现之和，其计算公式为：

$$P = \sum_{t=1}^{n} \frac{A_t}{(1+i)^t} = \frac{A_1}{(1+i)^1} + \frac{A_2}{(1+i)^2} + \cdots + \frac{A_n}{(1+i)^n} \quad （式4-4-1）$$

式4-4-1中，P——评估值；

A_t——未来第t个收益期的预期收益额；

n——收益年期（二手车剩余使用寿命）；

i——折现率；

t——收益期，一般以年计。

当未来预期收益等值时，即$A_1 = A_2 = \cdots = A_n = A$时，则有

$$P = A \cdot \left[\frac{1}{1+i} + \frac{1}{(1+i)^2} + \cdots + \frac{1}{(1+i)^n} \right] = A \cdot \frac{(1+i)^n - 1}{i \cdot (1+i)^n}$$

（式4-4-2）

式4-4-2中，$\frac{1}{(1+i)^n}$——第n个收益年期的现值系数；

$\frac{(1+i)^n - 1}{i \cdot (1+i)^n}$——年金现值系数。

3. 收益现值法评估的程序

①调查了解营运车辆的经营行情、营运车辆的消费结构。
②充分调查了解被评估车辆的基本情况和技术状况。
③根据调查了解的结果，预测车辆的预期收益，确定折现率。
④将预期收益折现处理，确定二手车的评估值。

⚙ 二、估算方法及各参数的确定

1. 剩余使用寿命期（n）的确定

剩余使用寿命期指从评估基准日到车辆到达报废的年限。如果剩余使用寿命期估计过长，就会高估车辆价格；反之，则会低估价格。因此，必须根据车辆的实际状况对剩余使用寿命期作出正确的判定。对于各类汽车来说，该参数按《汽车报废标准》确定是很方便的。

2. 预期收益额（A）的确定

（1）预期收益额（A）的定义

在收益法的运用中，收益额的确定是关键。预期收益额是指被评估车辆在其剩余使用寿命期内的使用过程中，可能带来的年纯收益。

（2）对于预期收益额的确定应把握两点

①预期收益额指的是车辆使用带来的未来收益期望值，是通过预测分析获得的。无论对于所有者还是购买者，判断某车辆是否有价值，首先应判断该车辆是否会带来收益。对其收益的判断，不仅仅是看现在的收益能力，更重要的是预测未来的收益能力。

②收益额的构成，以企业为例，目前有几种观点：第一，企业所得税后利润；第二，企业所得税后利润与提取折旧额之和扣除投资额；第三，利润总额。为估算方便，推荐选择第一种观点，目的是准确反映预期收益额。

3. 折现率（i）的确定

折现是指将预期收益额折现成现值，实际预期收益额的未来时间离现在越远，折算的现值就越少，否则就越多，它是一个时间优先的概念。折现率是将未来预期收益折算成现值的比率，它是一种特定条件下的收益率，说明车辆取得该项收益的收益率水平。收益率越高，意味着单位资产的增值率越高，在收益一定的情况下，所有者拥有资产的价值越低。

在计量折现率时必须考虑风险因素的影响，否则，就可能过高地估计车辆的价值。一般来说，折现率应包括无风险收益率、风险报酬率和通货膨胀率三个方面。即

$$\text{折现率} = \text{无风险收益率} + \text{风险报酬率} + \text{通货膨胀率} \quad (\text{式}4-4-3)$$

无风险率是指资产在一般无风险经营条件下的获利水平，风险报酬率是指承担投资风险的投资所获得的超过无风险报酬率以上的部分的投资回报率，一般随投资风险递增而加大。风险收益能够计算，而为承担风险所付出的代价为多少却不好确定。因此，风险收益率不容易计算出来，只要求选择的收益率中包含这一因素即可。每个行业、每个企业都有具体的资金收益率。因此在利用收益法对二手车鉴定评估选择折现率时，应该进行本企业、本行业历年收益率指标的对比分析，但是，最后选择的折现率应该起码不低于国家银行存款的利率。

此外，还应该注意，在使用资金收益率这一指标时，要充分考虑年收益率的计算口径与资金收益率的口径是否一致，若不一致，将会影响评估值的正确性。

例题 4-4-1：

某企业拟将一辆金杯 10 座旅行车转让，某个体商户准备将该车用于载客营运。按国家《汽车报废标准》的规定，该车辆剩余年限为 4 年，通过对该地区载客营运市场的分析和预测，得出未来 4 年内各年预期收益数据如表 4-4-1 所示。

表 4-4-1　各年预期收益数据

年限	收益额/元	折现率/%	收益折现额/元
第一年	10 000	8	9 259
第二年	8 000	8	6 854
第三年	7 000	8	5 557
第四年	6 000	8	4 410

解：

由公式 4-4-1 可得到该车评估值为：

评评估值 = 9 259 + 6 854 + 5 557 + 4 410 = 26 080（元）

例题 4-4-2：

某人拟购置一台普通桑塔纳车用作个体出租车经营使用，经调查得到以下各数据和情况：车辆登记之日是 2017 年 4 月 1 日，已行驶公里数为 8.3 万 km，目前车况良好，能正常运行。如用于出租使用，全年可出勤 300 天，每天平均毛收入 450 元。评估基准日是 2019 年 4 月 1 日。试用收益现值法估算该车的价值。

解：

从车辆登记之日起至评估基准日止，车辆投入运行已 2 年。根据行驶公里数、车辆外观和发动机等技术状况看来，该车辆原投入出租营运，还算正常使用、维护之列。根据国家有关规定和车辆状况，车辆剩余使用寿命为 6 年。

预期收益额的确定思路是：将一年的毛收入减去车辆使用的各种税和费用，包括驾驶人员的劳务费等，以计算其税后纯利润。

根据目前银行储蓄年利率、国家债券、行业收益等情况，确定资金预期收益率为 15%，风险报酬率 5%，具体计算步骤如下：

（1）确定车辆的剩余使用寿命为 6 年。

（2）估测车辆的预期收益。

①预计年收入：450 × 300 = 13.5（万元）

②预计年支出：

a. 每天耗油量 75 元，年耗油量为 75 × 300 = 2.25（万元）

b. 日常维修费 1.2 万元

c. 平均大修费用 0.8 万元

d. 牌照、保险、养路费及各种规费、杂费 3.0 万元

e. 人员劳务费 1.5 万元

f. 出租车标付费 0.6 万元

g. 年毛收入为：$13.5-2.25-1.2-0.8-3.0-1.5-0.6=4.15$（万元）

h. 按个人所得税条例规定，年收入在 3 万~5 万元，应缴纳所得税税率为 30%。故车辆的年纯收益额为：$4.15\times(1-30\%)=2.9$（万元）

（3）确定车辆的折现率。

该车剩余使用寿命为 6 年，预计资金收益率为 15%，再加上风险率为 5%，故折现率为 20%。

（4）计算车辆的评估值。

假设每年的纯收入相同，则由公式 4-4-2 求得收益现值。

$$评估值 = A[(1+i)^n-1]/i(1+i)^n = 2.9[(1+0.2)^5-1]/0.2(1+0.2)^5 = 8.67（万元）$$

三、收益现值法的特点及应用实例

1. 收益现值法的优缺点

（1）采用收益现值法的优点

①与投资决策相结合，容易被交易双方接受。

②能真实和较准确地反映车辆本金化的价格。

（2）采用收益现值法的缺点

①预期收益额预测难度大，受较强的主观判断和未来不可预见因素的影响。

②在评估中适用范围较窄，一般适用于企业整体资产和可预测未来收益的单项资产评估。

2. 收益现值法的应用案例

二手车评估实例——五菱宏光

一、车辆基本信息

评估车辆的厂牌型号：五菱宏光 RZH115LB

发动机号：1864150

发动机排量：1500CC

号牌号码：粤 A1A034

车辆识别代号/车架号：000788

累计行驶里程（12 万公里）

登记日期：2012 年 1 月

年审检验合格至 2019 年 6 月；公路规费、购置附加税、车船使用税和保险等证照与费用齐全有效。

二、车辆配置

发动机和助力方向盘、刹车前碟后鼓、电动窗、中控门锁、手动前后中央空调、单碟 CD 收音、12 座皮座椅。

三、车辆检查

1. 静态检查

（1）发动机舱没有专业清洗过的痕迹，但是较清洁，说明两个问题：
①发动机没有渗漏油渍；②该车工作条件和环境很好。
另外，发动机怠速运转平稳，声音较安静，没有国产金杯车正常有的气门嗒嗒声。

（2）底盘平整，传动轴总成和后桥及后悬架总成都无异常现象。排气管出口无锈蚀和积炭现象。轮胎较新，也无异常磨损现象。

（3）车身钣金件平整，漆面光泽正常，但前后护杠重新做过喷漆。

（4）车身内部仪表、灯光、音响、空调、离合器进挡、油门踏板、电动窗、门锁、座位调动装置等都很正常。车身地板钣金件没有锈蚀现象，各部位卫生清洁，没有运货现象。

2. 动态检查

起动正常，挡位清晰、换挡轻松，加速平稳，传动轴及尾牙无异响，发动机加速声音较小，车辆提速及时，车身内外隔音较好。转向系灵活，无跑偏和发抖现象，左向和右向打到底转弯时，平顺且无异响。

四、车辆鉴定估价

1. 车况鉴定

该车属于广州政府机关车，使用强度不大，使用条件和行驶环境也较好，加之日常维护保养规范，整车动力性、操控感、可靠性和经济性等方面的综合表现较好。该车前后护杠重新做过喷漆，无损整车车况，目测成新率更高。

2. 估算价格

（1）该车是热门二手车交易类型，价格不高，但用途广，公务、商务和货运都可兼顾。所以本车估算的价格依据可以从三方面考虑：
①用途所产生的收益现值；
②技术状况及将来核心部件的维护成本；
③使用年份的贬值及同类型新车产生的经济性贬值。

（2）收益现值法估价。
①该车使用年限为 10 年，可申请延期使用，但最长延期年限不能超过 10 年。
②该车预计年基本支出费用约 7 520 元。其中，路费 3 000 元，年票 980 元，交强险 1 100 元，车船使用税 240 元，年审费 200 元（10 年延期后年审 2 次），维修保养费 2 000 元。
③价值举例：该车带司机给一家公司用于商务或公务，每月可回利 4 500 元，除去司机劳务费 2 000 元和月基本支出费用 626 元（7 520 元按 12 个月分摊），还剩余 1 874 元。那么该车一年可获利 22 488 元。
④综合考虑以上①②③点，该车剩余年限两年半，累计可获利 5.62（2.5 年 × 22 488 元/年）万元，但同时要考虑资金收益率、银行利率及风险率，三项累计约 15%，最后该车的估价应为 4.78（5.62×85%）万元左右。

任务5　二手车评估的清算价格法

某公司停业进行资产清算,现有一辆2013款迈腾(1.8T手自一体舒适版)需要出售,该车行驶了5万公里,日常保养较好,车况良好。此时,在该地二手车市场上也询问到了一辆同款型迈腾,且车况相仿,行驶里程相当,试问,两款车型最终评估价格是否一样?为什么?

一、清算价格的基本概念

清算价格是指企业由于破产或其他原因,要求在一定期限内将企业或资产变现,在企业清算之日预期出卖资产可收回的快速变现价格。清算价格法是根据公司清算时其资产可变现的价值评定重估价值。

清算价格法在原理上基本与现行市价法相同,区别在于企业因迫于停业或破产,急于将车辆拍卖、出售,所以,清算价格常低于现行市场价格。它适用于依照《中华人民共和国企业破产法》规定,经人民法院宣告破产的公司。公司在股份制改组中一般不使用这一办法。

清算价格法是以清算价格为基础,根据企业清算时其资产可以变现的价值,评定重估价值的一种资产评估方法,一般适用于企业破产、停业清理或资产抵押情况下的资产评估。

二、清算价格法的分类

二手车评估的清算价格法主要有现行市价折扣法、意向询价法以及竞价法。

1. 现行市价折扣法

现行市价折扣法是指对清算车辆,首先在二手车市场上寻找一个相适应的参照物;然后根据快速变现原则估定一个折扣率,并据以确定其清算价格。

例如,经调查,一辆旧桑塔纳轿车在旧车市场上成交价为4万元。根据销售情况调查,折价20%可以当即出售。则该车辆清算价格为:4×(1-20%)=3.2(万元)。

2. 意向询价法

意向询价法是指根据向被评估车辆的潜在购买者询价，以此来获取市场信息，最后经评估人员分析确定其清算价格的一种方法。用这种方法确定的清算价格受供需关系影响很大。

例题 4-5-1：

一台大型货车，拟评估其拍卖清算价格。评估人员经过对三个建筑公司、两家农机公司和三个货车销售商征询，其估价平均值为 12.8 万元。考虑目前年关将至和其他因素，评估人员确定清算价格为 12 万元。

3. 竞价法

竞价法是指由法院按照法定程序（破产清算）或由卖方根据评估结果提出一个拍卖底价，在公开市场上由买方竞争出价，谁出的价高，就卖给谁。

三、清算价格法的适用范围和应用实例

1. 适用范围

清算价格法适用于企业破产、抵押、停业清理时要售出的车辆。

(1) 企业破产

企业破产是指当企业或个人因经营不善造成严重亏损，不能清偿到期债务时，企业应依法宣告破产，法院以其全部财产依法清偿其所欠的债务，不足部分不再清偿。

(2) 抵押

抵押是指以所有者资产作抵押物进行融资的一种经济行为，是合同当事人一方用自己特定的财产向对方保证履行合同义务的担保形式。提供财产的一方为抵押人，接受抵押财产的一方为抵押权人。抵押人不履行合同时，抵押权人有权利将抵押财产在法律允许的范围内变卖，从变卖抵押物价款中优先受偿。

(3) 清理

清理是指企业由于经营不善导致严重亏损，已临近破产的边缘或因其他原因将无法继续经营下去，为弄清企业财物现状，对全部财产进行清点、整理和查核，为经营决策（破产清算或继续经营）提供依据，以及因资产损毁、报废而进行清理、拆除等的经济行为。

在这三种经济行为中，若有机动车辆进行评估，可以清算价格为标准。以清算价格法评估车辆价格的前提条件有以下三点：

①具有法律效力的破产处理文件或抵押合同及其他有效文件为依据。
②车辆在市场上可以快速出售变现。
③所卖收入足以补偿因出售车辆的附加支出总额。

例题 4-5-2：

某法院欲在近期内将其交年扣押的一辆轻型载货汽车拍卖出售，至评估基准日止，该

汽车已使用了1年6个月，车况与其新旧程度相符，试评估该车的清算价格。

分析：

据了解，本次评估的目的属债务清偿，应采用的评估方法为清算价格法，根据被评估车辆的实际情况和所掌握的资料，决定首先利用重置成本法确定在公平市场条件下的评估价格，然后，根据市场调查，按一定的折现率确定车辆的清算价格。

评估步骤如下：

（1）根据题目已知条件，采用重置成本法确定清算价格；

（2）求已使用年限和规定使用年限，该车已使用年限为1年6个月，折合为18个月，根据国家规定，被评估车辆的使用年限为10年，折合为120个月。

（3）确定车辆的成新率。被评估车辆的价值不高，且车辆的技术状况与其新旧程度相符，决定采用年限法确定其成新率，被评估车辆的成新率为：

成新率 = （1 - 已使用年限/规定使用年限）×100% = （1 - 18/120）×100% = 85%

（4）确定重置成本，据市场调查，全新的同类车型目前的售价为5.5万，根据相关规定，购置此车型时，要缴纳10%的购置税、3%的货运附加费，故被评估车辆的重置成本为：

重置成本 = 55 000 × （1 + 10% + 3%） = 62 150（元）

（5）确定被评估车辆在公平市场条件下的评估值，根据调查了解，被评估车辆的功能性损耗及经济性损耗均很小，可忽略不计。故在公平市场条件下，该车的评估值为：

P = 重置成本 × 成新率 = 62 150 × 85% ≈ 52 828（元）

（6）确定折扣率。根据市场调查，折扣率取75%时，可在清算日内出售车辆，故确定折扣率为75%。

（7）被评估车辆的清算价格为：

52 828 × 75% = 39 621（元）

2. 清算价格法的应用案例

下面是武汉新业价格评估公司接受某单位的委托，利用清算价格法对指定资产进行评估后的一份价格评估结论书。

价格评估结论书（部分）

武汉新业价评字〔20××〕第×号

武汉江汉区人民法院：

<u>武汉新业价格评估有限公司</u>（以下简称乙方）接受武汉海兴公司（以下简称甲方）的委托，遵循合法、独立、客观、公正的原则，按照国家规定的标准、程序和方法，依法对甲方委托的<u>本田CRV</u>轿车的价值进行了价格评估。现将价格评估情况综述如下：

一、价格评估标的

东风本田CRV。

二、价格评估目的

为法院办案提供价格参考依据。

三、价格评估基准日

本次价格评估的基准日为2019年3月1日。

四、价格定义

价格评估结论中所指价格是评估标的在评估基准日,采用公开市场价值标准确定的客观合理的价格。

五、价格评估依据

（一）国家有关的法律、法规及技术标准文件

1. 《中华人民共和国价格法》。
2. 《湖北省价格鉴证操作规范》。

（二）甲方提供的资料

1. 委托书。
2. 车辆基本信息。
3. 车辆相关资料。

（三）乙方收集的有关资料

1. 现场查看资料。
2. 车辆照片。
3. 市场调查资料。

六、价格评估方法

本次价格评估采用清算价格法。

七、价格评估过程

接受委托后,我们成立了价格评估小组,并制定了价格评估作业方案。价格评估人员深入现场,同相关人员一起,对甲方委托评估的车辆进行核对、拍照,并现场查看了记录。

品牌：思威CR－V

车辆类型：旅行车

制造厂名称：东风本田

发动机号：K20A44701×××

车身颜色：蓝色

排量/功率：2.0L

型号：DHW6461

国产/进口：国产

VIN号：LVHRD5841550×××××

发动机型号：K20A4

燃油种类：汽油

出厂日期：2014年04月

评定估算：

1. 根据走访市场、参考汽车经销商报价,确定本次评估取该车的新车购置价格为18.98万元,购置附加税约为1.5万元,合计20.48万元。

2. 根据现场查看的情况,结合确定成新率的相关规定,确定该车的综合成新率为70%;考虑到快速变现因素,取变现折扣率为20%。

3. 该车在评估基准日的评估价格为 $20.48 \times 70\% \times (1-20\%) = 11.47$（万元）

八、价格评估结论

评估基准日被评估车辆的评估价格为：¥11.47万元（人民币拾壹万肆仟柒佰元整）。

九、价格评估限定条件

甲方提供资料客观真实。

十、声明

1. 价格评估结论受结论书中已说明的限定条件限制。
2. 甲方提供资料的真实性由甲方负责。

十一、价格评估作业日期

2019 年 3 月 1 日。

十二、价格评估机构

机构名称：武汉新业价格评估有限公司。

机构资质证书编号：　　　　　　　法定代表人签字：

十三、价格评估人员

姓名	执业资格名称	资格证号	签字
张斌	注册价格鉴证师	5 532	
王林	注册价格鉴证师	4 566	

十四、附件（复印件略）

武汉新业价格评估有限公司

2019 年 3 月

行业资讯速递

旧车估价简易法

通过以上内容，我们学习了四种评估方法。这里就市场上几种简易实用的二手车评估方法进行介绍。

二手车价格不像新车有个明确的定价，一辆汽车由成品出厂到使用报废的各个阶段，价值不相同。因此，对二手车的价格评估具有很好的参考意义。总的原则是：二手车的定价基础是现行市场新车的销售价格。新车的行驶费用少，随时间和行驶里程的增加，停驶周期延长，费用加大，表现在价格上就应拉开一定差距，不能以年限为唯一标准而一刀切。另外，到报废年限终了时，还有一定的使用价值——残值。

"4321法"评估法：

即第 1、2、3、4 年分别耗用车辆总价值的 $\frac{4}{10}$、$\frac{3}{10}$、$\frac{2}{10}$、$\frac{1}{10}$。比如，还是一辆伊兰特，在使用两年后，以 9 万元为重置价格，其残值为原价值的 $\frac{2+1}{10}$，即 $90\,000 \times \frac{2+1}{10} = 27\,000$（元）。这种估价方法一般不管实际里程是多少，仅考虑使用年限，不太适合私家车，而较适合出租车等类似的营运车。

关于残值的概念，应该进一步明确，提供如下的参考材料：

二手车业内人士表示，在规定的汽车的合理使用年限之内，所剩余的使用价值，被称为广义的汽车残值。此外，汽车到报废年限时，车主也可以领到另一种意义的汽车残值费，一般以每吨 350 元计算，一辆小轿车大约可以领到 2 000~3 000 元。

同一种车型由于使用习惯、保养程度的不同，价格也有差异。不同的二手车评估师评估的价格也有差异，二手车评估方法只能计算出车辆大概价值，具体还是要根据实际车况检测来确定。

值得一提的是，以上几种二手车估价方法计算出的结果，仅仅属于最终成交价的范围，而不能作为最终成交价。原因有两点：

一是以上方法是在车况基本良好、手续无缺失且没有看到车子的情况下进行的，而具体成交价需遵循市场行情，比如车辆状况、手续是否缺失、配置如何、里程数、新车市场价格动态、品牌和车型的知名度、配件和维修的情况等。

二是由于目前国内对车辆价值认定尚没有统一标准，且二手车经营的主体多是二手车经纪公司（个体户），所以在交易的过程中成交价几乎都是商量出来的，行话就是"聊"出来的。

项目 5
二手车工作实务

📙 项目导读

本项目主要介绍了二手车的实际工作流程,包括鉴定评估、汽车收购、营销、置换等交易活动的相关流程,以及汽车在交易时的转移登记手续等内容。书中的工具表格有助于学生更好地理解行业中的实际工作过程,同时要求学生能够绘制和引导顾客填写。

📝 项目目标

知识目标	能力目标
1. 掌握车辆鉴定评估的流程,尤其是评估报告的撰写要求	1. 能够独立撰写二手车评估报告
2. 熟悉二手车收购、销售、置换的工作过程,理解在交易过程中涉及的合同文件	2. 能够确定合理的二手车收购价格和销售价格
3. 在理解的基础上,熟知车辆过户和手续变更业务,清楚不及时过户带来的严重后果	3. 能够根据任务要求完成车辆信息表、车辆手续交接单以及机动车注册、转移、注销登记/转入申请表的绘制和填写

任务1　二手车鉴定评估实务

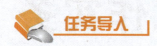

二手车网站评估业务

目前，二手车网站（见图5-1-1）如雨后春笋般出现在人们的视野，通过网站买车、卖车都非常便捷。

图5-1-1　二手车网站

如需要卖车，可点击快速卖车，留下手机号，然后填写车辆信息。网站工作人员会约定时间检查车辆，拍摄车辆照片，评估、定价。评估过程可根据网站的评估要求和标准进行。之后，网站发布车辆信息及评估报告，等待买主询问，网站工作人员将联系双方约时间看车。

二手车鉴定评估作为一个重要的专业领域，情况复杂、作业量大。在进行二手车鉴定评估时，应分步骤、分阶段地实施相应的工作。二手车鉴定评估流程如图5-1-2所示。

项目 5　二手车工作实务

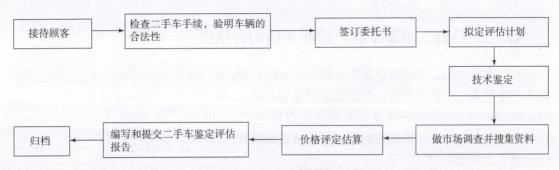

图 5-1-2　二手车鉴定评估流程

一、接待顾客

接待客户，明确评估业务基本事项，如图 5-1-3 所示。具体应该了解的内容包括以下几项：

1. 客户基本情况

包括车辆权属和权属性质。

2. 客户要求

客户要求的评估目的，期望完成评估的时间。

3. 车辆使用性质

了解车辆是生产营运车辆还是非营运车辆。

4. 车辆基本情况

记录车辆基本情况（见图 5-1-4），包括车辆类别、名称、型号、生产厂家、初次登记日期、行驶里程、所有权变动或流通次数、落籍地、技术状态等。

图 5-1-3　接待客户

图 5-1-4　记录车辆情况

二、检查二手车手续，验明车辆的合法性

在二手车市场，不可避免地会出现一些来历不明或者存在问题的车辆，不论是鉴定评估人员还是买二手车的顾客，都需要掌握鉴别车辆合法性的方法。在车辆识伪及交易陷阱的识别中，检查车辆的各种证件和税费证明就成了不可或缺的一个环节，如图5-1-5所示。

无论是二手车还是新车，均应按照国家有关法律和法规办理相关的有效证件和缴纳各种税、费，汽车凭这些有效证件和税费才能上路行驶。

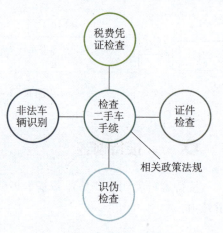

图5-1-5 检查二手车手续

1. 证件核查

在进行二手车评估之前，必须对旧车的各种有效证件进行全面、认真的检查，只有经过手续检查的车辆才能进入交易。这些证件一般有以下几种：

（1）卖主的身份证

检查车主的身份证，判定卖主对所卖的汽车是否拥有汽车使用权和支配权。

（2）机动车的来历凭证

来历凭证包括新车来历凭证和二手车来历凭证。除了全国统一的机动车销售发票或者二手车销售发票之外，还有因经济赔偿、财产分割等所有权发生转移，由人民法院出具的发生法律效力的判决书、裁定书、调解书。

值得注意的是，从新车销售发票可看出购置车辆日期和原始价值。通过发票上的账面原值，可避免在评估业务中有些低配车型通过后期加装冒充高配车型。

（3）机动车行驶证

机动车行驶证（简称行驶证）（见图5-1-6）是由公安车辆管理机关依法对车辆进行注册登记核发的证件，是机动车取得合法行驶权的凭证，是随车必备文件之一，也是二手车过户、转籍必不可少的证件。

视频5-1 车辆手续的核查

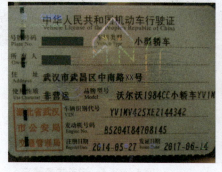
(a)

(b)

图5-1-6 机动车行驶证

机动车行驶证的检查要点如下：

①核对正页的车主、17位识别代码、发动机号、车架号等；

②需留意行驶证正页中的注册登记日期和发证日期是否一致，如果不一致，极有可能是二手车，也有可能进行了行驶证的挂失补办；

③注意车辆的使用性质，营运或者非营运将影响车辆的价值；

④认真检查副页的内容。副页注明了检验的有效日期，在副页可以看出安全检查和排放检查是否合格，检验结果是否在有效期内。

(4) 机动车登记证书

机动车登记证书（简称登记证书）是车辆所有权的法律证明（行业中俗称"大绿本"），由车辆所有人保管，不随车携带。此后办理转籍过户等任何车辆登记时都要求出具，并在其上记录车辆的有关情况，相当于车辆的身份证（见图5-1-7），它可以作为有效资产证明，到银行办理抵押贷款。机动车登记证书是二手车评估人员必须认真查验的手续，与机动车行驶证相比，它的内容更详细，一些评估参数必须从机动车登记证书上获取，如车辆的获取方式的确定等。

图5-1-7 机动车登记证书

其检查要点如下：

①在登记证书的第1页，需要留意车辆的原车主是公司还是个人，如果是公司尤其是租赁公司，车辆价值与私人车辆价值相比存在较大贬值；

②在登记证书的第2页中可看到车辆的生产日期，与车辆的登记日期进行对比，可判断车辆当时是否是库存车，如果两个日期相差超过半年甚至更久，车辆的价值很受影响；

③在登记证书的第3页（见图5-1-8）则录入了该车的抵押、转移等记录，评估师应认真查看。

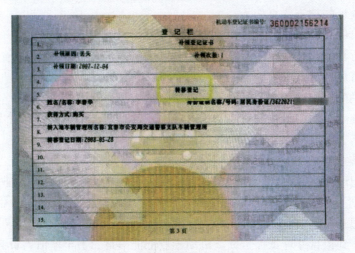

图 5-1-8　机动车登记证书第 3 页

（5）机动车号牌

机动车号牌（简称号牌）是指在法定机关登记的准予机动车在中华人民共和国境内道路上行驶的法定标志。号牌一般在机动车辆的特定位置悬挂，其号码是机动车登记编号。它是机动车取得合法行驶权的标志。《中华人民共和国道路交通管理条例》第十七条规定，机动车号牌不得转让、涂改、伪造。

（6）道路运输证

道路运输证（俗称营运证）（见图 5-1-9）是证明营运车辆合法经营的有效证件，也是记录营运车辆审验情况和对经营者奖惩的主要凭证，道路运输证必须随车携带，在有效期内全国通行。主证和副页必须齐全，编号必须相同，骑缝章必须相合，填写的内容必须一致。否则，视为无效营运证。现有的道路运输证有纸质和 IC 卡两种。

图 5-1-9　道路运输证

2. 二手车的税费缴纳凭证

二手车的税费缴纳凭证包括养路费缴费证明、购置税和车船使用税完税证明。

（1）车辆购置税

车辆购置税是国家对所有购置车辆的单位和个人征收的一种税种，其目的是解决国家公路建设资金的困难。已经缴纳车辆购置税的车辆进行二手车交易，必须出示车辆购置税缴费凭证（见图 5-1-10）。除国家规定可以免交购置税的车辆外，漏交购置税的车辆必须补交车辆购置税。

车辆购置税单位价值大，一般是车辆价格的 10%。

车辆购置附加费和公路养路费凭证真伪的识别：一是以对比法进行认定，二是到征收机关查验。各个地区公安交通网站上均可根据车辆的车牌号及 VIN 或车主姓名查询车辆违规及税费、保险缴纳情况。

 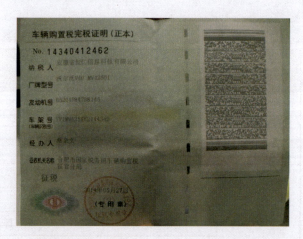

图 5-1-10 车辆购置税完税证明

（2）机动车辆保险

在评估工作中，还应关注被评估车辆的保险情况，购买强制险后，汽车风挡玻璃上须粘贴强制险标识。评估车辆价值时，强制险与商业险如果未到期，应折算一定的价值。

（3）车船使用税

《中华人民共和国车船使用税暂行条例》规定，凡在中华人民共和国境内拥有车船的单位和个人，都应该依照规定缴纳该税，这项税收按年征收，分期缴纳。车船使用税可以跟保险一起买，由保险公司代缴，也可直接到当地政府部门进行车船税缴纳工作。

三、签订委托书

二手车鉴定评估业务委托书（简称评估委托书或委托书）是鉴定评估机构与委托方对各自权力、责任和义务的约定，是一种经济合同性质的契约。一旦双方签署成立，则具有法律效应。二手车鉴定评估业务委托书须符合国家法律、法规以及资产评估作业的管理规定，如果对国有资产车辆进行评估，申请人必须提供国有资产管理部门批复的相关文件，鉴定评估人员核实后，才能签署委托书。目前评估委托书没有统一的样式，但包含的内容大致相同，委托车辆评估基本信息表如表 5-1-1 所示。

二手车评估委托书

委托书编号：
机动车鉴定评估机构：
　因□　交易□　转籍□　拍卖□　置换□　抵押□　担保□　咨询□　司法裁决需要，特委托你单位对车辆（号牌号码、车辆类型、发动机号、车架号）进行技术状况鉴定并出具评估报告书。

表 5-1-1　委托车辆评估基本信息表

车主		身份证号码/法人代码		联系电话	
	住址			邮政编码	
	经办人			联系电话	
	住址		身份证号码	邮政编码	
车辆情况	厂牌型号			使用用途	
	载重量/座位/排量			燃料种类	
	初次登记日期	年　月　日		车身颜色	
	已使用年限	年　个月		累计行驶里程（万公里）	
	大修次数	发动机（次）		整车（次）	
	维修情况				
	事故情况				
价值反映	购置日期	年　月　日		原始价（元）	
	车主报价				
备注：					

填表说明：

①若被评估车辆使用用途曾经为营运车辆，需在备注栏中予以说明；

②委托方必须对车辆信息的真实性负责，不得隐瞒任何情节，凡由此引起的法律责任及赔偿责任由委托方负责；

③本委托书一式二份，委托方、受托方各一份。

委托方：（签字、盖章）　　　　　　　　　　　经办人：（签字、盖章）

　　　　　　　　　　　　　　　　　　　　　　（二手车鉴定评估机构盖章）

年　月　日　　　　　　　　　　　　　　　　　年　月　日

四、拟定评估计划

1. 拟定评估计划的目的

二手车鉴定评估机构要根据评估项目的规模大小、复杂程序、评估目的作出评估计划。二手车鉴定评估人员执行评估业务时，应该按照鉴定评估机构编制的评估计划，以便对工作作出合理安排，保证在预计时间内完成评估项目。

2. 二手车鉴定评估人员应当重点考虑的因素

①被评估车辆基本情况和评估目的；

②评估风险、评估业务的规模和复杂程度；

③相关法律、法规及宏观经济近期发展变化对评估对象的影响；
④被评估车辆的结构、类别、数量、分布；
⑤与评估有关的资料的齐备情况及变现的难易程度；
⑥评估小组成员的业务能力、评估经验及其优化组合；
⑦对专家及其他评估人员的合理使用。

五、技术鉴定

1. 技术鉴定要达到的基本目的

①为车辆的价值估算提供科学的评估证据；
②为客户提供车辆技术状况的质量公证；
③为车辆发生的经济行为提供法律依据。

2. 技术鉴定要达到的基本事项

①识别伪造、拼装、组装、盗抢、走私车辆；
②鉴别手续牌证的真伪；
③鉴别由事故造成的严重损伤；
④鉴别由自然灾害（水淹、火烧）造成的严重损伤；
⑤鉴别车辆内部和外部技术状况。

3. 技术鉴定应检查的项目

①静态检查；
②动态检查；
③仪器检查。

六、做市场调查并搜集资料

做市场调查并搜集资料的目的是确定被评估车辆的现行市场价格。
进行市场询价时，应重点做好如下工作：
①确定被评估车辆的基本情况（车辆类型、厂牌型号、生产厂家、主要技术参数等）；
②确定询价参照对象及询价单位（询价单位名称、询价单位地址、询价方式、联系电话或传真号码、询价单位接待人员姓名等），并将询价参照对象情况与被评估车辆基本情况进行比较，在两者相一致的情况下，得到的市场价格才是可比的、可行的；
③确定询价结果。市场调查和询证的资料经过整理，就可以编制成车辆询价表，车辆询价表也是二手车鉴定评估主要的工作底稿之一。

七、价格评定估算

1. 确定估算方法

①二手车鉴定评估应熟知、理解并正确运用现行市价法、收益现值法、重置成本法、清算价格法以及这些评估方法的综合运用。

②对同一被评估车辆宜选用两种以上的评估方法进行评估。有条件选用现行市价法进行评估的，应以现行市价法为主要的评估方法。

③营运车辆的评估在评估资料可查并齐全的情况下，可选用收益现值法为其中的一种评估方法。

④二手车鉴定评估一般适宜采用现行市价法和重置成本法进行评估。

2. 评价评估结果

(1) 对不同评估方法估算出的结果，应进行比较分析

当这些结果差异较大时，应寻找并排除出现差异的原因。

(2) 对不同评估方法估算出的结果应做检查

①计算过程是否有误；
②基础数据是否准确；
③参数选择是否合理；
④是否符合评估原则；
⑤公式选用是否恰当；
⑥选用的评估方法是否适宜评估对象和评估目的。

(3) 求出一个综合结果

在确认所选用的评估方法估算出的结果无误之后，应根据具体情况计算求出一个综合结果。

(4) 取用或认定最终评估结果

在计算求出一个综合结果的基础上，应考虑一些不可量化的价格影响因素，对结果进行适当的调整，取用或认定该结果作为最终的评估结果。

(5) 当有调整时，应在评估报告中明确阐述理由

八、编写和提交二手车鉴定评估报告

1. 鉴定评估报告的编写

二手车鉴定评估报告（以下简称评估报告或报告书）是二手车客户顾问同客户沟通的基本文件。因此，二手车鉴定评估报告不仅包括二手车的车况和价格，还包含车辆的使用、保养状况、车辆的损伤维修建议，以及车辆的法定手续、交通违章、按揭抵押、保险等状况。同时评估报告也是4S店收进二手车财务结算的重要依据。作为法律依据的评估报告必须由

具有法定评估资格的机构按照国家标准的"二手车鉴定评估规范"的要求来出具。

(1) 评估报告的基本要求

1) 通俗易懂

评估报告不是学术论文，要普通车主都能看明白，因此要将专业化的评估报告用简洁通俗的表达方式呈现出来。

2) 表达准确

评估报告不可用中性的语言或让人产生不同理解的语言表达，例如：成新率80%，看似准确，实际上不同的人有不同的看法和不同的解释，如果出现在评估报告中，势必引起和客户的矛盾，造成交易失败。因此，评估报告必须表达准确，每一项结论任何人都只能产生一种解释。

3) 逻辑性强

评估报告要有严密的逻辑性，不能前后矛盾、彼此矛盾，每一项结论的获得，其条件必须具备确实。

4) 实事求是

评估报告不可用推理或假定的条件给出结论，要以事实说话，不可无事生非，比如为了压低收购价格而夸大损伤和维修成本等。

5) 全面无遗

评估报告要全面反映所评估车辆的技术、使用、身份、所有权和交易价格等状况，不可遗漏，否则就可能造成错误决策，给公司带来经济损失或者失去客户。

(2) 评估报告的主要内容

目前二手车鉴定评估报告没有统一的样式，但是撰写时，从格式上一般包含以下内容：

1) 封面、首部

二手车鉴定评估报告的封面须包括以下内容：二手车鉴定评估报告的名称、鉴定评估机构出具鉴定评估报告的编号、二手车鉴定评估机构全称和鉴定评估报告提交日期等。

首部包含标题和报告书的序号。报告书序号应符合公文的要求，包括评估机构特征字、公文种类特征字、年份、文件序号等。

2) 绪言

绪言写明该评估报告委托方的全称、受委托评估事项及评估工作的整体情况。

3) 委托方与车辆所有方简介

写明委托方、委托方联系人的名称、联系电话及住址、车主名称等信息。

4) 鉴定评估的目的

应写明本次鉴定评估是为了满足委托方的何种需要及其所对应的经济行为类型。

5) 鉴定评估对象

在评估报告中最重要的一部分内容就是评估标的的关键信息，如车辆VIN码、发动机号、车辆首次登记注册时间、使用性质（公车、私车、营运、非营运）、表征里程、车牌号码、发动机排量、变速箱形式、车身颜色、内饰颜色、年审检验合格有效日期、公路规费交至日期、车辆购置税起征码、车辆使用税缴纳有效期。

6) 鉴定评估基准日

写明车辆鉴定评估基准日的具体日期,样式为:鉴定评估基准日是××××年××月××日。

7)评估原则

严格遵循客观性、独立性、公正性、科学性原则。

8)评估依据

评估依据一般包括行为依据、法律依据、产权依据、评定及取价依据等。

9)评估方法及计算过程

需要简明说明评估过程中所选择和使用的评估方法;简要说明选择评估方法的依据;评估时若采用一种以上的评估方法,应适当说明原因;简要说明各种评估方法的计算步骤等。

10)评估过程

评估过程应反映二手车鉴定评估机构自接受评估委托书起至提交评估报告的工作过程,包括接受委托、验证、现场查勘、市场调查与征询、评定估算、提交报告等过程。

11)评估结论

给出被评估车辆的评估价格、金额(大、小写)。

12)特别事项说明

评估报告中陈述的特别注意事项是指在已确定评估结果的前提下,评估人员提示在评估过程中已发现可能影响评估结论,但非评估人员执业水平和能力所能评定估算的有关事项;提示评估报告使用者应注意特别事项对评估结论的影响;揭示鉴定评估人员认为需要说明的其他问题。

13)评估报告的法律效力

揭示评估报告的有效日期,特别提示评估基准日的期后事项对评估结论的影响。

14)鉴定评估报告的提出日期

写明评估报告应提交委托方的具体时间,评估报告原则上应在评估基准日后一周内提出。

15)附件

在评估报告后部必须附有评估中使用的工具表格,如二手车鉴定评估委托书、二手车鉴定评估作业表、车辆行驶证、车辆购置税、车辆登记证书复印件、二手车鉴定评估师资格证书复印件、鉴定评估机构营业执照复印件、鉴定评估机构资质复印件和二手车照片等。

16)尾部

写明出具评估报告的评估机构名称,并盖章;写明评估机构法定代表人姓名并签名;注册二手车鉴定评估师盖章并签名;高级注册二手车鉴定评估师审核签章及报告日期。

知识链接

被评估车辆拍照

车辆拍照是评估人员根据车牌号或评估登记,使用相机拍摄被评估车辆的照片,并存入系统存档。拍照时要根据不同车型灵活选择拍摄距离、拍摄角度、光照方向等拍摄要素。

1. 拍照准备

（1）清洗车身；

（2）清除前风挡玻璃及仪表盘上的杂物；

（3）清洁机动车号牌，要求无遮挡，号牌清晰；

（4）关闭各车门；

（5）转向盘回正，前轮处于直线行驶状态。

2. 二手车常见的拍摄位置

二手车拍照一般要拍摄前面、侧面和后面三个方向的整体外观照，发动机舱、驾驶室、后备箱等局部位置照（见图5-1-11）。

（a）标准图

（b）侧面照

（c）后部照

（d）局部图

图5-1-11 评估车辆拍照

（3）编写二手车鉴定评估报告的步骤

可分为如下两个步骤：

①在完成二手车鉴定评估数据分析和讨论的基础上，对有关部分的数据进行调整。由具体参加评估的二手车鉴定评估人员草拟出二手车鉴定评估报告。

②对鉴定评估的基本情况和评估报告初稿的初步结论与委托方交换意见，听取委托方的反馈意见后，在坚持独立、客观、公正的前提下，认真分析委托方提出的问题和建议，考虑是否应该修改评估报告，对评估报告中存在的疏忽、遗漏和错误之处进行修正，待修改完毕后即可撰写出正式的二手车鉴定评估报告。

（4）评估报告的范文

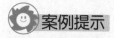案例提示

旧机动车评估中经常会遇到发生重大交通事故的车辆，要求评估人员能够鉴别事故的大小及其对车辆的技术状况和价值的影响，经常采用的方法是说明事故的大小，在正常重置成本法和市场比较法的基础上，确定折损率加以评估。本例采用重置成本法（综合调整系数），确定折损率来评估。

关于奥迪车价格评估报告

武汉××鉴定评估机构评报字（2018）第××号

一、序言

武汉××（鉴定评估机构）接受武汉××有限责任公司的委托，根据国家有关资产评估的规定，本着客观、独立、公正、科学的原则，按照公认的资产评估方法，对奥迪车辆进行了评估。本机构鉴定评估人员按照必要的程序，对委托鉴定评估车辆进行了实地查勘与市场调查，并对其在2018年8月31日所表现的市场价值作出了公允反映。现将车辆评估情况及鉴定评估结果报告如下：

二、委托方与车辆所有方简介

委托方：武汉××有限责任公司；委托方联系人：张某；联系电话：133××××8879；

根据机动车行驶证所示，委托车辆车主：张亮。

三、评估目的

根据委托方的要求，本项目评估目的是为武汉××有限责任公司拟转让的车辆提供价值参考依据。

四、评估对象

根据本次评估的经济行为和评估目的，评估对象为固定资产——车辆一台。

评估车辆的厂牌型号：奥迪A6 3.0；

车牌号码：鄂A×××179；

发动机号：A×××18180；

车辆识别代号/车架号：LFVBA24B573××××××；

初次登记日期：2018年8月；

年审检验合格至2021年8月；

购置附加税（费）证（齐全）；

车辆船使用税（已交）。

五、鉴定评估基准日

鉴定评估基准日2021年8月31日。

六、评估原则

严格遵循客观性、独立性、公正性、科学性原则。

七、评估依据

1. 行为依据

（1）机动车鉴定评估委托书（×××）1号。

（2）武汉万兴有限责任公司字〔2018〕1号《关于转让鄂A×××79奥迪车的请示的批复》

2. 法律、法规依据

（1）《国有资产评估管理办法》（国务院令第91号）；

（2）原国家国有资产管理局《关于印发〈国有资产评估管理办法施行细则〉的通知》

（3）原国家国有资产管理局《关于转发〈资产评估操作规范意见（试行）〉的通知》

（4）国家经贸委等部门《汽车报废报废标准》《关于调整汽车报废标准若干规定的通知》（国经贸资源〔2000〕1202号）。

（5）其他相关的法律、法规等。

3. 产权依据

（1）委托鉴定评估车辆的机动车登记证书编号；

（2）资产占有方账簿记录及提供的其他资料。

4. 评定及取价依据

（1）易车网；

（2）技术标准资料：《机动性车运行安全技术条件》（GB 7258—1997）；

（3）技术参数资料：《一汽—大众奥迪A6系列车型性能、装备一览表》；

（4）技术鉴定资料：

①评估鉴定人员现场勘查记录表；

②某修理厂提供的事故定损修理清单；

④某保险公司提供的事故理赔清单；

八、评估方法

本次评估采用重置成本法（综合调整系数），并考虑交通事故所造成的车辆损失对车辆市场价格的影响。价格评估鉴定和计算过程如下：

1. 价格评估鉴定

价格评估人员接受委托后，对评估标的奥迪A6 3.0现场勘查，并进行了试驾。经鉴定发现了以下问题：在举升架上勘查车辆底部，发现车身有明显的碰撞后的焊痕，打开后备箱也发现有焊痕，关门时也发现声音异常，判断有重大事故发生。路试过程中，车速达100公里/小时，车身感觉晃动，与其他奥迪车相比明显缺少安全舒适感。

为客观公正地评估该车，鉴定评估人员经市场调查，调阅了该车的各项维修记录，发现该车曾有两次重大事故：一次追尾，造成的损失约11万；另一次被追尾造成的损失接近8万；修理部门和保险公司提供了相关的清单。清单显示：2次碰撞，造成的修理换件项目大致有散热器1 923元、冷凝器3 144元、稳定杆1 104元、前保险杆3 300元、大灯壳体3 578元、左前翼子板7 500元、车门骨架焊接总成

2 504 元、安全气囊传感器 7 400 元、防盗器传感器 726 元……修理项目达 200 多项；总计损失约 19 万元（详见修理定损清单）。

2. 评估计算过程

本次评估采用重置成本法，2021 年 8 月奥迪 A6 3.0 技术领先型市场售价为 428 000 元。

其基本配置有变速箱型式：无级/手动一体式；发动机型式：55TFSI 型 6 缸/直喷发动机/双顶置凸轮轴/可变相位/可变长度进气歧管。整车装备：带记忆电动外后视镜、带记忆前电动座椅、APS 前后驻车报警装置、定速巡航装置、自动防眩晕内后视镜、动力转向随助力调节系统。在 2021 年 8 月评估基准日，该车型已不再生产，被新车型所替代。但仍然有库存车辆销售，其售价为 445 000 元。

$$重置价格 = 售价 + 上牌税费$$
$$= 445\,000 + (1 + 10\%)$$
$$= 483\,034（元）$$

计算成新率：已使用年限为 3 年，规定使用年限为 15 年；

$$综合分析成新率 = (1 - 已使用年限/规定使用年限) \times 100\% \times 综合调整系数 K$$
$$= (1 - 3/15) \times 0.75 \times 100\% = 60\%$$

其中：

K（调整系数）= 技术状况（0.7）×30% + 维修保养（0.7）×25% + 国产名牌（0.9）×20% + 公务生活消费（0.7）×15% + 工作条件（0.8）×10% = 0.75

确定事故折损率：由于事故车修复后，对车辆的技术状况有影响，因此需确定事故折损率。根据评估人员的经验确定，该车事故折损率为 26%。

$$评估值 = 重置成本 \times 综合成新率 \times (1 - 折损率)$$
$$= 483\,034 \times 60\% \times (1 - 26\%) = 214\,467（元）\approx 21.4（万元）$$

九、评估结论

车辆评估价格人民币￥214 000 元。金额大写：贰拾壹万肆仟元整。

十、特别事项说明

1. 评估机构或评估人员对于评估标的没有现实或潜在的利益。

2. 因事故造成的修理费用的定损清单，评估机构与买卖双方均已沟通，并获得双方认可。

十一、评估报告法律效力

1. 本项评估结论有效期为 90 天，自评估基准日至 2021 年 11 月 30 日止；

2. 当评估目的在有效期内实现时，本评估结果作为作价参考依据。超过 90 天，需重新评估。另外在评估有效期内若被评估车辆的市场价格或因交通事故等原因导致车辆的价格变化，对车辆评估结果产生明显影响时，委托方也需重新委托评估机构重新评估；

鉴定评估报告的使用权归委托方所有，其评估结论仅供委托方为本项评估目的使用和送交旧机动车鉴定评估主管机关审查使用，不适用于其他目的。因使用本报告书不当而产生的任何后果与签署报告的鉴定估价师无关；未经委托方许可，本鉴定评估机构承诺不将报告书的内容向他人提供或公开。

附件：

一、二手车鉴定评估委托书

二、二手车鉴定评估作业表（见表5-1-2）

三、车辆行驶证、购置附加税（费）证复印件

四、鉴定估价师职业资格证书复印件

五、鉴定评估机构营业执照复印件

六、修理定损清单

七、旧机动车照片（要求外观清晰，车辆牌照能够辨认）

注册旧机动车鉴定估价师　　　　　　　　　　　　　　　复核人

（签字、盖章）　　　　　　　　　　　　　　　　　　　（签字、盖章）

（旧机动车鉴定评估机构盖章）　　　　　　　　　　　　年　月　日

表5-1-2　二手车鉴定评估作业表

车主		张亮		所有权性质		公有	联系电话	13390908879
住址		武汉市武昌区南湖大道			经办人			
原始情况	厂牌型号		奥迪A6	号牌号码		鄂×××179	车辆类型	轿车
	车辆识别代号（VIN）			LFVBA24B573×××××			车身颜色	黑色
	发动机号		AT×××8180	车架号				
	座位/功率						燃料种类	汽油
	初次登记日期		2018年8月	车辆出厂日期		2007年3月5日		
	已使用年限		36个月	累计行驶里程		6万公里	用途	公务用车
核对证件	证件		原始发票√　机动车登记证书√　机动车行驶证√ 法人代码证或身份证√　其他					
	税费		购置附加税√　养路费　车船使用税√　其他					
现时技术状况	此车为在用车辆，年检正常，技术状况在维修后恢复良好，维修保养和工作条件一般；汽车舒适性不佳；随车工具齐全，车身一处划痕；经调查，曾出现两次事故。							
	维护保养情况		良好		现时状态		正常	
价值反映	账面原值/元		523 200		车主报价/元			
	重置成本/元	483 034	成新率/%	60	折扣率/%	26	评估价格/万元	21.4
鉴定评估目的：交易√　转籍　拍卖　置换　抵押　担保　咨询　司法裁决								
鉴定评估说明： 采用重置成本法计算评估值，采用综合分析法确定成新率。 　　　　　重置成本＝同种车型现行新车价格＋车辆购置税 　　　　　评估值＝重置成本×综合成新率×折扣率＝483 034×60%×(1-26%) 　　　　　　　　＝214 467（元）≈21.4（万元）								

旧机动车鉴定估价师（签名）　　　　　复核人（旧机动车高级鉴定估价师）（签名）

年　月　日　　　　　　　　　　　　　年　月　日

2. 提交二手车鉴定评估报告

二手车鉴定评估机构撰写出正式的二手车鉴定评估报告以后，经审核无误，按以下程序进行签名盖章：先由负责该项目的二手车鉴定评估人员签章，再送复核人审核签章，最后送评估机构负责人审定签章并加盖机构公章。

二手车鉴定评估报告签发盖章后即可连同作业表等送交委托方。

九、归档

此书不详述。

任务2 二手车收购业务

谨慎收购　苦寻"价值车"

现在很多二手车经营者对新车频繁降价和新车型大量出现感到头疼，这两种情况直接和间接造成二手车价格迅速下降，想要收到价格稳定、行情容易把握、还能有一定利润的车越来越难。为了最大限度地减少新车降价带来的损失，二手车经营者想尽办法，时刻关心新车价格和一切与新车型上市有关的信息。面对降价带来的损失，不少二手车经营者更倾向于选择"价值车"。那么，哪些因素导致收购商收车难？此处的"价值车"是什么样的二手车？

一、二手车收购流程

二手车收购对二手车经营企业而言至关重要，只有收购车辆后，才能进行销售，进而产生利润。收购的二手车如果不能获得较好的利润，就会导致收购商亏损。以上海通用为例，为了协助代理商收到车、收好车，上海通用制定了严格而又细致的二手车收购流程，见图5-2-1。

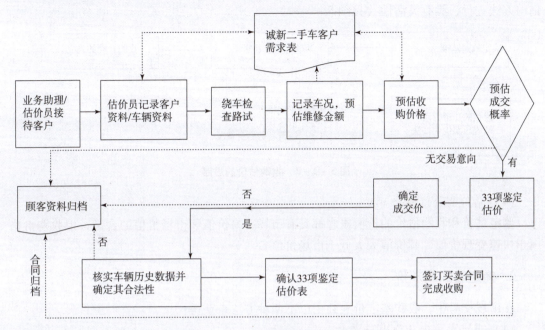

图 5-2-1　上海通用二手车收购流程

二、二手车的收购定价

1. 二手车收购定价与二手车鉴定评估的区别

建立在经营基础上的二手车收购行为，区别于单纯的车辆评估，在营利的前提下，不同的人提出的收购定价是不同的，估价太低，卖车方不愿意，收购不成功；估价太高，没有利润，甚至导致亏损。因此，能够准确地、具有市场竞争力地收购定价尤为重要。因此，在二手车市场的实际交易中，二手车的收购定价和鉴定估价是不一样的。

（1）估价的主体不同

鉴定估价的主体是独立的鉴定评估师，在技术鉴定的基础上必须公正地反映车辆的实际价值，其结果不可随意改动；收购估价的主体则是车市（经销公司）的车辆收购人员（评估师），他以买家的身份与卖方进行价格的商议和洽谈，根据供求价格的规律可以讨价还价。需要注意的是，除了公估公司、律师事务所等第三方评估机构外，评估师大多被二手车经销商聘用，因此在实际的交易过程中，评估师也承担着谈判收购的职责，因此，这里所指的评估师不仅仅是对车辆进行鉴定评估，而且要代表经营者进行收购义务，也承担着收购人员的角色。

（2）估价的目的不同

二手车鉴定估价是受人委托，在将要发生的经济行为中给评估对象提供价值依据，是以服务为目的的，而收购估价则是以营利为目的的。

（3）估价思路和方法不同

二手车鉴定估价要求遵守国家颁布的有关评估法规，按特定的目的选择适宜的评估标准和方法，具有约束性。收购估价接受国家有关评估法规指导，根据估价的目的，参照评估的方法进行，具有灵活性（见图 5-2-2）。

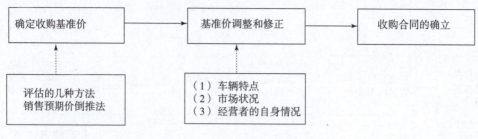

图 5-2-2 收购估价的思路

(4) 估价的价值概念不同

鉴定估价和收购估价的价值概念都具有市场交易价值和市场价值的含义，但收购价格属于快速变现价值，其价值大大低于市场价值。

2. 确定收购基准价

在市场交易中，收购基准价大致由以下两种方法来获得：

(1) 根据车辆评估价进行确定

一般情况下，可利用现行市价、重置成本法的思路和方法确定收购价格。例如，一辆重置成本为 10 万元的二手车，根据使用年限、技术状况，估定成新率为 80%，评估价为 8 万元，则该车的收购基准价可以定为 8 万元。或者，市场上同类型相似车辆收购价为 8 万元左右，经过类比分析，则可确定收购基准价为 8 万元。

(2) 销售预期价倒推法

这是以销售预期价为基础的计算方法。它的思路是以营利为目的的评估师根据对评估车辆未来可能成交的价格进行判断，扣除纯利润期望值及经营成本，即得到收购价位。公式可表示为：

$$收购基准价 = 销售预期值 - 纯利润期望值 - 经营成本 \quad （式5-2-1）$$

$$运营成本 = 车辆维修整备成本 + 车辆单天库存成本 \times 计划销售天数 + 其他运营费用$$

$$（式5-2-2）$$

二手车的收购价格就等于二手车的市场售价减去二手车售前整备和营销的各项成本以及企业毛利和税赋之和。计算得出的价格只能作为二手车收购的最高参考价，实际的收购价格是由二手车的供求关系决定的，要通过市场调研或长期的市场交易积累得出具体的市场行情，收购的最高参考价和市场行情价之间的差价，就是和客户进行价格谈判的弹性地带。

下面分析二手车售前成本：

1）二手车整备成本

为了提高二手车的销售价格，二手车经销商在车辆销售之前会对汽车进行"打造"，包括车身内饰的清洁、故障检修。通过对车辆技术进行检测，参照本品牌规定的《车辆损伤鉴定标准》，评估师给出车辆维修建议书，对需要维修的项目同车主一一确认，最终确定维修的具体项目，从而确定如果收购该车辆要达到再销售的标准需要维修的成本。根据车辆检测结果，销售顾问和评估检测技师要共同确定该车辆的维修整备项目，包括清洁、美容、损伤修理、缺陷修理、文件手续补办、违章处理等,需要注意的是,在此期间对该车辆的移动也将产生费用,如对外委托修理时移动车辆的油费、路桥费等,也都必须考虑在内。表 5-2-1 是某企业二手车的维修整备计划书。

表 5-2-1 维修整备计划书

客户名称:		库存编号:			整备性质:评估□ 实际成本□		
收购日期:		送修日期:					
交车时间:		整备时间:					
号牌号码:		品牌车型:			收购里程:	公里	
车辆识别代码:		颜色:			交车里程:	公里	
发动机号:		附件留存:是□ 否□			负责人:		
序号	整备项目名称	性质	配件费	工时费	实际工时费	合计	维修技师
1							
2							
3							
车辆增值项							
1							
2							

2)库存成本

评估师根据销售顾问给出的该车辆最大销售周期的建议,确定该车辆的最大库存时间,根据本店单位车辆的库存成本,就可以给出车辆的最大库存成本。这里需要指出的是,压缩库存时间就可以降低库存成本,因此这一成本具有较强弹性,是可以给客户价格浮动的范围。

二手车的单车库存成本和企业的经营规模和经营水平相关,它反映的是企业的总体经营水平,不是针对每一辆车的一个指标,实际上企业在年初做全年的经营规划时就基本确定了一辆二手车每一天的库存成本。评估师根据企业的经营规划计算出车辆的库存成本,这个数值在企业经营规划不变的情况下基本就是一个常数。单车库存成本计算见表 5-2-2。

表 5-2-2 单车库存成本计算

项目	数据
年度销售目标	
平均二手车库存	
平均收购价格	
利率	
折旧	
1. 计算的跌值	

续表

项目	数据
平均收购价格	
折旧	
2. 冻结资金的利息成本	
平均收购价格	
利率	
3. 工资	

职位	人数	个人薪资	总计
二手车总监			
销售人员固定工资			
整备技师			
评估师			
翻新技师			
社保费用			
总计			

项目	数据
4. 营销成本	
5. 场地租金（室内、室外）	
6. 二手车部门运营成本（水电、宽带、传真等）	
7. 其他费用	
月度库存成本总计（每辆车）	
库存成本（车/日）	

3）其他成本费用

车辆在销售之前，需要查验车辆的养路费、车船使用税是否完备，如果拖欠，在销售之前必须补缴，因此也构成二手车成本的一部分；车辆的交通违章状况，如果有交通违章罚款，在销售之前必须补缴，同样也增加了二手车的运营成本。

综上所述，企业可以根据车辆的现行市价与成本付出估算收购基准值，再考虑车辆特点及在市场的未来销售行情预测进行调整。在实际工作中，可以用单车收购价预算表（见表5-2-3）完成。

表5-2-3 单车收购价预算表

项目	输入
1. 当地市场价格/含税的销售报价	
2. 其中销售税金	
3. 当地市场价格	

续表

项目	输入
4. 维修保养成本	
5. 翻新成本	
6. 质保成本	
7. 与销售有关的费用（佣金、广告等）	
8. 每日库存成本	
9. 预计库存天数	
10. 销售贡献率	
11. 成本总计	
12. 计划的收购报价	
13. 销售税金	
14. 最低销售价格	

三、二手车收购方法

二手车的收购来源就是经营者生存之源。拓展二手车收购的来源以后，有效提高成交率，才能真正实现有效收购，因此，在二手车收购业务中，如何拓展业务来源以及如何提高成交率是两个最为重要的环节。

1. 收购车源

二手车的车源主要有以下几个渠道：

（1）店面收购

在合适的区位设置店面非常重要，选址对了，经营也就成功了一半。一般二手车经营者会选择在二手车交易较为集中的区域（集散地）或者是在车辆管理所附近设置店面，俗话说："店多成市。"这些地方有自然的集客能力，不用做广告，车主们都会来到这里咨询或出售车辆，只是竞争会比较激烈，收购的车辆价格普遍偏高。

（2）合作渠道收购车辆

可通过与汽车4S店和维修厂的合作获取二手车来源，前者主要通过以旧换新业务获取二手车车源，后者则是在与车主频繁接触中获得车辆准备出售的信息，同时，挖掘历史成交客户资源也是许多二手车商业务员长期的工作，将历史成交的老客户定期逐一联络一遍，既可关心客户用车情况，解决疑难问题，提高服务形象，也可提醒车主换车或推荐客户。在合作渠道中，还可考虑相关企业，如轮胎店、保险公司等，这些企业在给客户做服务时，也会得到一些信息，二手车经营者也可以从这些相关企业的服务人员处获得二手车车主信息。

（3）通过网络报纸广告收购车辆

这种方式成本较高，报纸广告有"分类广告"栏目提供宣传，但是，只有争取到较好的版面，效果才会好，否则没有意义。另外就是网络渠道，现在有许多的专业二手车网站提供二手车信息。一些新车网站也设立了二手车栏目，收集和发布二手车信息，这些网站通过收集和发布二手车信息给二手车商提供车源渠道。

(4) 二手车网站资源

通过二手车拍卖平台竞价收车，例如通过车易拍、天天拍车（见图5-2-3）等网站收购车辆，也可在51汽车、二手车之家之类的二手车平台上找卖车用户。

图5-2-3 天天拍车网站界面

2. 提高成交率的方法

(1) 规范操作，增加诚信度

行业诚信度不高、从业人员普遍素质不高是由二手车行业发展历史造成的，带来的直接结果就是车主们在卖车时总是带着怀疑的心态，导致成交困难。专业的服务形象、规范的操作流程、合适的商业礼仪有助于消除客户疑虑，从而促进顺利成交。

(2) 把握客户心态，有效解决客户疑虑

许多客户卖车时并不一定只关注价格，也会关注车辆交接以后的安全问题、车款的支付问题以及卖车手续的复杂程度等，因此，把握客户心态，采取合适的方案，有效解决客户疑虑有助于提高成交率。

(3) 娴熟的鉴定手法

任何一个车主都不会相信一个连发动机盖都不知如何打开的评估师报出的价格。报价时的模棱两可会给车主"价格还有很大的商量余地"的错觉，给人很不诚信的感觉。

(4) 准确报价

要做到准确报价，就必须非常熟悉每一款车的市场状况。这一点要求单个评估师做到很难；但是，可以采取两人同行的方式，即两个评估师一同参与接待，一个评估师在鉴定车辆时，另一个评估师可以同步进行有针对性的价格咨询，以获得相对该车型准确的市场信息，然后提供给鉴定车辆的评估师参考。同时，两人同行也可以最大限度地解决车况误判以及私人炒单等经营风险。

(5) 把握客户成交阶段，谨慎报价

客户处于咨询了解阶段与真实想卖车阶段的心态是不一样的，客户不了解二手车行情与基本了解行情确认要成交时价格的要求也是不一样的。把握客户成交阶段，谨慎报价的技巧也很重要。

项目 5 二手车工作实务

任务3 二手车的营销实务

二手车的销售流程基本借鉴了新车的销售流程，在形式上几乎与新车相同，但由于二手车市场本身及国家政策不够完善，二手车的质量和售后服务难以得到保障，所以，在流程的操作细节上又有极大的不同。请思考二手车销售流程和新车销售流程会有哪些方面的不同？

⚙ 一、二手车的销售

1. 二手车的销售流程

二手车的销售流程如图 5-3-1 所示。

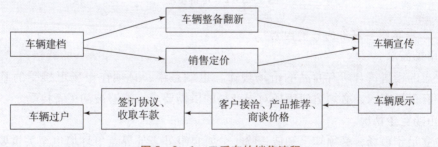

图 5-3-1 二手车的销售流程

(1) 车辆建档

当车辆收购回来后，需要建立管理档案，以便于对车辆进行有效管理及为日后分析提供准确资料。档案的主要内容包括车辆的基本信息、车辆存放位置、车辆销售报价、车辆费用、销售底价、成交价格、新旧车主基本资料等。

(2) 车辆整备翻新

车辆整备翻新这部分内容在本项目任务 2 中已做过介绍。

(3) 销售定价

根据当前的二手车销售行规，为车辆制定价格。

171

(4) 车辆宣传

即车辆的宣传活动,目前在很多的大型汽车交易网上均可看到被展示的二手车辆。

(5) 车辆展示

车辆在一切准备工作完成之后,进入现场展示环节,根据车辆特点确定场地及位置。

(6) 客户接洽、产品推荐、商谈价格

销售顾问进行现场推销的过程,包括客户接洽、产品推荐和商谈价格等。

(7) 签订协议、收取车款

双方一旦对成交价格达成一致,就进入签订协议阶段。为了保障双方的权益,许多地方已经采用了政府提供的法律文件。

(8) 车辆过户

车辆过户是车辆产权进行变更的过程,在办理完过户以后,进行车辆交接,至此,二手车的销售结束。

2. 二手车的销售定价

车辆的销售价格是二手车市场行情价格的具体反映,如果销售定价偏离了市场行情价格,就会造成车辆的滞销或企业利润的减少,甚至亏损。因此,掌握市场行情价格,准确确定每辆车的销售价格是每一个二手车销售人员最重要的工作。

为了使定价工作能够有效、顺利地进行,保证定价工作的规范化。一般按以下5个步骤进行,如图5-3-2所示。

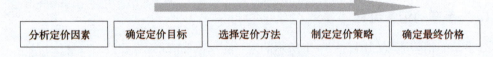

图5-3-2 定价步骤

(1) 二手车销售定价的影响因素

1) 市场需求

二手车的销售符合所有商品的市场规律,也就是说,必须在市场可接受的基础上进行,必须有市场需求,必须适应市场对该产品的供需要求,能够被购买者接受。

2) 市场竞争情况

企业立足于市场,必须知己知彼,除了分析自身外,外界竞争环境也至关重要。产品在市场直接竞争的车型有哪些,如相对应的新车车型、同类二手车车型、可替代的同类车车型;销售定价要考虑本地区同行业竞争对手的价格状况,根据自己的市场地位和条件,确定价格计划,如选择与竞争对手相同的价格,还是低于竞争对手的价格。这些情况,企业必须清楚。

3) 销售的目标客户群体

清楚销售的目标客户群体主要是在定价时确定其价格敏感程度,从而更准确地制定销售策略,如价格策略、品牌策略、品质策略、服务策略等。

4) 销售区域限制

限迁是指一些地方对于外地一些排放标准低、年限久的车辆,制定措施,不允许迁入,避免这些车辆大量流入本地市场,随着2018年全国取消限迁的政策,目前,大部分城市可以实现流通,但部分城市实行环保限行政策,不符合环保要求的车辆无法流入二手车市场。

5)成本因素

确定销售价格除了考虑以上市场因素外,还需要考虑成本和销售周期,这是实现企业盈利必须考虑的因素。二手车的销售价格如果无法补偿成本,企业的经营活动就难以维持。

(2) 二手车销售定价的方法

1) 市场行情价格调研

准确掌握市场行情是二手车业务取得成功的首要一步。调研二手车市场行情有以下几个渠道和方法:

①当年新车价格调研,可以从各4S店直接获得;
②第三方市场数据服务商提供的二手车市场行情价格;
③互联网上的二手车销售价格(见图5-3-3);

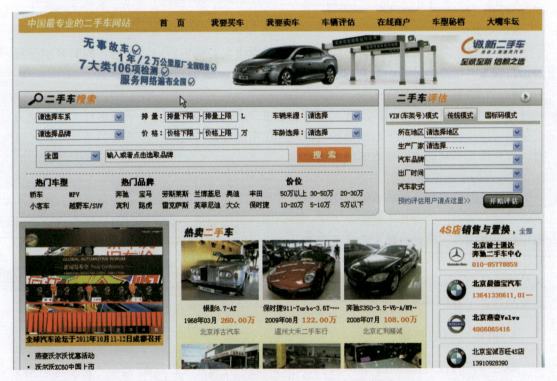

图5-3-3 二手车网站上的二手车销售价格

④二手车有形市场直接抽样询问调研;
⑤合作伙伴提供的报价。

2) 对通过以上渠道得来的市场行情价格信息进行综合分析,得出指导本店二手车经营的市场价格行情

需要指出的是,必须把这种市场调研常态化,时时关注各种信息渠道提供的信息的变化,及时调整自己的市场价格行情。将市场行情价格在本店公开,让每一个相关的管理人员和业务人员都及时了解。

（3）二手车销售的定价步骤和策略

根据调研的信息，销售人员必须制定每类车的销售策略，如明确目标客户人群、销售区域、商誉保证等策略，根据这些策略制定出车辆采购需求计划；评估师和采购人员根据销售人员的车辆采购需求计划，进行有针对性的采购，开发资源客户，确定每一辆采购进来的车辆的采购价格；销售人员根据每一辆车的采购价格、市场行情价格、销售策略、企业毛利水平给每一辆要销售的二手车制定销售价格。

根据汽车产品所处的市场生命周期不同，新车定价策略有阶段定价法、心理定价法、折扣定价法等，这些定价策略对于旧车同样适用。除此之外，还有以下几种：

1）低价策略

追求市场占有率和企业规模，将价格作为营销的主要手段，牺牲企业自己的利润以实现销量规模。

2）商誉策略

企业树立自身在二手车领域内的服务品牌，对所售二手车提供质量担保，以优质高价为经营的手段。

3）批发为主

企业自己不零售，以批发转售为主，企业参照市场行情价制定零售价，同时要制定批售价格和 VIP 价格，体现给客户的优惠。

4）价值链拓展

企业提供车辆全价值链的服务，利润点很多，多元化经营，竞争手段多样，议价能力很强，这样价格的制定除了参照市场行情制定出市场零售价之外，更重要的是确定产品组合，客户购买不同的组合享有不同的优惠。

5）市场反馈策略

市场反馈策略是根据已有的成交价调整下一辆车的价格的策略。一般情况下，如果车辆定价以后的两三天内马上就卖出去了，说明定价可能偏低，倘若长时间后仍未成交，说明定价可能偏高，因此，确定合适的销售周期作为定价参考是非常有必要的。一般来说，5 万以内的常见车型 1 周左右为合理的销售周期，10 万元左右的常见车型，2 周左右为合理的销售周期，20 万元以上的则要 3 周。如果某品牌二手车接近正常的销售周期，那么该品牌的销售定价趋于合理。

3. 销售合同的签署

通过前期的营销和谈判，如果买主已有购买意向，可与卖方签署《二手车买卖合同》，目前国家工商行政管理总局公布的《二手车买卖合同》（示范文本）共有八项条款，涵盖车辆基本情况、价款、过户手续费支付时间和方式、风险承担、双方权利义务、违约责任、争议解决方式等诸多方面的内容。示范文本规定，卖方应向买方提供车辆的使用、修理、事故、检验以及是否办理抵押登记、缴纳税费、报废期等真实情况和信息，如出现不符，所有损失将由卖方赔偿。根据《二手车买卖合同》的有关规定，进行二手车交易应当签订合同，合同示范文本由工商行政管理部门制定。为了进一步规范二手车市场经营秩序，保护二手车交易双方的合法权益，营造公平竞争、诚信守法的市场环境，国家工商行政管理总局制定了《二手车买卖合同》（示范文本见附录二）。

项目 5　二手车工作实务

知识链接

部分二手车交易协议以转让的名义进行，二手车交易流程内容极其简单和笼统。例如，只写明"我车主×××于某年某月某日将汽车（车牌号）转让给××，转让价格为×万元"。有些转让文本甚至是手写文本。由于缺乏规范的二手车交易协议，二手车购车过程中纠纷屡见不鲜。买方若要求退车，但由于购车时没有签订二手车买卖合同，买方的要求易遭到卖方的拒绝。

针对买二手车的市民担心所买车辆是"黑车"的问题，《二手车买卖合同》（示范文本）明确规定，车辆要附带八份文件凭证：机动车登记证书、机动车行驶证、有效的机动车安全技术检验合格标志、车辆购置税完税证明、车船使用税缴付凭证、车辆养路费缴付凭证、车辆保险单、购车发票。如果卖主提供假信息，买方有权要求其赔偿损失。

二、二手车的置换

二手车置换是消费者用二手车的评估价值加上另行支付的车款从品牌经销商处购买新车的业务。由于参加置换的厂商拥有良好的信誉和优质的服务，其品牌经销商也能够给参与置换业务的消费者带来信任感和更加透明、安全、便利的服务，所以现在越来越多想换新车的消费者希望尝试这一新兴的业务。

汽车置换包括旧车出售和新车购买两个环节。不同的汽车置换经销商对汽车置换流程的规定不完全一样。图 5-3-4 为一汽丰田的二手车置换流程。

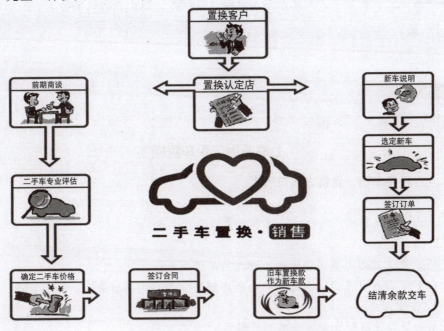

图 5-3-4　一汽丰田的二手车置换流程

175

(1) 旧车出手

顾客先在二手车置换经销商的网站进行置换登记或直接进店咨询。商谈后，由4S店专业评估人员对客户的二手车进行评估，确定评估价格，待双方确定旧车出售价格后，签订买卖合同。

(2) 新车购置

二手车置换经销商的新车销售顾问陪同顾客选订新车，签订二手车购销协议以及置换协议，置换二手车的钱款直接抵充新车的车款，顾客补足新车差价后，办理提车手续，或由二手车置换经销商的销售顾问协助在指定的经销商处提取所定新车，二手车置换经销商提供一条龙服务。顾客如需贷款购车，置换二手车的钱款可以作为新车的首付款，二手车置换经销商为顾客办理购车贷款手续，提供因汽车消费信贷所产生的资信管理服务，并建立个人资信数据库。

如何引导客户进行车辆置换？

(1) 首先寻找话题，引起兴趣。比如："您知道最新用车的习惯吗？很多人一部车不再用好多年了，而是两三年就换新车啦，知道为什么吗？"

(2) 当客户好奇时，就开始导入理念。"汽车在使用两到三年后，车辆基本都过了质保期，汽车的发动机皮带、轮胎、刹车盘等都需要更换，这需要一大笔费用，另外就是油耗也会增加，继续使用，成本会加大，因此很多人有了换车的念头，从经济上来讲，这个时候换车是比较划算的。"

(3) 利用客户喜新厌旧的心理。"现代人消费的观念已经和以前完全不同了，新车型不断推出，人的审美观也在不断改变，开过两三年的车，车型已经过时了，不符合当下流行的时尚，因此很多人也会选择换车，跟上流行的脚步。"

上海通用二手车置换

一、可换车辆、置换方法与形式

1. 可换车辆

上海通用汽车生产的别克品牌和雪佛兰品牌车辆。

2. 置换方法

(1) 上海通用品牌车辆置换上海通用品牌新车；

(2) 其他品牌车辆（包括进口品牌车辆）置换通用品牌新车。

3. 置换形式

分为置换优惠和非置换优惠两种形式。

二、置换优惠的对象及置换的申请文件

1. 私车置换

私车置换：旧车车主与置换后新车车主必须是同一个人或是直系亲属（即包括父子、母子、父女、母女、夫妻、爷孙/孙女等法律规定的直系关系）；如果旁系亲属（亲兄弟、亲姐妹）为置换双方的，要提供户口簿或当地派出所（警署）出示的证明原件。

申请文件：

（1）车辆置换表（见表5-3-1）；

表5-3-1 上海通用二手车车辆置换表

	卖出旧车相关信息	购进新车相关信息
客户名/公司名：		
联系地址：		
邮政编码：		
联系电话：		
客户身份证/公司/代码		
车辆品牌		
车辆型号/配置号：		
车辆牌照：		
VIN：		
发动机编码：		
发动机排量：		
变速器：	手动/自动	手动/自动
行驶里程：		
颜色：		
车辆出厂年月：		
初次购买日期：		
新车销售发票号码/旧车过户发票号码		
新车销售价格/旧车收购价格：		
付款方式：	旧车款折价后，余款全部用现钞支付	
	旧车款作为首付，其余分期付款支付	
	其他支付方式	
旧车买主签名/日期		新买车主签名/日期：

续表

备注:
置换申请:
经销商代码:
经销商二手车经理签字: 申请日期:

（2）33项鉴定估价表（见表5-3-2）；

表5-3-2 上海通用二手车33项鉴定估价表

客户名:	电话:		日期:		VIN码:	发动机号:
车型:	出厂年月:		排量: L		颜色:	变速器: 手/自
里程: km	鉴定结果及预估维修费用:					
车身外部油漆和钣金件的检查	前发动机盖/水箱护罩、前围板		车厢内部及静态检查		安全带、安全气囊、驻车系统	
	前后四翼子板				空调冷暖工作系统/温度效果	
	前后四车门				油箱、行李箱、前盖锁止机构	
	前后保险杠				点火起动状况及风窗刮水器	
	后围板、后盖箱				离合器、制动、油门漆板	
	车顶、顶边、ABC柱		发动机盖下侧检查		前圈/前纵梁及翼子板内侧	
	前后全车灯罩				发动机怠速运转状况、点火正时	
	全车风挡玻璃				变速器状况、离合器换挡、油面	
	全车门密封条及装饰条				方向机助力系统、液压管路	
	发动机、车架号码、铭牌、标牌				冷却及空调管路系统	
车厢内部及静态检查	车内饰顶、内饰板、遮阳板、储物箱				点火系统、蓄电池、熔断器	
	四座椅及其功能				四轮制动性能及制动系统	
	仪表装置及指示灯、车内外照明				避震系统、驱动半轴、横拉杆	

续表

客户名：	电话：		日期：		VIN 码：	发动机号：
车型：	出厂年月：		排量：　　L		颜色：	变速器：手/自
车厢内部及静态检查	全车门锁、拉手及儿童锁止装置		其他检查		四轮胎、钢圈、轮罩帽	
	收音机及音响扬声器系统				底盘大梁、消声器、三元催化器	
	电动车窗及天窗装置				后盖箱、备胎、随车工具	
加装配置检查：						
路试检查：起动—离合器分离能力—加速—手/自动换挡质量—转向—制动—怠速—驻车制动—扬声器—速度表—空调暖气—轮胎振动—发动机运转温度。						
新车市场价：		车辆年限折旧：		里程折旧：		车况折旧：
价格波动：		其他因素：		当地牌照费用：		
评估价格：				车辆出售者签名：		
备注：						

(3) 置换车主的身份证或户口簿；

(4) 如直系亲属或亲兄弟、亲姐妹间置换，提供相应法律证明文件；

(5) 置换新车购车发票或置换新车登记证原件、原机动车登记证或行驶证；

(6) 旧机动车过户证明。

2. 公车置换

旧车车主与置换后新车车主必须是同一单位。（子公司和母公司、分公司和总公司，法律上具有不相同的法定代表人，不能享有上海通用汽车的置换优惠政策）

申请文件：

(1) 车辆置换表；

(2) 33 项鉴定估价表；

(3) 置换车辆的公司的营业执照或组织机构代码证；

(4) 如置换车辆公司已更名，应提供官方的合法证明文件；

(5) 置换新车购车发票或置换新车登记证；

(6) 原机动车登记证或行驶证；

(7) 旧机动车过户证明。

3. 私人和单位

若置换双方为私人和单位（国营或民营），则私人必须是该公司（国营或民营）的法定代表人，才能享有上海通用汽车的置换优惠政策。

申请文件：

(1) 车辆置换表；

(2) 33 项鉴定估价表；

（3）置换一方的营业执照或组织机构代码证；
（4）置换一方的身份证或户口簿；
（5）置换新车购车发票或新车登记证；
（6）原机动车登记证或行驶证；
（7）旧机动车过户证明。

三、标准流程及说明

（1）客户提出置换需求；
（2）客户旧车评估及收购；
（3）二手车部协助置换客户完成新车购买，客户如果符合上海通用置换优惠的条件，业务助理为客户向上海通用提出申请，并提供准确的最终用户联系电话和邮寄地址。上海通用将审批结果通知经销商。

三、二手车的拍卖

1. 二手车拍卖的概念

车辆拍卖是最常见的交易方式，这种交易方式公开、透明、程序规范，是一种理想的二手车交易方式。二手车拍卖是指二手车拍卖企业以公开竞价的形式将客户委托的二手车转让给最高应价者的经营活动。较其他的交易形式，二手车拍卖具有成交快、交易成本低、节省人力、成交价接近市场真实价格等特点。

知识链接

受汽车产销区域消费差异的影响，国内二手车市场存在严重的供需不均情况。有关数据显示：一、二线城市汽车保有量趋于饱和，亟待外销；而三、四线城市的汽车购买力提升，车源供不应求。2018年年初，商务部再次在全国范围内加大力度推进全面取消二手车限迁政策，这大大方便了跨区域交易。

跨区域交易除了更好地匹配供需双方外，还可以加速二手车流通。拍卖模式在一定程度上起着桥梁作用，可以连接分散在全国的个人车主和零散经营的全国经销商，车商在平台获取车源，数量充足、选择丰富、服务方便。对于个人用户而言，面向全国专业买家的拍卖可以享受到跨区域溢价，多卖20%以上，而对于二手车经销商而言，也同样可以赚取跨区域利润，跨区域交易除去物流等成本外，二手车利润率有可能增加到8%至10%。

以"天天拍车"二手车拍卖平台为例，其二手车交易产业链布局已经徐徐展开。异地过户代办、全国物流支持，逐一消除二手车跨区域流通桎梏，帮助二手车经销商降低物流成本，加速交易效率，推动二手车在全国范围内的跨区域流通。

2. 二手车拍卖流程

(1) 接受委托

委托拍卖合同见附录三。

(2) 审查车辆来源的合法性

对委托拍卖车辆的行驶证、产权证、销售发票、企业代码或身份证等有关证件资料进行真伪鉴别,并对这些证件一一登记,填写拍卖机动车登记表,以便进一步核实。

(3) 审查车辆的处置权

在接受委托拍卖前,必须对车辆的处置权进行审核。审查委托人是否对委托拍卖的机动车具有处理权。

审查车辆的手续、证照及缴纳的各种税费是否齐全,特别是进口车和罚没车要审查是否带有海关进口证明书、商检局检验证书、罚没证明、法院的有关裁决书及有关批文等。另外还要检查车辆的附加费、养路费、保险等是否齐全。落实要取得行驶权需要办理哪些手续、缴纳哪些税费以及税费数额。

(4) 对车辆进行静态和动态检查

对委托拍卖的车辆要进行详细的静态和动态检查,并对每项检查做好登记记录,填写拍卖车辆信息表(见表5-3-3),主管人要签字审核。

表5-3-3　拍卖车辆信息表

	拍卖企业名称					
	营业执照号码			地址		
	拍卖时间	年 月 日		拍卖地点		
车辆的基本信息	车牌号			品牌型号		车身颜色
	初次登记日期	年 月 日		行驶里程	公里	燃料
	发动机号			车架号		
	出厂日期	年 月		发动机排量		
	年检到日期	年 月		生产厂家		
	结构特点	□自动挡　□手动挡　□ABS　□其他				
	使用性质	□营运　□出租车　□非营运　□营转非　□出租营转非　□教练车　□其他				
	交通事故记录 次数/类别/程度					
	重大维修记录					
	其他提示					
	法定证明、凭证	□号牌　□行驶证　□登记证　□年检证明　□车辆购置税完税证明 □养路费缴付证明　□车船使用税完税证明　□保险单　□其他				

续表

车辆技术状况	检测日期		检测人	
质量保证				
声明	本车辆符合《二手车流通管理办法》有关规定，属合法车辆。			
				拍卖人（签章）：
备注	1. 本表由拍卖人填写。 2. 本表一式三份，一份用于车辆展示，其余作为拍卖成交确认书附件。			

（5）确定委托保留价（即拍卖底价）

车辆经过检查，确定符合拍卖条件后，由评估师、拍卖师、委托人三方根据当前市场行情确定拍卖价，但是底价不作为成交价。

（6）签订《机动车委托拍卖合同》

检查工作完成后，拍卖人如果决定接受委托人的拍卖委托，应与委托人签订《机动车委托拍卖合同》，一式两份，需要补充说明的应提前声明，一经确认，不得毁改。

（7）机动车拍卖公告的发布

在机动车拍卖日之前七日发布拍卖公告。拍卖公告的内容要求必须将所拍卖的机动车的车型、型号、号牌号码、初次登记时间、展示时间和地点、拍卖时间和地点、咨询电话、联系人等详细发布。

（8）车辆展示

拍卖人应在拍卖前展示拍卖车辆，并在车辆显著位置张贴拍卖车辆信息。车辆的展示时间不得少于2天。

（9）拍卖实施

在拍卖实施当天，竞买人经工作人员审查确认后，方可提前半小时进入会场。拍卖方法可根据车辆情况及竞买人到场情况，以有声增价拍卖的方式进行。但最后的成交不得低于委托人的保留价。拍卖成交后，以拍卖人的成交确认书作为交易市场开具交易发票的价格依据。

（10）收费

①拍卖成交后，收取委托方和买受方一定的佣金（收费标准按成交价的百分比确定）

并开具拍卖发票。

②拍卖车辆在整个拍卖活动中发生的相关费用由委托人和买受人双方分别承担（以成交确认作为界定，成交前由委托人承担、成交后由买受人承担）。

(11) 车辆移交

①机动车拍卖成交后，在买受人付清全部货款后，方可办理车辆移交手续。

②车辆移交时，应填写机动车拍卖车辆移交清单。

③车辆移交方式（含办理过户、转出、转入等相关手续）由委托人、买受人和拍卖人商议具体移交方式。

杭州4月8日元通二手车拍卖

车辆拍卖时间：2018年4月8日下午14：00。

车辆展示时间：2018年4月6日12：00—4月8日13：00。

车辆展示地点：东新路811号重机厂公交站（路西）。

车辆拍卖地点：元通汽车广场3楼拍卖厅（沈半路245号）。

拍卖联系电话：0571-8800000。

1. 买车流程

(1) 查看车辆清单，了解具体车型、价格是否符合自己需要；

(2) 到预展场地实地看车，了解车况。（可以叫懂车的朋友帮忙，也可参考拍卖公司的评估表）

(3) 到元通拍卖办公室交纳拍卖保证金，领取拍卖号牌。（保证金为5 000元/辆，可以竞买任何一辆车，但只限成交一辆，若想多买，则相应多交纳保证金）

(4) 按拍卖会时间到拍卖会场参加拍卖会。举牌出价，价高者得。

(5) 未成交的，在拍卖会结束后全额退还保证金；买到车的，将剩余车款、拍卖佣金、过户/转籍费用交到拍卖公司。（保证金冲抵车款）（车款可以现金或刷卡支付）

(6) 车辆过户后由拍卖公司统一办理过户/提档手续；

(7) 手续办理完毕后，交接车辆。

2. 卖车流程

(1) 评估师查验车辆，进行估价；

(2) 车主与评估师商定价格，作为拍卖保底价，签订拍卖委托合同（保留价为车辆最低保底价，上不封顶，拍到多少就给车主多少，但不低于保留价）；

(3) 2018年4月4日上午车主将车辆停到指定场地，交接车辆及证件；

(4) 拍卖公司对将要拍卖的车做拍卖公告、宣传，参加拍卖预展，接待买家看车；

(5) 2018年4月8日举办拍卖会进行拍卖（车主可现场监拍）；

(6) 车辆成交的，由拍卖公司进行车辆过户、交接，过户完毕后，将车款支付给卖方（拍卖行不向卖家收取费用）；

(7) 车辆未成交，由车主决定如何处理（可选择继续拍卖、收购或领回车辆）。

任务4 二手车的转移登记

任务导入

到2013年1月为止，国内多数城市的二手车市场推出了一站式服务，服务的内容包括新旧车主身份确认、车辆刑侦、查验、照相、拓印、核档、开票、受理、选号、站内打印发放新牌证，以及办理路桥统缴、车辆购置税、自助银行、车辆保险等配套服务，完全实现真正的机动车登记一站式服务。车主能够在30分钟内办理完二手车转移登记手续。那么，请思考一下，哪些情况需要办理二手车的转移登记手续呢？

相关知识

一、车辆注册登记

车辆注册登记是对机动车辆的产权进行的登记，是人们常说的"上牌"，是车辆合法上路的第一步。一般来讲，在4S店办理完新车提车手续并拿到购车发票后，就可以开始办理新车上牌的相关手续了。在办理新车上牌之前，首先需要办理的就是保险以及交强险的正本，之后就是办理工商验证以及缴纳车辆购置税，在办理完上述准备手续后，这时车主手里已有的手续有发票联、注册登记联、合格证原件、保险单购置税证明（小蓝本）及副本（两者相连在一起）、购置税发票以及保险单（商业险正本，交强险正本、副本）。之后，就可以开始办理新车上牌了。

1. 在检测场进行新车检查

检查车辆是否与合格证的信息相符，看车辆注册是否在此检测场的范围之内，需要向工作人员提供车辆合格证原件和车主身份证原件，检查合格后会出具两份单子：一份是环保单，一份是外观单。

2. 上线检测

新车上线检测需要对机动车的尾气排放、侧滑、车速表、轴重、灯光、噪声、底盘、制动等 9 个项目进行检测，如有不合格，就需要重新检测，并支付相应的费用，等全部检测完毕，就可以去办事大厅退还押金。在安全技术检测线和尾气排放检测线检测合格后可领取环保检验合格标志（见图 5-4-1）。

图 5-4-1　环保检验合格标志

3. 拓号及照相

将车开到场内指定地点拓号区停好，打开前机盖，等待工作人员拓下车架号。之后去照相区照相领取照片。随后就可去各个窗口办理贴号、贴照片、审核合格证、查询机动车产品公告这些手续，待总检审核以及录入车辆信息并打印档案袋。至此新车上牌手续中的新车检验工作基本完成，下一步就可以办理牌照了。

4. 新车上牌

车主可以在自主编排选号机上选号，也可以通过交管部门提供的"十选一"选号系统选号，并当时领取号牌。至此，新车上牌手续完成，就可以领取机动车登记证书、机动车行驶证、机动车检验合格标志（见图 5-4-2）。

图 5-4-2　机动车检验合格标志

二、车辆过户

二手车过户,顾名思义就是把车辆所属人的名称变更。这是买卖二手车过程中不可省略的重要流程(见图5-4-3),办理二手车过户可以从法律上完成车辆所有权的转移,保障车辆来源的合法性,如避免买到走私车和盗抢车等,同时明确了买卖双方与车辆相关的责任划分,如债务纠纷、交通违法等,确保了买卖双方的合法权益。

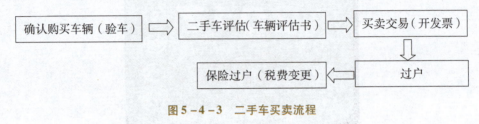

图5-4-3 二手车买卖流程

1. 卖方过户需要准备的材料(见图5-4-4)

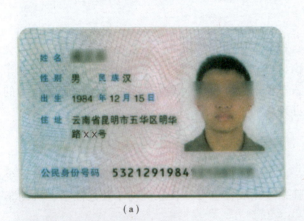

(a)

(b)

(c)

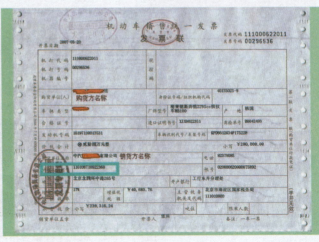

(d)

图5-4-4 卖方过户需要准备的资料

（e） （f）

图 5-4-4 卖方过户需要准备的资料（续）

①原车主身份证原件及复印件/代理人身份证原件及复印件；
②机动车登记证书原件及复印件；
③机动车行驶证原件及复印件；
④原始购车发票（红联）或上次过户发票（红联）原件及复印件；
⑤购置税完税证明；
⑥如卖方是单位，则需要组织机构代码证书原件及复印件（带公章）。

2. 买方过户需要准备的资料

①新车主身份证原件及复印件/代理人身份证原件及复印件；
②机动车注册、转移、注销登记表/转入申请表（一般市场、车管所都有）；
③如果所在城市有限购，还需准备中签结果原件及复印件；
④如外地户口上当地牌照，还需准备暂住证；
⑤如买方是单位，则需要组织机构代码证书原件及复印件（带公章）。

拿上材料后，交易双方便可到二手车交易大厅进行交易。交易完成之后，交易市场会开具一个全国统一的二手车销售发票（见图 5-4-5）。此发票是给买方的，卖方为避免以后有可能的纠纷，亦可以复印一份自行保留。

全国大部分的二手车交易市场中都是有过户大厅的，可以直接在这里过户。

3. 过户流程

①进入过户大厅后，出示相关材料，领取《旧机动车买卖合同》并填写。该合同一式三份：卖方一份，买方一份，工商部门一份。
②将车开到过户验车处，进行验车、拓号、拆牌、照相处理，并填写检查记录表。之后便可将车停到停车场，去过户大厅办理手续。特别要注意交易车辆有无违章或未处理的事故。
③到过户大厅收费窗口排队，缴纳过户费（年限越长，排量越小，过户费越便宜）。

二手车鉴定及评估

图 5-4-5 二手车销售发票

④到转移受理窗口办理相关手续。在办理之前需要填写机动车注册、转移、注销登记表/转入申请表。办完转移受理手续，拿到回执单，就需要到下一个窗口缴纳上牌费。

⑤选号，可以拿新的车牌、新的行驶证、登记证了。

4. 保险过户（税费变更）

一般在交易大厅都有保险过户代办业务，只需交一定的代办费即可。当然这项业务也可由车主自行办理。准备好新、老车主的身份证、行驶证、登记证、原保险单等材料，自行去原保险公司办理过户即可。如果不想签原来这家保险公司，车主也可以选择退保，然后再找一家中意的保险公司重新办理一份车险。要注意的是，很多人在二手车过户的时候，经常会忽视保险过户这一环节，该环节不能忽视，如车辆发生事故，保险公司可拒绝赔付。

案 例

二手车肇事不赔，原车主状告保险公司

原告：王某。被告：乙保险公司。

原告王某为其名下的汽车向乙保险公司投保了商业保险，其中车辆损失险和商业第三者险的保险金额分别为 14 万元和 30 万元，保险期限自 2007 年 11 月 25 日零时起至 2008 年 1 月 24 日 24 时止。乙保险公司的保险经办人为赵某。王某为车辆投

保后将该车转让给于某并到车管所办理了车辆过户手续。2008年9月20日，于某驾驶该车发生事故，事故发生时，事故车辆登记在于某名下。王某称车辆过户时，已向乙保险公司的保险经办人赵某明确告知要求办理相关手续，并已将有关资料交给赵某。为此，王某提交了一份署名为赵某的《证明》佐证。但一审时王某没有作为证人出庭作证。

事发后，王某向乙保险公司提出索赔要求，但乙保险公司以保险车辆所有权发生转移时未向其办理批改手续为由拒赔。王某遂起诉至法院，要求赔偿10 651元。

二审期间，出具《证明》的赵某出庭作证，称其是乙保险公司的业务员，王某的保险合同是通过其投保的，王某曾告知其要变更被保险人，并将相关书面材料交予自己，自己向王某出具了一份收条，内容为"现收到王某交来的车辆更名过户资料一批"。

1. 未及时更改保险，责任在谁

王某认为：自己已告知保险业务员赵某要求办理更名，并将有关资料交给赵某。赵某未及时告知乙保险公司办理批改手续，批改手续未完成是乙保险公司工作人员疏忽大意，保险公司自身监管工作不力造成的。

乙保险公司认为：一、保险合同所附的保险条款明确载明："保险车辆转卖、转让、赠送他人、变更用途等，应立即书面通知本公司办理批改手续。根据双方签订的保险合同条款，发生意外事故时，保险车辆所有权发生转移，未办理批改手续的，不负赔偿责任。"发生意外事故时，保险车辆所有权发生转移，王某的转让行为没有通知保险公司，未向公司办理批改手续，王某转让车辆给于某时即丧失保险利益，保险合同终止，保险公司不再承担保险责任。二、保险业务员的失职行为是其个人行为，公司不应承担责任。

2. 业务员疏忽，保险公司埋单

此案经一、二审法院审理认为，本案争议的焦点在于王某在被保险车辆转让后，是否已经通知了乙保险公司进行批改。二审期间保险业务员赵某的证言及赵某向王某出具的收条可以证明王某的主张，即被保险车辆过户后，王某已经通知了乙保险公司并将有关书面材料交给保险业务员赵某。上述行为已经可以证明王某履行了书面通知乙保险公司批改的义务，至于因保险公司的业务人员工作疏忽未能在出险之前进行实际批改，属于保险公司的内部责任问题。王某投保时是通过保险公司的业务员办理的，申请批改当然也可以通过业务员办理，要求被保险人到保险人的营业所在地办理批改过于严苛。

综上，法院认为王某已经通知了乙保险公司批改被保险人，乙保险公司因自身原因未能及时办理批改手续，对在保险期间内发生的保险事故仍应承担保险赔偿责任。据此，法院判决支持了王某要求支付保险赔偿款的诉讼请求。

三、车辆转出转入登记

二手车交易不像一般商品交易那么简单，其手续的办理需要遵守相关的政策规定，按照一定的流程进行，这样才能保证买卖双方的利益。根据买卖双方的住所是否在同一车辆管理所管辖区内，机动车的产权转移登记手续可分为同一车辆管理所管辖区内的所有权转移登记（同城转移登记）和不同车辆管理所的所有权转移登记（异地转移登记）两种登记方式。如图5-4-6所示。

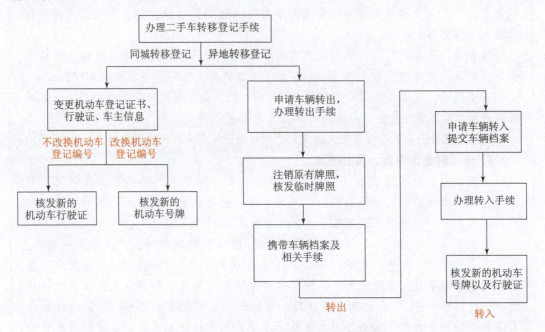

图5-4-6 办理二手车转移登记手续程序

1. 机动车同城转移登记

已在车管所注册登记的机动车其所有权发生转移，且现机动车所有人属该所管辖的，现机动车所有人应当于机动车所有权转移之日起30天内，向该所申请办理过户登记。所需要的证件包括：

①现机动车所有人及原机动车所有人的有效身份证。现机动车所有权为单位的，提供组织机构代码证书及复印件，并加盖单位公章；现机动车所有权为个人的，提供车主身份证原件及复印件。

②机动车登记证书。

③机动车行驶证。

④机动车过户、转出、转入申请表（见表5-4-1）。

表5-4-1 机动车过户、转出、转入申请表

号牌种类		号牌号码		
申请事项	□注册 □车辆管理所辖区内的转移登记		□注销登记 □转出车辆管理所辖区的转移登记	□转入
注销登记 原因	□报废 □灭失 □退车 □出境			

续表

号牌种类			号牌号码		
机动车	品牌型号		车辆识别代号		
		☐购买　☐境外自带　☐继承　☐赠予　☐协议抵偿债务　☐协议离婚 ☐中奖　☐调拨　☐资产重组　☐资产整体买卖　☐仲裁裁决 ☐法院调解　☐法院裁定　☐法院判决　☐其他			
	使用性质	☐非营运　☐公路客运　☐公交客运　☐出租客运　☐旅游客运　☐租赁 ☐教练　☐幼儿校车　☐小学生校车　☐其他校车　☐货运　☐危险化学品运输 ☐警用　☐消防　☐救护　☐工程救险　☐营转非　☐出租营转非			
机动车所有人	姓名				机动车所有人及代理人对申请材料的真实有效性负责。
	地址				
	邮编		固定电话		
	信箱		电话		机动车所有人签字:
转移出车辆管理所辖区的转移登记	转入: 省（自治区、直辖市）车辆管理所				年　月　日
代理人	姓名				
	邮寄				
	邮编		电话		
	信箱				
	经办人		电话		年　月　日

⑤旧机动车交易凭证及发票。

⑥属经济赔偿、财产分割等发生所有权转移的车辆，提供人民法院出具的发生法律效力的判决书、裁定书、调解书和协助执行通知书（原件）。

⑦属单位内部财产调拨的车辆，提供国有资产调拨单。

⑧属赠予、继承、协议抵偿债务的，提供相关文书和公证机关出具的公证书。

因机构改革、改制、资产重组、资产整体买卖的，提供上级机关的批准文件或者相关文书。

2. 机动车异地转移登记

(1) 异地转移登记所需资料

需要进行异地转移登记的，由车辆原属地公安管理部门办理车辆迁出手续，在接收地交通管理部门办理车辆迁入手续。机动车的迁入登记是指已注册登记机动车的所有人的住所迁入一个新的车辆管理所管辖区且在原车辆管理所已办理转出登记的，或者机动车所有权发生转移且现机动车所有人的住所不在原车辆管辖区，并已在原车辆管理所办理了转出登记，机动车所有人应当自办结转出登记之日起90日内，向机动车管辖地车辆管理所申请转入登记。所需资料如下：

①现机动车所有人的身份证明，单位车辆提供组织机构代码证书复印件加盖公章，个人车辆提供个人身份证原件及复印件。

②机动车原始档案材料。

③机动车登记证书。

④被盗抢机动车查询表。

⑤机动车过户、转出、转入申请表。

（2）迁出登记所需资料

机动车的迁出登记是指已注册机动车所有人的住所迁出原车辆管理所管辖区的，或者机动车所有权发生转移且现机动车所有人的住所不在原车辆管理所管辖区的，现机动车所有人于住所迁出或者机动车所有权转移之日起30日内，向机动车管辖地车辆管理所申请办理转出登记手续。所需要的资料包括：

①现机动车所有人的身份证明，单位车辆提供组织机构代码证书复印件，加盖单位公章，个人车辆提供个人身份证原件及复印件。

②机动车行驶证。

③机动车登记证书。

④被盗抢机动车查询表。

⑤机动车过户、转出、转入申请表。

⑥机动车交易凭证和发票。

⑦属经济赔偿、财产分割等发生所有权转移的车辆，提供人民法院出具的发生法律效力的判决书、裁定书、调解书和协助执行通知书（原件）。

⑧属财产调拨的车辆，提供国有资产调拨单（原件）。

⑨属赠送、继承和协议抵偿债务的车辆，提供相关文书和公证机关出具的公证书。

⑩因机构改革、改制、资产重组、资产整体买卖的车辆，提供上级机关的批准文件及相关文书。

⑪交回机动车号牌。

行业资讯速递

现行《二手车流通管理办法》于2005年实施。十多年来，二手车行业市场规模、商业模式、配套政策等已显著改变，现行《二手车流通管理办法》已无法完全适应，修订势在必行。

2017年9月26日，《商务部关于废止和修改部分规章的决定》（商务部令2017年第3号）（以下简称《决定》）发布。决定将对2005年颁布实施的《二手车流通管理办法》进行修改，删除第九条、第十条和第十一条关于二手车鉴定评估机构设立条件和程序等规定。业内人士指出，上述三项条款删除后，二手车鉴定评估企业将受益，二手车检测评估行业将迎来快速发展。

随着二手车限迁政策全面取消，未来几年，全国范围内将有大量机构车源析出，届时必将催生大量二手车检测服务需求。无论从覆盖网络还是检测能力来看，国内目前还没有一家能承托如此量级检测需求的检测服务机构,而"千里眼"远程检测系统的诞生,或将推动二手车产业又一次划时代的转变。在二手车行业和移动互联网飞速发展的大背景下,二手车检测评估机构也应进行转型升级,为二手车行业提供更加灵活多样的服务。

　　汽车拍卖网站车易拍(见图5-4-7)基于268 V打造的全新检测产品"千里眼"系统已经面世,该系统的最大亮点在于集成了远程检测移动客户端及后台云数据中心。后台云数据中心依据车易拍海量真实的过往评级、交易数据,经大数据模型计算及配合人工精准修正,前端二手车检测人员最快15分钟内即可获得车况等级和估值报告,前端二手车检测员的工作量及工作时间大幅减少。

图5-4-7　车易拍

　　此前车辆的身份信息、内外车况等信息都需要检测师手工输入。"千里眼"系统投入使用后,评估师只需输入车辆行驶证、VIN码拍照,车辆基本信息就能显示在系统内,就连漆面是否为车辆原漆,也只需要拍照,系统就能自动识别。此外,"千里眼"系统还具备语音、语意信息判定功能,卖车者的自然语言描述可以自动转化成检测报告中的标准化车况描述。此外,通过卖车者提交的个人信息,系统还能分析出个人信用程度,从而降低风险。

　　得益于强大的后台云数据中心和创新性的"前端检测,后台评估"的车辆检测理念,"千里眼"系统有望成为业内覆盖面积最广、效率最高的车辆检测方式。

附 录

附录一 《二手车收购合同》

编号

使用说明

一、本合同是依据《中华人民共和国合同法》《二手车流通管理办法》等有关法律、法规等制定的示范文本，供当事人约定使用。

二、本合同所称的收购人，是指购买二手车的当事人。本合同所称的售卖人，是指出让二手车的当事人。

三、售卖人应向收购人提供车辆的使用、修理、事故、检验以及是否办理抵押登记、海关监管、交纳税费期限、使用期限等真实情况和信息。收购人在签订本合同前，应当仔细了解、查验二手车的车况、有关车辆的证明文件及了解各项服务内容等。

四、收购车辆达到两辆以上时，只需加附《车辆基本情况表》。

五、本合同有关条款下均有空白项，供当事人自行约定。

六、本合同示范文本自 2010 年 8 月 3 日起使用。

收购人（以下简称甲方）：_____

售卖人（以下简称乙方）：_____

第一条 目的

依据有关法律、规范和规章规定，甲乙双方为完成二手车收购事项，双方在自愿、平等和协商一致的基础上签订本合同。

第二条 当事人及车辆情况

（一）甲方基本情况：

单位代码证号□□□□□□□—□

法定代表人：_____

经办人：_____

身份证号码□□□□□□□□□□□□□□□□□□

单位地址：_____

邮政编码：_____

联系电话：_____

（二）乙方基本情况：

1. 单位代码证号□□□□□□□—□

法定代表人：_____

经办人：_____

身份证号码□□□□□□□□□□□□□□□□□□

单位地址：_____

邮政编码：_____
联系电话：_____
2. 自然人身份证号码□□□□□□□□□□□□□□□□□□
现居住地址：_____
邮政编码：_____
联系电话：_____
（三）车辆基本情况：
车辆牌号：_____
车辆类型：_____
厂牌、型号：_____
颜色：_____
初次登记日期：_____
登记证号：_____
发动机号码：_____
车架号码：_____
行驶里程：_____ km
使用年限：_____年____月____日
车辆年检签证有效期至_____年____月____日
排放标准：_____
车辆购置税完税证明证号：_____
车辆使用纳税缴付截止期：_____年____月____日
车辆养路费交讫截止期：____年____月（证号_____）
车辆保险险种：_____
配置：_____
其他情况：_____

第三条 车辆价款

车价款为人民币元_____元（大写_____），其中包含车辆、备胎以及_____等款项。双方确定本车车款是在以上第二条的基础上确定的。

第四条 定金和价款的支付、车辆保管

（一）甲方应于本合同签订时，按车价款____%（≤20%）人民币_____元（大写_____）作为定金支付给乙方。

（二）车辆在交易完成前，选择以下第（　　）项方式保管：

1. 继续由乙方使用和保管；
2. 交由甲方保管；
3. 交由第三方代为保管（车辆应存放于第三方指定地点，并由第三方和甲、乙双方查验认可）。

（三）本合同签订后日内，甲方应向乙方支付车价款人民币_____元（大写_____元）。

（四）乙方应予本合同签订后____日内，将本车办理过户□/转籍□所需的有关证件原

件以及复印件交付给甲方（做好签收手续），并协调甲方办理该车的刑侦核查手续。

第五条　权利义务

（一）乙方承诺出卖车辆不存在任何权属上的法律问题和尚未处理完毕的道路交通安全违法行为或者交通事故；应提供车辆的使用、修理、事故、检验以及是否办理抵押登记、海关监管、交纳税费期限、使用期限等真实情况和信息。

（二）各方应在约定的时间内提供各类证明、证件并确保真实有效。

第六条　违约责任

（一）甲方违约的，不得向乙方主张返还定金并赔偿乙方相应损失；乙方违约时，向甲方双倍赔付定金并赔偿甲方相应损失。

（二）乙方未按合同约定交付的，应按延期天数向甲方支付违约金每天人民币_____元。

（三）甲方延期交付的应按延期天数向乙方支付违约金每天人民币_____元。

第七条　争议解决方式

因本合同发生的争议，由当事人协商解决，或向有关行业组织及消费者协会申请调解。当事人不愿协商、调解，或协商、调解不成的，按下列第____种方式解决：

（一）向仲裁委员会申请仲裁；

（二）向人民法院起诉。

第八条　其他

本合同经双方当事人签字或盖章后生效，本合同一式2份。

附件：《车辆基本情况表》

甲方（签章）：　　　　　　　　　　乙方（签章）：

法定代表人（签章）：　　　　　　　法定代表人（签章）：

经办人：　　　　　　　　　　　　　经办人：

开户银行：　　　　　　　　　　　　开户银行：

账号：　　　　　　　　　　　　　　账号：

签约时间：年月日　　　　　　　　　签约时间：年月日

签约地点：

合同填写中的注意事项：

1. 由于历史原因，许多车辆的实际车主并非行驶证上登记的车主，在法律意义上，非行驶证登记的车主本人签署的车辆交易协议是无效的，因此，协议上必须注明相关内容及责任条款。

2. 为控制风险，一般支付定金为1 000～2 000元。支付后，视交车时间的长短，同时最好能收取车主的一些非随车证件作为履约保证，如保险单、维修保养手册、养路费单据、车辆购置税完税证明等。

附录二 《二手车买卖合同》

（示范文本）
国家工商行政管理总局制定

使用说明

一、本合同文本是依据《中华人民共和国合同法》《二手车流通管理办法》等有关法律、法规和规章制定的示范文本，供当事人约定使用。

二、本合同所称二手车，是指从办理完注册登记手续到达到国家强制报废标准之前进行交易并转移所有权的汽车（包括三轮汽车、低速载货汽车，即原农用运输车）、挂车和摩托车。

三、本合同签订前，买卖双方应充分了解合同的相关内容。卖方应向买方提供车辆的使用、修理、事故、检验以及是否办理抵押登记、缴纳税费、报废期等真实情况和信息；买方应了解、查验车辆的状况。

四、双方当事人应结合具体情况选择本合同协议条款中所提供的选择项，空格处应以文字形式填写完整。

五、本合同"其他约定"条款，供双方当事人自行约定。

六、本合同示范文本由国家工商行政管理总局负责解释，并在全国范围内推行使用。

根据《中华人民共和国合同法》《二手车流通管理办法》等有关法律、法规、规章的规定，就二手车的买卖事宜，买卖双方在平等、自愿、协商一致的基础上签订本合同。

二手车买卖合同

合同编号：

出卖人（以下简称甲方）：_____
买受人（以下简称乙方）：_____

第一条 目的

依据有关法律、法规，甲、乙双方在自愿、平等和协商一致的基础上，就甲方拥有的二手车过户给乙方的相关事宜，签订本合同。

第二条 当事人及过户车辆情况

（一）甲方基本情况：

身份证号码_____
现居住地址_____
邮政编码_____

联系电话_____
（二）乙方基本情况：
身份证号码_____
现居住地址_____
邮政编码_____
联系电话_____
（三）要过户的二手车的基本情况：
车辆牌号_____
车辆类型_____
联系电话_____
厂牌、型号_____
颜色_____
初次登记日期_____
登记证号_____
发动机号码_____
车架号码_____
行驶里程_____km
使用年限至_____年____月____日
车辆年检签证有效期至_____年____月____日
排放标准_____
车辆购置税完税证明证号_____（征税、免税）。
车船使用税纳税记录卡缴付截止期_____
车辆养路费交讫截止期_____年____月（证号_____）
车辆保险险种_____
保险有效期截止日期_____年____月____日
配置_____
_____
车辆状况说明见附件一
车辆相关凭证见附件二

第三条 车辆价款、过户手续费

本车价款为人民币_____元（大写_____元），其中包含车辆、备胎以及_____等款项。

过户手续费约为人民币_____元（大写_____元），由_____承担（以实际发生费用为准支付）。

第四条 定金和价款的支付、过户手续、车辆交付

（一）乙方应于本合同签订时，按车价款_____%（≤20%）人民币_____元（大写_____元）作为定金支付给甲方。

（二）车辆在过户、转籍手续完成前，选择以下第（　　）项方式使用和保管：

1. 继续由甲方使用和保管。

2. 交由乙方使用和保管。

（三）____方应于本合同签订后____日内，将本车办理过户□/转籍□所需的有关证件原件及复印件交付给_____方（做好签收手续），由_____方负责办理手续；_____方为二手车经销企业时，由_____方负责办理（过户□/转籍□）手续。

（四）自过户、转籍手续完成之日起____日内，乙方应向甲方支付车价款人民币_____元（大写_____元），同时_____方付清过户手续费。支付方式：（现金□/转账□）。

（五）如由甲方办理过户、转籍手续的，应于收到全部车价款之日起____日内将有关证件交给乙方；如车辆由甲方使用和保管的应于收到全部车价款之日起____日内将车辆交给乙方（交付地点_____）。

（六）_____

第五条　双方的权利义务

（一）甲方承诺出卖车辆不存在任何权属上的法律问题和尚未处理完毕的道路交通安全违法行为或者交通事故；应提供车辆的使用、维修、事故、检验以及是否办理抵押登记、海关监管、交纳税费期限、使用期限等真实情况和信息。

（二）甲方属二手车经销企业的，还应向乙方提供质量保证及售后服务承诺。

（三）对转出本市的车辆，乙方应了解、确认买受车辆能在转入所在地办理转入手续。

（四）双方应在约定的时间内提供各类证明、证件并确保真实有效。

（五）_____

第六条　违约责任

（一）违反本合同第四条第3款，致使车辆不能过户、转籍，合同无法继续履行的，本合同解除。甲方违约的，甲方向乙方双倍返还定金并赔偿乙方相应损失；乙方违约的，则乙方无权要求返回定金并赔偿甲方相应损失。

（二）违反本合同第四条第4款，乙方未按合同约定支付的，应按延期天数向甲方支付违约金每天人民币_____元。

（三）违反本合同第四条第5款，甲方延期交付过户、转籍的有关证件或车辆的，应按延期天数向乙方支付违约金每天人民币_____元。

（四）违反本合同第五条第1款，乙方有权解除本合同，甲方应无条件接受退回的车辆并退回乙方全部车款，双倍返还定金并赔偿乙方相应损失。

（五）违反本合同第五条第2款，甲方应向乙方支付车辆价款的_____%（人民币_____元）的违约金，并继续提供质量保证及售后服务承诺。

（六）违反本合同第五条第3款，致使车辆不能在转入所在地办理转入手续的，本合同解除，乙方无权要求返还定金，并赔偿甲方相应经济损失。

（七）违反本合同第五条第4款，致使出让车辆不能过户、转籍的，守约方有权解除本合同，违约方应支付人民币_____元给守约方，守约方另有损失的，由违约方赔偿损失。

（八）_____

第七条　风险承担

本合同签订后，车辆在过户、转籍手续完成并实际交付前：

（一）甲方使用和保管的，由甲方承担风险责任。

（二）乙方使用和保管的，由乙方承担风险责任。

第八条　争议解决方式

因本合同发生的争议，由双方协商解决，或向有关行业组织及消费者权益保护委员会申请调解。

当事人不愿协商、调解，或协商、调解不成的，按下列第_____种方式解决：

（一）向上海仲裁委员会申请仲裁；

（二）向人民法院起诉。

第九条　其他

（一）本合同未约定的事项，按照《中华人民共和国合同法》《二手车流通管理办法》以及有关的法律、法规和规章执行。

（二）双方因履行本合同而签署的补充协议及提供的其他书面文件，均为本合同不可分割的一部分，具有同等法律效力。

（三）本合同经双方当事人签字或盖章后生效。本合同一式三份，由甲方、乙方和二手车交易市场各执一份，具有同等法律效力。

（四）附件

附件一：车辆状况说明书（车辆信息表）

附件二：车辆相关凭证

1. 《机动车登记证书》
2. 《机动车行驶证》
3. 有效的机动车安全技术检验合格标志
4. 车辆购置税完税证明
5. 车船使用税缴付凭证
6. 车辆养路费缴付凭证
7. 车辆保险单
8. 购车发票

卖方：_____（签章）　　卖方开户银行：_____

账号：_____

户名：_____

买方：_____（签章）　　买方开户银行：_____

账号：_____

户名：_____

签订地点：_____

签订日期：　　年　　月　　日

附件一：车辆信息表

质量保证类别						
车牌号						
经销企业名称						
营业执照号码			地址			
车辆基本信息	车辆价格	￥		品牌型号		车身颜色
	初次登记	年 月 日		行驶里程	公里	燃料
	发动机号			车架号码		生产厂家
	出厂日期	年 月		年检到期	年 月	排放等级
	结构特点	□自动挡　□手动挡　□ABS　□其他_____				
	使用性质	□营运　□出租车　□非营运　□营转非　□出租营转非　□教练车　□其他_____				
	交通事故记录次数/类别/程度					
	重大维修记录时间/部件					
	法定证明、凭证	□号牌　□行驶证　□登记证　□年检证明　□车辆购置税完税证明 □养路费缴付证明　□车船使用税完税证明　□保险单　□其他				
车辆技术状况						
质量保证						
声明	本车辆符合《二手车流通管理办法》有关规定，属合法车辆。					
买方（签章）			经销企业（签章）			
			经办人（签章）			
						年 月 日
备注	1. 本表由经销企业负责填写。 2. 本表一式三份，一份用于车辆展示；其余作为销售合同附件。					

填表说明：

1. 质量保证类别。车辆使用年限在 3 年以内或行驶里程在 6 万公里以内（以先到者为准，营运车除外），

填写"本车属于质量保证车辆"。如果超出质量保证范围，则在质量保证类别栏中填写"本车不属于质量保证车辆"，质量保证栏填写"本公司无质量担保责任"。

2. 经销企业名称、营业执照号码及地址应按照企业营业执照所登记的内容填写。

3. 车辆基本信息按车辆登记证书所载信息填写。

（1）行驶里程按实际行驶里程填写。如果更换过仪表，应注明更换之前行驶里程；如果不能确定实际行驶里程，则应予以注明。

（2）年检到期日以车辆最近一次年检证明所列日期为准。

（3）车辆价格按二手车经销企业拟卖出价格填写，可以不是最终销售价。

（4）其他信息根据车辆具体情况，符合项在□中划√。

（5）使用性质按表中所列分类，符合项在□中划√。

（6）交通事故记录次数/类别/程度，应根据可查记录或原车主的描述以及在对车辆进行技术状况检测过程中发现的，对车辆有重大损害的交通事故次数、类别及程度填写。未发生过重大交通事故填写"无"。

（7）重大维修记录应根据可查记录或原车主的描述以及在车辆检测过程中发现的更换或维修车辆重

要部件部分（比如发动机大中修等）填写有关内容。车辆未经过大中修填写"无"。

4. 法定证明、凭证等按表中所列项目，符合项在□中划√。

5. 车辆技术状况是指车辆在展示前，二手车经销企业对车辆技术状况及排放状况进行检测，检测项目及检测方式根据企业具体情况实施，并将检测结果在表中填写。同时，检验员应在表中相应位置签字。

6. 属于质量担保车辆的，经销企业根据交易车辆的实际情况，填写质量保证部件、里程和时间。一般情况下，质量保证可按以下内容填写：

（1）质量保证范围为：从车辆售出之日起 3 个月或行驶 5 000 公里，以先到为准。

（2）本公司在车辆销售之前或之后质量保证期内，保证车辆安全技术性能。

（3）质量保证不包括：轮胎、电瓶、内饰和车身油漆，也不包括因车辆碰撞、车辆用于赛车或拉力赛等非正常使用造成的质量问题。

7. 经销企业也可根据实际情况适当延长质量保证期限，放宽对使用年限和行驶里程的限制。

当车辆实现销售时，由经销企业及其经办人和买方分别在签章栏中签章。

附录三 《二手车委托拍卖合同》

编号

（JF-2010-7-6）

使用说明

一、本合同文本是依据《中华人民共和国拍卖法》《中华人民共和国合同法》《二手车流通管理办法》等有关法律、法规制定的示范文本，供当事人约定使用。

二、本合同所称的委托拍卖人，是指以竞卖方式出卖二手车的当事人。受托人，是指受二手车所有人的委托，拍卖二手车的拍卖人。拍卖人，是指具有法定拍卖资格的拍卖公司。拍卖人组织二手车拍卖时，对委托拍卖的二手车的所有权、处置权及车况等情况要负责核实，并按拍卖法和拍卖管理办法规定的程序进行，否则属违规拍卖而不具有法律效力。拍卖成交后，买受人和拍卖人应当签署成交确认书。

三、委托拍卖人必须拥有标的物的所有权或处置权。属国有资产的应当按国家有关规定进行鉴定评估，并持有本单位或上级单位出具的资产处理证委托拍卖人应向受托人提供车辆的使用、修理、事故、检验以及是否办理抵押登记、海关监管、交纳税费期限、使用期限等真实情况和信息。

受托人在签订本合同前，应当仔细了解、查验二手车的车况、有关车辆的证明文件及了解各项服务内容等。

本合同在拍卖车辆达两辆以上时，只需增加附件。

本合同有关条款下均有空白项，供当事人自行约定。

委托拍卖人（以下简称甲方）：＿＿＿＿＿＿＿＿＿＿＿＿＿＿＿＿

受托人（以下简称乙方）：＿＿＿＿＿＿＿＿＿＿＿＿＿＿＿＿＿＿

第一条 目的

为完成二手车拍卖事项，双方在自愿、平等和协商一致的基础上签订本合同。

第二条 当事人及委托拍卖车辆情况

（一）甲方基本情况：

1. 单位代码证号□□□□□□□□—□

法定代表人＿＿＿＿＿＿＿＿＿＿＿＿＿＿＿＿＿

经办人身份证号码□□□□□□□□□□□□□□□□□□

单位地址＿＿＿＿＿＿＿＿＿＿＿＿＿＿＿＿＿＿＿

邮政编码＿＿＿＿＿＿＿＿＿＿＿＿＿＿＿＿＿＿＿

联系电话＿＿＿＿＿＿＿＿＿＿＿＿＿＿＿＿＿＿＿

2. 自然人身份证号码□□□□□□□□□□□□□□□□□□

现居住地址＿＿＿＿＿＿＿＿＿＿＿＿＿＿＿

邮政编码联系电话＿＿＿＿＿＿＿＿＿＿

（二）乙方基本情况：

拍卖师姓名＿＿＿＿＿＿＿＿＿＿＿＿＿

拍卖师证书号□□□□□□□□

拍卖师身份证号□□□□□□□□□□□□□□□□□□

法定代表人＿＿＿＿＿＿＿＿＿＿＿＿＿

单位地址＿＿＿＿＿＿＿＿＿＿＿＿＿＿

邮政编码＿＿＿＿＿＿＿＿＿＿＿＿＿＿

联系电话＿＿＿＿＿＿＿＿＿＿＿＿＿＿

第三条 车辆价款

本车估价为人民币＿＿＿＿＿＿元（大写＿＿＿＿＿＿元），底价为人民币＿＿＿＿＿＿元（大写＿＿＿＿＿＿元）其中包含＿＿＿＿＿＿等款项。

第四条 拍卖车辆交接方式

（一）车辆在拍卖完成前，选择以下第（　　）项方式保管：

1. 继续由甲方保管；

2. 交由乙方保管；

3. 交由第三方代为保管（车辆应存放于第三方指定地点，并由第三方和甲、乙双方查验认可）。

（二）交付方式：甲方需乙方保管的应于年月日前将标的物交付乙方，交付地点：＿＿＿＿＿＿＿＿＿，交付方式：＿＿＿＿＿＿，因交付拍卖物所产生的费用＿＿＿＿＿＿元，由＿＿＿＿＿＿承担。拍卖物交付后，乙方应妥善保管，并应将拍卖物的变动情况及时通知甲方。

钱款所指费用包括：甲方向乙方交付拍卖标的物后，乙方对拍卖标的物评估、广告宣传、仓储保管、运输、保险、修理费，以及双方协商确定的其他费用。

（三）甲方应于本合同签订后日内，将本车办理（过户□/转籍□）手续所需的有关证件原件及复印件交付给乙方（做好签收手续），具体文件有：

1. 身份证明；

2. 机动车产权登记证书；

3. 机动车行驶证；

4. 车辆年检证明；

5. 车辆购置附加费凭证；

6. 车船使用税缴付证明；

7. 车辆保险单；

8. 其他资料。

第五条 拍卖方式：（　　）：

［1］估低价拍卖　　　［2］估高价拍卖　　　［3］无估价拍卖　　　［4］标卖

第六条 拍卖期限：＿＿＿＿年＿＿月＿＿日至＿＿＿＿年＿＿月＿＿日。

（一）乙方承诺于年月日前，在举行拍卖会，对委托拍卖标的物进行拍卖。

（二）拍卖未成交

在约定的拍卖期限内拍卖标的没有成交，或者由于买受人违约不提取标的，甲方和乙方可以（　　）；

[1] 再次拍卖　　[2] 续签合同　　[3] 解除合同

第七条　拍卖标的撤回或撤除

在本合同生效后拍卖开始前，甲方撤回委托拍卖标的，应向乙方支付的费用由双方约定。乙方在拍卖前，对拍卖标的经了解核实或者鉴定以后有足够证据证明不宜拍卖的，可以撤除该标的并不再拍卖。拍卖标的撤除后，甲方应向乙方支付本条第四款约定的费用。

第八条　佣金数额、支付期限、方式

本车成交的佣金为人民币_____元（大写_____元）。

自本合同签订之日起日内，甲方按佣金的_____%支付给乙方。自拍卖成交之日起日内付清余款。

支付方式：现金□/转账□。

第九条　权利义务

（一）甲方承诺拍卖车辆不存在任何权属上的法律问题和尚未处理完毕的道路交通安全违法行为或者交通事故；应提供车辆的使用、修理、事故、检验以及是否办理抵押登记、海关监管、交纳税费期限、使用期限等真实情况和信息。

（二）乙方应向甲方出示营业执照、拍卖师证书等有效证件，收取委托方的各项款项后应分别出具收款凭证。

（三）乙方未经甲方同意不得转委托；并为甲方保守商业秘密。乙方不得采取欺诈、胁迫和恶意串通等手段促成交易。

（四）双方应在约定的时间内提供各类证明、证件并确保真实有效。

（五）乙方应对拍卖物的底价保密，不得委托或代理他人参加竞价；亦不得委托他人进行拍卖。

（六）乙方对其占管的拍卖物负责，并应将拍卖物的变动情况及时通知甲方；确定因乙方的过错而造成拍卖物损失的，由乙方负赔偿责任。

（七）拍卖过程结束，乙方在收齐全部应收款项后，应于7日内通过其银行账户，将拍卖所得价金一次全部付给甲方，不得延误。

（八）拍卖成交后，由乙方按成交价金开给竞买人发票或符合税务机关规定的收据。

第十条　违约责任

（一）乙方违反本合同未按合同约定支付的，应按延期天数向甲方支付违约金每天人民币_____元。

（二）甲方延期交付的应按延期天数向乙方支付违约金每天人民币_____元。

（三）违反本合同第九条第一款，乙方有权解除本合同，甲方应无条件接受退回的车辆并退回乙方全部价款，赔偿乙方相应损失。

（四）违反本合同第九条第四款，守约方有权解除本合同，违约方赔偿相应损失。

（五）在本合同生效后拍卖开始之前，甲方撤回委托拍卖物的，应征得乙方同意，偿

付为拍卖支出的合理费用；无故撤回委托拍卖物的，应向乙方支付拍卖物保留价_____%的违约金。

（六）乙方违反合同约定泄露拍卖标的物保留价的，应向甲方支付按拍卖物保留价的_____的违约金。

（七）乙方由于对拍卖物保管不善或擅自使用造成拍卖标的损坏，由双方按损坏程度协商解决；丢失的，乙方应按拍卖物保留价负责赔偿。

（八）_____

第十一条　争议解决方式

因本合同发生的争议，由当事人协商解决，或向有关行业组织及消费者协会申请调解。当事人不愿协商、调解，或协商、调解不成的，按下列第_____种方式解决：

（一）向_____仲裁委员会申请仲裁；

（二）向人民法院起诉。

第十二条　其他

1. 本合同未约定的事项，按照《中华人民共和国拍卖法》《中华人民共和国合同法》《二手车流通管理办法》以及有关的法律、法规执行。

2. 本合同经各方当事人签字或盖章后生效。本合同一式2份，具有同等法律效力。

附件：拍卖车辆基本情况

甲方（签章）：_____　　乙方（签章）：_____

法定代表人（签章）：_____　　营业执照注册号：_____

经办人：_____　　法定代表人（签章）：_____

开户银行：_____　　拍卖师（签名）：_____

账号：_____　　拍卖师证书号：_____

签约时间：_____年____月____日　　账号：_____

签约地点：_____　　签约时间：_____年____月____日

附录四　二手车流通管理办法

第一章　总　　则

第一条　为加强二手车流通管理，规范二手车经营行为，保障二手车交易双方的合法权益，促进二手车流通健康发展，依据国家有关法律、行政法规，制定本办法。

第二条　在中华人民共和国境内从事二手车经营活动或者与二手车相关的活动，适用本办法。

本办法所称二手车，是指从办理完注册登记手续到达到国家强制报废标准之前进行交易并转移所有权的汽车（包括三轮汽车、低速载货汽车，即原农用运输车，下同）、挂车和摩托车。

第三条 二手车交易市场是指依法设立、为买卖双方提供二手车集中交易和相关服务的场所。

第四条 二手车经营主体是指经工商行政管理部门依法登记，从事二手车经销、拍卖、经纪、鉴定评估的企业。

第五条 二手车经营行为是指二手车经销、拍卖、经纪、鉴定评估等。

（一）二手车经销是指二手车经销企业收购、销售二手车的经营活动；

（二）二手车拍卖是指二手车拍卖企业以公开竞价的形式将二手车转让给最高应价者的经营活动；

（三）二手车经纪是指二手车经纪机构以收取佣金为目的，为促成他人交易二手车而从事居间、行纪或者代理等经营活动；

（四）二手车鉴定评估是指二手车鉴定评估机构对二手车技术状况及其价值进行鉴定评估的经营活动。

第六条 二手车直接交易是指二手车所有人不通过经销企业、拍卖企业和经纪机构将车辆直接出售给买方的交易行为。二手车直接交易应当在二手车交易市场进行。

第七条 国务院商务主管部门、工商行政管理部门、税务部门在各自的职责范围内负责二手车流通有关监督管理工作。

省、自治区、直辖市和计划单列市商务主管部门（以下简称省级商务主管部门）、工商行政管理部门、税务部门在各自的职责范围内负责辖区内二手车流通有关监督管理工作。

第二章 设立条件和程序

第八条 二手车交易市场经营者、二手车经销企业和经纪机构应当具备企业法人条件，并依法到工商行政管理部门办理登记。

第九条 二手车鉴定评估机构应当具备下列条件：

（一）是独立的中介机构；

（二）有固定的经营场所和从事经营活动的必要设施；

（三）有3名以上从事二手车鉴定评估业务的专业人员（包括本办法实施之前取得国家职业资格证书的旧机动车鉴定估价师）；

（四）有规范的规章制度。

第十条 设立二手车鉴定评估机构，应当按下列程序办理：

（一）申请人向拟设立二手车鉴定评估机构所在地省级商务主管部门提出书面申请，并提交符合本办法第九条规定的相关材料；

（二）省级商务主管部门自收到全部申请材料之日起20个工作日内作出是否予以核准的决定，对予以核准的，颁发《二手车鉴定评估机构核准证书》；不予核准的，应当说明理由；

（三）申请人持《二手车鉴定评估机构核准证书》到工商行政管理部门办理登记

手续。

第十一条 外商投资设立二手车交易市场、经销企业、经纪机构、鉴定评估机构的申请人,应当分别持符合第八条、第九条规定和《外商投资商业领域管理办法》、有关外商投资法律规定的相关材料报省级商务主管部门。省级商务主管部门进行初审后,自收到全部申请材料之日起1个月内上报国务院商务主管部门。合资中方有国家计划单列企业集团的,可直接将申请材料报送国务院商务主管部门。国务院商务主管部门自收到全部申请材料3个月内会同国务院工商行政管理部门,作出是否予以批准的决定,对予以批准的,颁发或者换发《外商投资企业批准证书》;不予批准的,应当说明理由。

申请人持《外商投资企业批准证书》到工商行政管理部门办理登记手续。

第十二条 设立二手车拍卖企业(含外商投资二手车拍卖企业)应当符合《中华人民共和国拍卖法》和《拍卖管理办法》有关规定,并按《拍卖管理办法》规定的程序办理。

第十三条 外资并购二手车交易市场和经营主体及已设立的外商投资企业增加二手车经营范围的,应当按第十一条、第十二条规定的程序办理。

第三章 行为规范

第十四条 二手车交易市场经营者和二手车经营主体应当依法经营和纳税,遵守商业道德,接受依法实施的监督检查。

第十五条 二手车卖方应当拥有车辆的所有权或者处置权。二手车交易市场经营者和二手车经营主体应当确认卖方的身份证明、车辆的号牌、《机动车登记证书》《机动车行驶证》、有效的机动车安全技术检验合格标志、车辆保险单、交纳税费凭证等。

国家机关、国有企事业单位在出售、委托拍卖车辆时,应持有本单位或者上级单位出具的资产处理证明。

第十六条 出售、拍卖无所有权或者处置权车辆的,应承担相应的法律责任。

第十七条 二手车卖方应当向买方提供车辆的使用、修理、事故、检验以及是否办理抵押登记、交纳税费、报废期等真实情况和信息。买方购买的车辆如因卖方隐瞒和欺诈不能办理转移登记,卖方应当无条件接受退车,并退还购车款等费用。

第十八条 二手车经销企业销售二手车时应当向买方提供质量保证及售后服务承诺,并在经营场所予以明示。

第十九条 进行二手车交易应当签订合同。合同示范文本由国务院工商行政管理部门制定。

第二十条 二手车所有人委托他人办理车辆出售的,应当与受托人签订委托书。

第二十一条 委托二手车经纪机构购买二手车时,双方应当按以下要求进行:

(一)委托人向二手车经纪机构提供合法身份证明;

(二)二手车经纪机构依据委托人要求选择车辆,并及时向其通报市场信息;

(三)二手车经纪机构接受委托购买时,双方签订合同;

(四)二手车经纪机构根据委托人要求代为办理车辆鉴定评估,鉴定评估所发生的费用由委托人承担。

第二十二条 二手车交易完成后,卖方应当及时向买方交付车辆、号牌及车辆法定证明、凭证。车辆法定证明、凭证主要包括:

(一)《机动车登记证书》;

(二)《机动车行驶证》;

(三)有效的机动车安全技术检验合格标志;

(四)车辆购置税完税证明;

(五)养路费缴付凭证;

(六)车船使用税缴付凭证;

(七)车辆保险单。

第二十三条 下列车辆禁止经销、买卖、拍卖和经纪:

(一)已报废或者达到国家强制报废标准的车辆;

(二)在抵押期间或者未经海关批准交易的海关监管车辆;

(三)在人民法院、人民检察院、行政执法部门依法查封、扣押期间的车辆;

(四)通过盗窃、抢劫、诈骗等违法犯罪手段获得的车辆;

(五)发动机号码、车辆识别代号或者车架号码与登记号码不相符,或者有凿改迹象的车辆;

(六)走私、非法拼(组)装的车辆;

(七)不具有第二十二条所列证明、凭证的车辆;

(八)在本行政辖区以外的公安机关交通管理部门注册登记的车辆;

(九)国家法律、行政法规禁止经营的车辆。

二手车交易市场经营者和二手车经营主体发现车辆具有(四)(五)(六)情形之一的,应当及时报告公安机关、工商行政管理部门等执法机关。

对交易违法车辆的,二手车交易市场经营者和二手车经营主体应当承担连带赔偿责任和其他相应的法律责任。

第二十四条 二手车经销企业销售、拍卖企业拍卖二手车时,应当按规定向买方开具税务机关监制的统一发票。

进行二手车直接交易和通过二手车经纪机构进行二手车交易的,应当由二手车交易市场经营者按规定向买方开具税务机关监制的统一发票。

第二十五条 二手车交易完成后,现车辆所有人应当凭税务机关监制的统一发票,按法律、法规有关规定办理转移登记手续。

第二十六条 二手车交易市场经营者应当为二手车经营主体提供固定场所和设施,并为客户提供办理二手车鉴定评估、转移登记、保险、纳税等手续的条件。二手车经销企业、经纪机构应当根据客户要求,代办二手车鉴定评估、转移登记、保险、纳税等手续。

第二十七条 二手车鉴定评估应当本着买卖双方自愿的原则,不得强制进行;属国有资产的二手车应当按国家有关规定进行鉴定评估。

第二十八条 二手车鉴定评估机构应当遵循客观、真实、公正和公开原则,依据国家法律法规开展二手车鉴定评估业务,出具车辆鉴定评估报告;并对鉴定评估报告中车辆技术状况,包括是否属事故车辆等评估内容负法律责任。

第二十九条 二手车鉴定评估机构和人员可以按国家有关规定从事涉案、事故车辆鉴定等评估业务。

第三十条 二手车交易市场经营者和二手车经营主体应当建立完整的二手车交易购销、买卖、拍卖、经纪以及鉴定评估档案。

第三十一条 设立二手车交易市场、二手车经销企业开设店铺，应当符合所在地城市发展及城市商业发展有关规定。

第四章 监督与管理

第三十二条 二手车流通监督管理遵循破除垄断，鼓励竞争，促进发展和公平、公正、公开的原则。

第三十三条 建立二手车交易市场经营者和二手车经营主体备案制度。凡经工商行政管理部门依法登记，取得营业执照的二手车交易市场经营者和二手车经营主体，应当自取得营业执照之日起2个月内向省级商务主管部门备案。省级商务主管部门应当将二手车交易市场经营者和二手车经营主体有关备案情况定期报送国务院商务主管部门。

第三十四条 建立和完善二手车流通信息报送、公布制度。二手车交易市场经营者和二手车经营主体应当定期将二手车交易量、交易额等信息通过所在地商务主管部门报送省级商务主管部门。省级商务主管部门将上述信息汇总后报送国务院商务主管部门。国务院商务主管部门定期向社会公布全国二手车流通信息。

第三十五条 商务主管部门、工商行政管理部门应当在各自的职责范围内采取有效措施，加强对二手车交易市场经营者和经营主体的监督管理，依法查处违法违规行为，维护市场秩序，保护消费者的合法权益。

第三十六条 国务院工商行政管理部门会同商务主管部门建立二手车交易市场经营者和二手车经营主体信用档案，定期公布违规企业名单。

第五章 附 则

第三十七条 本办法自2005年10月1日起施行，原《商务部办公厅关于规范旧机动车鉴定评估管理工作的通知》（商建字〔2004〕第70号）、《关于加强旧机动车市场管理工作的通知》（国经贸贸易〔2001〕1281号）、《旧机动车交易管理办法》（内贸机字〔1998〕第33号）及据此发布的各类文件同时废止。

附录五　二手车鉴定评估职业概况

1. 职业名称

二手车鉴定评估师。

2. 职业定义

从事二手车技术状况鉴定和价值评估的人员。

鉴定要求

1. 适用对象

开展以旧换新业务的品牌汽车经销商；各二手车交易中心（市场）；二手车鉴定评估机构、资产评估机构等中介评估机构；其他从事机动车租赁、拍卖、报废回收、置换业务的企、事业单位的从业人员；有关车辆检测鉴定机构和其他从事机动车贷款、抵押、典当、保险、理赔、维修等业务的从业人员。

2. 技能要求

二手车鉴定评估师职业技能标准

职业功能	工作内容	技能要求	相关知识
评估准备	接受委托	1. 能介绍二手车鉴定评估程序 2. 能介绍二手车鉴定评估方法 3. 能签订二手车鉴定评估委托合同	1. 社交礼仪 2. 二手车鉴定评估委托合同使用方法
评估准备	核查证件、税费	1. 能确认被评估车辆及评估委托人的机动车来历凭证、机动车行驶证、机动车登记证书等是否合法有效 2. 能核实被评估车辆税费缴纳情况 3. 能按要求对被评估车辆进行拍照	1. 机动车证件类型 2. 机动车证件识别方法 3. 车辆税费种类 4. 车辆税费凭证识别方法 5. 拍照技巧
技术状况鉴定	静态检查	1. 能根据资料核对车辆基本情况 2. 能检查发动机技术状况 3. 能检查底盘技术状况 4. 能检查车身技术状况 5. 能检查电器电子技术状况 6. 能识别事故车辆	1. 机动车识伪检查方法 2. 发动机静态检查方法 3. 底盘静态检查方法 4. 车身静态检查方法 5. 电器电子静态检查方法 6. 事故车静态检查方法
技术状况鉴定	动态路试检查	1. 能进行路试前的准备工作 2. 能动态检查机动车性能 3. 能进行路试后的检查工作	1. 机动车制动性能检查方法 2. 机动车动力性能检查方法 3. 机动车操纵性能检查方法 4. 机动车滑行性能检查方法 5. 机动车噪声和废气检查方法
技术状况鉴定	技术状况综合评定	1. 能分析二手车的技术状况 2. 能提出机动车检测建议 3. 能识读机动车综合性能检测报告	1. 机动车技术等级标准 2. 机动车技术状况分析方法 3. 机动车技术状况检测项目和内容

续表

职业功能	工作内容	技能要求	相关知识
价值评估	选择评估方法	1. 能区分评估类型 2. 能根据评估目的选择评估方法	1. 评估类型分类 2. 评估方法分类
	评估计算	1. 能用重置成本法评估二手车价值 2. 能用现行市价法评估二手车价值 3. 能用收益现值法评估二手车价值 4. 能用清算价格法评估二手车价值	1. 重置成本法德计算模型和估算方法 2. 二手车贬值及其估算 3. 成新率确定方法 4. 现行市价法估算流程和计算方法 5. 收益现值法估算流程和计算方法 6. 清算价格法
	撰写二手车鉴定评估报告	1. 能与委托方交流，确认鉴定评估结论 2. 能编写二手车鉴定评估报告 3. 能归档二手车鉴定评估报告	1. 二手车鉴定评估报告要求 2. 二手车鉴定评估报告要素 3. 二手车鉴定评估报告内容

高级二手车鉴定评估师职业技能标准

职业功能	工作内容	技能要求	相关知识
故障判断	判断发动机常见故障	能判断发动机起动困难、怠速不良、动力不足、排烟异常、机油消耗异常、异响等故障原因	1. 发动机故障表现形式 2. 发动机故障诊断方法 3. 发动机传感器、执行器、ECU 检测方法
	判断底盘常见故障	能判断传动系、转向系、行驶系、制动系等故障原因	1. 传动系、转向系、行驶系、制动系等故障表现形式 2. 传动系、转向系、行驶系、制动系等故障诊断方法
	判断电器电子常见故障	1. 能判断蓄电池、发电机、起动机、空调、电子元件等故障原因 2. 能判断汽车起火自燃的原因	1. 汽车电路常见故障 2. 汽车常见电器电子元件 3. 汽车电器电子故障诊断程序 4. 汽车电器电子检修常用仪表
	判断对车价影响较大的故障	1. 能分析汽车故障与车价的关系 2. 能判断对车价影响较大的故障	1. 汽车维修配件价格相关标准 2. 汽车修理成本核算方法

续表

职业功能	工作内容	技能要求	相关知识
高配置装置识别与技术状况鉴定	发动机技术状况鉴定	1. 能识别和鉴定涡轮增压发动机 2. 能识别和鉴定多气门发动机	1. 电控燃油喷射结构原理 2. 涡轮增压装置结构原理 3. 多气门发动机结构原理
	底盘高配置装置识别与技术状况鉴定	1. 能识别和鉴定动力转向装置 2. 能识别和鉴定防抱死制动系统（ABS） 3. 能识别和鉴定巡航控制装置	1. 自动变速器、无级变速器结构原理 2. 动力转向装置结构原理 3. 防抱死制动系统结构原理 4. 巡航控制装置结构原理
	车身高配置装置识别与技术状况鉴定	1. 能识别和鉴定倒车雷达装置 2. 能识别和鉴定防盗装置 3. 能识别和鉴定汽车音响	1. 安全气囊结构原理 2. 倒车雷达装置结构原理 3. 防盗装置结构原理 4. 汽车音响结构原理 5. 电动天窗结构原理
专项作业车和大型客车鉴定评估	专项作业车鉴定评估	1. 能判别专项作业车技术状况好坏 2. 能静、动态检查专项作业车 3. 能评估专项作业车价值	1. 专项作业车分类、型号和技术指标 2. 专项作业车基本结构和技术参数
	大型客车鉴定评估	1. 能判别大型客车技术状况好坏 2. 能静、动态检查大型客车 3. 能评估大型客车价值	1. 大型客车分类、型号和技术指标 2. 大型客车基本结构和技术参数
二手车营销	二手车收购、销售、置换	1. 能确定二手车收购价格 2. 能确定二手车销售定价方法 3. 能确定二手车销售定价目标 4. 能确定二手车销售最终价格 5. 能制定二手车置换流程	1. 二手车收购估价方法 2. 二手车收购估价与鉴定估价的区别 3. 二手车销售定价应考虑的因素 4. 二手车营销实务 5. 二手车置换方式
	二手车质量认证	能制定二手车质量认证流程	二手车质量认证内容
	二手车拍卖	能确定二手车拍卖底价	1. 二手车拍卖方式 2. 拍卖相关法规 3. 二手车拍卖运作过程
事故车辆鉴定评估	事故车辆的鉴定	1. 能检查事故车技术状况 2. 能鉴定事故车辆的损伤程度	车辆损伤类型
	事故车辆的评估	1. 能对碰撞车辆进行评估 2. 能对泡水车辆进行评估 3. 能对火烧车辆进行评估	1. 损失项目的确定 2. 损失费用的确定
培训指导	指导操作	能指导二手车鉴定评估师及鉴定评估从业人员进行实际操作	二手车鉴定评估实际操作流程
	理论培训	能指导二手车鉴定评估师及鉴定评估从业人员进行理论培训	二手车鉴定评估师培训讲义编写方法

附录六 车辆检验千分表

总分1 000分,在以下项目的检查中,若发现问题,则从总分中扣去相应的分值,若车辆的同一问题在不同的检查项目中出现,则只扣取最高分,数值表明相对重要度,分数越高,表明车辆状况越好。

鉴定程序共分三个部分:静态检查、原地起动检查、路试检查。

1. 静态检查					
序号	项目	动作内容	检查	可能的问题	分值
1	方向盘	上下、左右摇动	是否松动	主轴上部磨损	2
		转动方向盘、调整高度	自由行程是否正常	整个转向系统包括横拉杆等连接部分出现问题	3
2	喇叭	按喇叭	响声是否正常	喇叭簧片、继电器可能出现问题	1
3	风窗玻璃洗涤器	喷洗风窗	喷嘴是否流畅、喷射位置适中	电机坏、喷嘴堵塞、缺水	2
4	雨刷片	起动雨刷	是否松旷、角度是否正常	机构松动	1
5	各种按钮	操作一遍	指示灯是否正常	按钮失效	1
6	座位	调整位置、角度	滑槽、定位、锁止是否正常	固定不稳、滑槽脏污	2
7	遮阳板	翻动遮阳板	是否顺畅	卡住	1
8	油门踏板	踩下、松开踏板	是否顺畅	连杆机构拉索变形	1
9	刹车踏板	踩下、松开踏板	踩踏是否有力	油路、执行机构出现问题	2
10	离合器踏板	踩下、松开踏板	间隙是否合适	离合器片磨损	10
			踩踏是否沉重	分离机构出现问题	4
11	手刹车拉杆	拉起、放松	响声是否在5~7次	制动片磨损过度	3
12	变速箱排挡杆	依次挂挡	挡位是否清晰,不发卡	换挡机构磨损	1
13	油压灯	打开点火开关	灯是否亮起	线路或仪表故障	1
14	充电指示灯	打开点火开关	灯是否亮起	线路或仪表故障	1
15	燃油表	打开点火开关	灯是否亮起	线路或仪表故障	2
16	水温表	打开点火开关	灯是否亮起	线路或仪表故障	2

续表

	1. 静态检查				
序号	项目	动作内容	检查	可能的问题	分值
17	发动机机油	打开发动机盖检查机油尺，观察气缸盖、挺杆罩等	机油容量是否合适、是否有泄漏、是否洁净	漏油	10
			色泽是否混浊呈白色	气缸垫泄漏	20
			机油标尺是否有金属屑	曲轴、连杆严重磨损	50
18	冷却系统	观察水箱补液罐液面，给水管各部分夹子处，水泵、散热器等的结合处	是否泄漏	管路老化	10
19	刹车油	观察制动液面是否正常；底盘下的刹车油管上是否有污泥；手摸总泵外表面	是否渗漏	管路老化	5
20	各电线接头	拨动电瓶桩头、电瓶至起动装置的电线两端、搭铁线、点火线圈、起动机线路、发电机线路	是否松动、有无自行搭线	线束短路	10
21	插头与夹子	拨动插接件、固定夹子、卡子等	是否松动	维修过、未还原	2
22	电瓶	查看制造日期，前大灯打开时起动发动机	寿命是否在有效期内，发动机是否顺利起动，电瓶电压是否正常	电力不足	10
23	皮带	按压、摇动皮带	松紧度是否正常	松弛、老化	2
24	空气滤清器	打开空滤器盖	是否有污物、发霉	发动机进水	2
25	水箱散热器片	观察折损弯曲状况	是否平整	事故车	10
26	风窗玻璃	观察四周胶封	胶条是否新旧一致	玻璃曾破损	20
27	车窗玻璃	升降	是否顺畅	玻璃滑槽脏污	10
28	保险丝	打开各处保险丝盒	是否熔断，有无备份	线路过载或短路	2
29	座椅	按压	回弹是否正常	过度使用	2
30	烟灰盒、点烟器等	使用检查	是否正常	车辆使用或保养不当	2

续表

1. 静态检查					
序号	项目	动作内容	检　　查	可能的问题	分值
31	发动机舱	整体观察	周边及下方有无油污	气缸垫漏油	20
32	排气管	摸排气管内壁	污渍是否呈黑灰色、黑色且有黏稠液体	发动机燃烧不完全、漏机油、发动机可能部分损坏	20
33	水箱	检查水面	是否有漂浮物	如有锈蚀粉屑，说明水箱内锈蚀严重，如有油污，则说明机油渗漏	10
34	变速器	检查变速器油	颜色是否为红色或棕色，是否有焦味；	红色正常，棕色表示发生故障；焦味为磨损严重	23
35	轮胎	检查磨损情况、轮胎型号	磨损是否不均匀，是否补过	车轮定位、悬架有问题	20
36	车辆水平度	车辆水平放置自后向前看	车身是否平整	轮胎磨损、减震器、弹簧坏、悬架有问题	20
37	车身号、发动机号	检查	号码是否清晰	积压车	10
38	车身外表	使自己的视线与钣金件表面保持水平，观察车身表面、车身密封胶条	观察是否有重新修补的起伏痕迹，车身色差是否明显	事故车	20
39	车身内部	观察	观察钣金件是否安装过支架，内饰板缝隙是否均匀	事故车、出租车、赛车	20
40	水箱护罩、横梁、发动机下纵梁、引擎室侧副梁	观察水箱、发动机周围结构件	是否有失圆或大小不一的点焊形状或修理过的痕迹	事故车	20
41	行李箱盖板	观察行李箱周边	密合度大小是否一致	后车尾碰撞	20
42	行李箱地板	翻开行李箱地毯	是否有烧焊的痕迹	事故车	20
43	地板	翻开地毯，观察底部	是否有锈蚀、漏洞，大梁是否有曲折及修复情况	泡水车、事故车	40

续表

1. 静态检查					
序号	项目	动作内容	检 查	可能的问题	分值
44	引擎盖	观察引擎盖与翼子板的缝隙、引擎盖与车灯间的结合、引擎盖与风窗玻璃间隙、引擎盖与前保险杠的间隙	是否均匀，有无原车胶漆	事故车	10
45	引擎盖内板	打开引擎盖，观察内护板	是否有烤漆痕迹	事故车	5
46	车身B柱	观察车门框与B柱	是否为一直线，接缝处是否自然平整	事故车	10
47	车门	来回打开车门，揭开防水胶条	车门开闭是否顺畅，A、B、C柱与车门是否呈一直线，防水胶条是否平整，车门附近是否留有原车结合时的卯钉痕迹	事故车	10
48	悬架	按压车身后松开	回弹次数是否为2~3次	减震器有问题	5
49	减震器	观察减震器活塞杆	减震器活塞杆是否潮湿或减震器桶油污严重	过度磨损、密封不良	5
50	车身底部	拨动球头和弹性铰接头	是否松旷、损坏	过度使用、事故车	10
51	轮毂轴承	在举升机上上下移动车轮	是否松动	过度使用、事故车	10
52	后轴轴承	用手移动	是否发响	过度使用、事故车	10
53	排气管	观察排气管	是否生锈	使用年限较长	10
2. 原地起动检查					
	项目	动作内容	检 查	可能的问题	分值
54	油压灯	打开点火开关	油压灯是否正常亮	机油不足或系统故障	1
55	充电指示灯	打开点火开关	充电指示灯是否正常亮	充电不足	2
56	前大灯（远近光）、小灯、雾灯、倒车灯	观察外观，逐一开关	是否正常工作，有无破损或变色	灯泡或线路故障	3

续表

2. 原地起动检查						
	项目	动作内容	检　　查	可能的问题	分值	
57	发动机	起动发动机	怠速是否抖动，各缸压力、怠速转速是否正常	怠速过低、发动机支架不稳固	5	
		听发动机声响	是否有异响如气门声等	嗒嗒声为气门间隙过大，隆隆声为轴承坏	10	
		踩下油门提高转速	是否有异响，如咯咯声	活塞有问题	50	
		堵住排气管	发动机在几秒内是否正常熄火	车底有嚓嚓声，密封性不好	25	
		打开机油添加口盖	是否有汽油味	活塞环损坏	50	
		观察排气颜色	是否出现偏蓝颜色	烧机油	25	
58	空调系统	打开空调开关	是否有制冷效果	制冷剂缺乏	5	
			是否抖动	动力不足、离合器故障	18	
		听空调压缩机响声	是否有吱吱声	压缩机、皮带有问题	5	
59	发电机	测发电机电压	是否正常	充电电压过高	5	
60	发动机电喷系统	起动发动机	故障灯是否亮	电喷系统故障	30	
61	动力转向系统	一只手转动方向盘	车轮是否转动，是否有助力	动力转向系统失效	30	
3. 路试检查						
	项目	动作内容	检　　查	可能的问题	分值	
62	直线行驶	方向盘正位	是否跑偏，车轮是否摆动、发飘，方向盘是否振动	胎压不均、事故车、车轮定位不准、转向系统有问题、车架变形、轮辋变形、动平衡有问题	30	
63	转向灯亮灭装置	左右拨动转向灯	在方向盘回正时自动跳回	转向灯开关故障	5	
64	车身发响	关闭车窗坏路行驶	听车内是否有响声	车身钣金件、座椅、附件安装有问题	10	
65	悬架弹簧	过坏路	感觉回弹是否正常、是否存在异响	悬架弹簧、减震器等有问题	10	

续表

		3. 路试检查			
	项目	动作内容	检　　查	可能的问题	分值
66	转向	过弯道	方向盘是否正常回正	系统松旷，拉杆有问题	10
67	离合器	挂二挡拉手刹松开离合器	发动机是否正常熄火	离合器打滑或过度磨损	15
68	制动	直线行驶点刹制动、持续制动	有无跑偏、甩尾等	制动系统有问题	16
69	运动部件	手动挡空挡滑行（初速度 20 km/h）	距离是否低至 50~80 m	润滑不当、轴承过紧、刹车刮蹭、润滑油凝固	10
70	发动机	空挡滑行	发动机有无霹雳声	排气门密封不严、点火角错、点火装置故障	5
		观察排气管尾气	有无大量蓝烟或黑烟	气门或活塞磨损严重	50
			是否冒白烟	缸垫渗水	20
		合计			
评定					

二手车鉴定及评估

任务实施手册

主编 潘秀艳 张红英
参编 潘梦成

姓　名 _____

班　级 _____

团　队 _____

目 录

项目1　二手车市场

任务　认识二手车市场 …………………………………………… 002
一、任务实施 …………………………………………………… 002
二、思考题 ……………………………………………………… 005

项目2　二手车评估基础

任务1　汽车的基础知识 ………………………………………… 010
一、任务实施 …………………………………………………… 010
二、思考题 ……………………………………………………… 013
任务2　汽车保值率分析 ………………………………………… 015
一、任务实施 …………………………………………………… 015
二、思考题 ……………………………………………………… 018
任务3　了解二手车经营模式 …………………………………… 019
一、任务实施 …………………………………………………… 019
二、思考题 ……………………………………………………… 022

项目3　二手车技术状况鉴定

任务1　二手车技术状况的静态检查 …………………………… 026
一、任务实施 …………………………………………………… 026
二、思考题 ……………………………………………………… 031
任务2　二手车技术状况的动态检查 …………………………… 032
一、任务实施 …………………………………………………… 032
二、思考题 ……………………………………………………… 039

任务3　事故车的检查 ··· 039
　一、任务实施 ··· 039
　二、思考题 ··· 044

项目4　二手车评估方法

任务1　二手车的成新率 ··· 046
　一、任务实施 ··· 046
　二、思考题 ··· 048
任务2　二手车评估的重置成本法 ··· 050
　一、任务实施 ··· 050
　二、思考题 ··· 053
任务3　二手车评估的现行市价法 ··· 055
　一、任务实施 ··· 055
　二、思考题 ··· 058
任务4　二手车评估的收益现值法 ··· 060
　一、任务实施 ··· 060
　二、思考题 ··· 063
任务5　二手车评估的清算价格法 ··· 065
　一、任务实施 ··· 065
　二、思考题 ··· 068

项目5　二手车工作实务

任务1　二手车鉴定评估实务 ·· 070
　一、任务实施 ··· 070
　二、思考题 ··· 075
任务2　二手车收购实务 ·· 075
　一、任务实施 ··· 075
　二、思考题 ··· 078
任务3　二手车营销实务 ·· 078
　一、任务实施 ··· 078
　二、思考题 ··· 082
任务4　二手车的转移登记 ··· 083
　一、任务实施 ··· 083
　二、思考题 ··· 086

项目 1

二手车市场

任务　认识二手车市场

一、任务实施

任务名称	当地二手车市场的调研方案
小组成员	
任务目标	1. 了解当地二手车市场的实际发展状况； 2. 了解当地二手车的常见流通模式； 3. 搜集信息，分析二手车市场，开展调研工作。
任务准备	1. 全班分成若干组，每组指定专人负责，分配调研任务。 2. 调研内容： （1）当地二手车市场的地理位置及规模、二手车市场现行政策、市场繁荣程度等。 （2）所调研企业的经营方式、客户来源； （3）所调研企业的规模及客流量； （4）所调研的企业的产品定位（普通二手车、中高端二手车、精品二手车）； （5）热销车型及价位； （6）交易方式等。
任务内容	第一步：前期利用网络资源查找任务所需的相关资料，拟定调研方案； 第二步：查找附近的二手车市场（例如网络二手车线下店、二手车市场等），实地进行走访和调研； 第三步：根据调研内容，每个小组撰写一篇调研报告。 第四步：以小组为单位展示成果，全班针对所见所闻参与讨论。
调研计划	

续表

任务名称	当地二手车市场的调研方案
调研计划	

续表

任务名称	当地二手车市场的调研方案
调研总结	

续表

<table>
<tr><th colspan="4">任务评价标准</th></tr>
<tr><td>评分项目</td><td>好</td><td>一般</td><td>有待改良</td></tr>
<tr><td>实训准备
（10分）</td><td>小组分工明确，能够对调研的内容事先进行精心准备</td><td>能够做必要的准备，但不够充分</td><td>分工不够明确，事先无准备</td></tr>
<tr><td>运用知识
（30分）</td><td>能够熟练、自如地运用所学的知识进行分析，分析卓有成效</td><td>小组讨论认真，所学的知识运用得不是很准确，个别组员不积极</td><td>不能运用所学的知识分析实际问题</td></tr>
<tr><td>调研报告质量
（30分）</td><td>调研报告结构完整，论点正确，论据充分，分析准确、透彻</td><td>调研报告基本完整，能够根据调查的实际情况进行分析</td><td>调研报告不完整，分析缺乏个人观点</td></tr>
<tr><td>学习态度
（30分）</td><td>热情高，干劲足，态度认真，能够出色地完成任务</td><td>有一定热情，基本能够完成任务</td><td>敷衍了事，不能完成任务</td></tr>
<tr><td colspan="4">任务评价</td></tr>
<tr><td>教师评语</td><td colspan="3">教师评语：（根据工作单填写情况、语言表达、态度及沟通技巧等方面，按等级制给出成绩）

实训记录成绩：　　　　　　　　　　　　　　　教师签字：
　　　　　　　　　　　　　　　　　　　　　　年　月　日</td></tr>
</table>

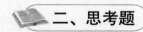

二、思考题

（一）选择题

1. 目前国内二手车的交易量是新车的（　　）。

A. 三分之一

B. 一倍

C. 二分之一

D. 四分之一

2. 以下网站不属于二手车网站的是（　　）。

   A. 车王

   B. 天天拍车

   C. 优信

   D. 懂车帝

3. 品牌二手车认证不包括以下哪些特点？（　　）

   A. 有质量保证

   B. 属于厂家行为

   C. 仅有高档车辆

   D. 有专卖店

4. 发达国家的二手车市场发展不包含以下哪些特点？（　　）

   A. 评估体系健全

   B. 信息透明

   C. 政策法规健全且严格

   D. 汽车厂家不参与二手车的流通

5. 未来二手车发展最核心的内容不包括（　　）。

   A. 二手车品质的保障

   B. 增值服务的提供

   C. 诚信体系的建立

   D. 消费者素质的提升

6. 以下哪些车辆是允许交易且过户的？（　　）

   A. 国有企业的公车

   B. 税费未缴纳齐全的

   C. 被法院查封的车辆

   D. 来历不明的车辆

7. 结合目前国内二手车市场的情况，以下哪句话说法不恰当？（　　）

   A. 二手车交易模式从单一模式转变成多元化模式

   B. 未来的大数据应用对二手车行业的发展带来的帮助不大

   C. 目前虽然我国经过专业培训的评估师数量并不多，但评价标准统一，可以保证定价的合理性

   D. 我国二手车市场与发达国家相比仍然存在较大差距

8. 二手车交易陷阱不包括（　　）。

   A. 出售被偷窃的车辆

   B. 出售车辆隐瞒车况

   C. 出售下线出租车

   D. 二手车售卖定价过高

(二) 简答题

1. 简述国内外二手车市场的发展状况。

2. 你认为国外的二手车发展带给我国二手车市场怎样的启示?

项目 2

二手车评估基础

任务1 汽车的基础知识

一、任务实施

任务名称	汽车基础知识应用
小组成员	
任务目标	1. 能按照不同的原则判别汽车类型； 2. 能够查找汽车17位编码、发动机号、汽车铭牌； 3. 能够搜索查看不同类型二手车的基本参数； 4. 能够合理评价被评估车辆的市场表现情况。
任务准备	1. 全班分成若干组，每组指定专人负责； 2. 准备实训车辆。
任务内容	第一步：请描述你所检查的二手车的基本情况。 ① 二手车类别：＿＿＿＿＿＿＿＿＿＿＿＿＿＿＿＿＿＿＿＿＿＿＿＿。 ② 二手车名称：＿＿＿＿＿＿＿＿＿＿＿＿＿＿＿＿＿＿＿＿＿＿＿＿； 　型号：＿＿＿＿＿＿＿＿＿＿＿＿＿＿＿＿＿＿＿＿＿＿＿＿＿＿。 ③ 二手车生产厂家：＿＿＿＿＿＿＿＿＿＿＿＿＿＿＿＿＿＿＿＿； 　生产日期：＿＿＿＿＿＿＿＿＿＿＿＿＿＿＿＿＿＿＿＿＿＿＿。 ④ 二手车初次注册登记日期：＿＿＿＿＿＿＿＿＿＿＿＿＿＿＿； 　行驶里程：＿＿＿＿＿＿＿＿＿＿＿＿＿＿＿＿＿＿＿＿＿＿＿。 ⑤ 车辆的VIN码为：＿＿＿＿＿＿＿＿＿＿＿＿＿＿＿＿＿＿＿＿； 　表示年份的是＿＿＿＿＿＿＿＿＿＿＿＿＿＿＿＿＿＿＿＿＿＿； 　发动机号为：＿＿＿＿＿＿＿＿＿＿＿＿＿＿＿＿＿＿＿＿＿＿。 ⑥ 该车辆的铭牌位于车辆＿＿＿＿＿＿＿＿＿＿＿＿＿位置，铭牌中 　包括＿＿＿＿＿＿＿＿＿＿＿＿＿＿＿＿＿＿＿＿＿＿＿＿等信息。

续表

任务名称	汽车基础知识应用				
任务内容	第二步：请查看车辆的以下信息。				
	长、宽、高	轴距	最小离地间隙	接近角、离去角	前悬后悬
	车身颜色	座位数	前后雨刷器	行李舱容积	前后悬架形式
	车灯类型	轮胎规格	驾驶辅助功能	车锁、防盗设备	内部空间
	仪表板	燃油型号	音响、视频	座椅形式	油箱容积
	功率	最大扭矩	排气量	缸数	驱动方式
	安全配置	气缸排列	涡轮增压	燃油供给方式	最高车速
	变速方式	改装情况	舒适配置	个性设计	驾驶模式
	驱动方式				
	记录：_____				

续表

任务名称	汽车基础知识应用
任务内容	第二步：评价该二手车在市场中的表现和价格情况（可通过查询相关二手车网站获得信息）。 _____ _____ _____ _____ _____ _____ _____ _____ _____ _____ _____ _____ _____ _____ _____
任务反思	

续表

任务评价标准				
评分项目	好	一般	有待改良
实训准备（10分）	小组分工明确，能够对调研的内容事先进行精心准备	能够做必要的准备，但不够充分	分工不够明确，事先无准备
运用知识（30分）	能够熟练、自如地运用所学的知识进行实训任务	实训认真，所学的知识运用得不是很准确，个别组员不积极	不能运用所学的知识分析实际问题
调研报告质量（30分）	汽车平面图绘制准确，能够准确分析不同类型二手车的外观、车体结构、悬挂形式、灯光及轮胎	基本按照实训要求完成了任务，但是内容不够完整准确	未能在规定的时间内完成实训及实训报告
学习态度（30分）	能按照实训要求完成任务，热情高，干劲足，态度认真，能够出色地完成任务	有一定的热情，基本能够完成任务	敷衍了事，不能完成任务
任务评价				
教师评语	教师评语：（根据工作单填写情况、语言表达、态度及沟通技巧等方面，按等级制给出成绩） 实训记录成绩：		教师签字： 　　　年　月　日

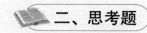

二、思考题

（一）选择题

1. 汽车的接近角与离去角的数值对汽车的（　　）有影响。
A. 动力车

B. 通过性

C. 燃油经济性

D. 操纵稳定性

2. 从车辆 VIN 中我们不能识别出的信息是（　　）。

A. 发动机排量

B. 车型年份

C. 生产国家

D. 车辆类别

3. 某汽车型号 CA1091，其车辆类别代号和主参数的含义为（　　）。

A. 货车总质量 9 吨

B. 货车载重量 9 吨

C. 越野车自重 9 吨

D. 越野车总质量 9 吨

4. 捷达轿车属于（　　）。

A. 中级轿车

B. 中高级轿车

C. 微型轿车

D. 紧凑级轿车

5. 车辆的 17 位 VIN 识别代码经过排列组合，结果使车型生产在（　　）年之内不会发生重号现象。

A. 40

B. 50

C. 20

D. 30

6. 下列指标中，不属于汽车制动性的指标为（　　）。

A. 制动效能

B. 自动时的方向稳定性

C. 加速时间

D. 制动抗衰退性

7. 我国按照 GB 1589—2004 规定：货车总长（包括越野载货车）不大于（　　）。

A. 11 米

B. 13 米

C. 10 米

D. 12 米

8. 根据 VIN 编码规则，2005 年所对应的年份码是（　　）。

A. 3

B. 5

C. A

D. 0

（二）简答题

1. 轿车的布置形式主要有哪几种？请举例说明。

2. 简述我国汽车车型统计分类。

任务 2　汽车保值率分析

一、任务实施

任务名称	汽车保值率分析
小组成员	
任务目标	1. 了解主流汽车品牌文化及其旗下车型； 2. 了解常见车型的保值率情况。
任务准备	1. 全班分成若干组，每组指定专人负责； 2. 准备多辆实训车辆； 3. 准备网络查询环境。
任务内容	第一步：通过资料查找了解最近几年汽车保值率排名情况。 A0 级保值的车辆：_____ A 级保值的车辆：_____ B 级保值的车辆：_____

续表

任务名称	汽车保值率分析
任务内容	C 级保值的车辆：_____ D 级保值的车辆：_____ SUV 保值的车辆：_____ MPV 保值的车辆：_____ 第二步：收集保值率排名前十名汽车的品牌及其旗下车型。 _____ _____ _____ _____ _____ _____ _____ _____ _____ _____ 第三步：通过查找保值车辆，你认为保值率高低一般会受哪些因素影响？ _____ _____ _____ _____ _____ _____ _____ _____ _____

续表

任务名称	汽车保值率分析		
任务反思			
任务评价			
评分项目	好	一般	有待改良
实训准备 （10分）	小组分工明确，能够对调研的内容事先进行精心准备	能够做必要的准备，但不够充分	分工不够明确，事先无准备
运用知识 （30分）	能够熟练、自如地运用所学的知识进行实训任务	实训认真，所学的知识运用得不是很准确，个别组员不积极	不能运用所学的知识分析实际问题
任务质量 （30分）	能够利用所学的保值率的知识分析目前市场上的常见车型	基本按照实训要求完成了任务，但是内容不够完整准确	未能在规定的时间内完成实训及实训报告
学习态度 （30分）	按照实训要求完成任务，热情高，干劲足，态度认真，能够出色地完成任务	有一定的热情，基本能够完成任务	敷衍了事，不能完成任务
任务评价			
教师评语	教师评语：（根据工作单填写情况、语言表达、态度及沟通技巧等方面，按等级制给出成绩） 实训记录成绩：　　　　　　　　　　　　　　　　教师签字： 　　　　　　　　　　　　　　　　　　　　　　　　年　月　日		

二、思考题

（一）选择题

1. 由市场需求变化而引起的车辆贬值是（　　）。
   A. 经济性贬值
   B. 功能性和经济性贬值
   C. 实体性贬值
   D. 功能性贬值

2. 车辆使用一段时间后闲置库场半年多，使得车身钣金件锈蚀、橡胶老化，从而导致的价值损耗为（　　）。
   A. 经济性贬值
   B. 功能性与实体性贬值
   C. 功能性贬值
   D. 实体性贬值

3. 一种功能性贬值是由于技术进步引起劳动生产率提高，再生产同样的车辆，所需（　　）减少，成本降低，从而造成原有车辆贬值。
   A. 劳动时间
   B. 车辆运输销售时间
   C. 社会必要劳动时间
   D. 装配制造时间

4. 电喷车出来后，使得化油器车发生贬值，这种贬值是（　　）。
   A. 功能性贬值
   B. 各种贬值都有
   C. 实体性贬值
   D. 经济性贬值

5. 二手车的技术状态受使用强度的直接影响，一般来说，下列哪种使用性质的车，使用强度较大？（　　）
   A. 单位员工班车
   B. 私人生活用车
   C. 公务用车
   D. 专业货运车辆

6. 汽车的经济使用寿命的量标——行驶总里程是指汽车从投入运行到报废期间累计行驶的里程数，没有反映（　　）。
   A. 使用性质
   B. 运行时间
   C. 使用强度
   D. 使用条件和闲置期间的自然损耗

7. 如果按照汽车制造厂家的使用手册规定的技术规范使用，则汽车就属于（　　）。
   A. 正常使用
   B. 不正常磨损
   C. 正常磨损
   D. 不正常使用

8. 汽车的经济使用寿命的量标——规定使用年限是汽车从投入运行到报废的年数，没有考虑（　　）。
   A. 使用条件和使用强度
   B. 使用状况
   C. 运行时间
   D. 闲置时间的自然损耗

（二）简答题

1. 保值率的含义是什么？保值率如何测算的？

2. 保值率和成新率的区别是什么？

任务3　了解二手车经营模式

一、任务实施

任务名称	二手车经营模式
小组成员	
任务目标	1. 了解传统的二手车经营模式； 2. 了解互联网二手车经营模式及营利方式。

续表

任务名称	二手车经营模式
任务准备	1. 全班分成若干组，每组指定专人负责； 2. 准备网络查询环境。
任务内容	1. 你了解哪些传统的二手车经营模式？ _____ 2. 电商模式中的 B2B、C2C、C2B、B2C 是什么含义？ _____ 3. 查看车易拍、天天拍车、人人车、瓜子二手车、优信二手车、273二手车、车置宝等常见汽车网络平台，分析它们属于哪种电商模式？它们分别有什么特点？

续表

任务名称	二手车经营模式		
任务反思			
任务评价			
评分项目	好	一般	有待改良
实训准备（10分）	小组分工明确，能够对调研的内容事先进行精心准备	能够做必要的准备，但不够充分	分工不够明确，事先无准备
运用知识（30分）	能够熟练、自如地运用所学的知识进行实训任务	实训认真，所学的知识运用得不是很准确，个别组员不积极	不能运用所学的知识分析实际问题
任务完成质量（30分）	关于二手车平台信息的查找准确、快速，能够分析各二手车平台的经营模式	基本能够按照实训要求完成任务，但是内容不够完整准确	未能在规定的时间内完成实训及实训报告
学习态度（30分）	按照实训要求完成任务，热情高，干劲足，态度认真，能够出色地完成任务	有一定的热情，基本能够完成任务	敷衍了事，不能完成任务
任务评价			
教师评语	教师评语：（根据工作单填写情况、语言表达、态度及沟通技巧等方面，按等级制给出成绩） 实训记录成绩： 　　　　　　　　　　　　　　　教师签字： 　　　　　　　　　　　　　　　　　　　　　　　年　月　日		

二、思考题

（一）选择题

1. 某鉴定评估师接受法院的委托对一辆公务用车进行鉴定估价，当他发现该车辆是他原工作单位的车辆时，他回避了这次鉴定评估。这位鉴定评估师遵守的工作原则是（　　）。

   A. 科学性原则
   B. 可行性原则
   C. 客观性原则
   D. 独立性原则

2. 评估时要特别注意价格的时效性，所用资料要能反映（　　）的价格水平。

   A. 出厂时日
   B. 注册时
   C. 评估基准日
   D. 销售日

3. 依照相关法规，在二手车评估中发现非法车辆、伪造证明或车牌的，擅自更改发动机号、车架号的，调整里程表的，应当（　　）。

   A. 照常评估技术状态
   B. 不加过问
   C. 及时向执法部门举报，配合调查
   D. 不予评估也不举报

4. 以下哪一项不属于二手车评估的主要任务。（　　）

   A. 确定二手车的报废价值
   B. 识别非法车辆
   C. 确定二手车交易的成交额
   D. 抵押贷款时，为抵押物作价

5. 以下哪项对二手车评估特点的描述是错误的？（　　）

   A. 评估以单辆为评估对象
   B. 评估可以有很大的随意性
   C. 二手车评估以技术鉴定为基础
   D. 要考虑附加值

6. 评估时，应该使用评估对象（　　）的价格资料。

   A. 销售地
   B. 所在地
   C. 出厂地
   D. 库存地

7. 二手车鉴定评估的主体是（　　）。

A. 二手车
B. 评估程序
C. 评估师
D. 评估方法和标准

8. 二手车在非正常市场上的限制拍卖价格遵守的是（　　）。
A. 现行市价标准
B. 清算价格标准
C. 重置成本标准
D. 收益现值标准

（二）简答题

1. 汽车评估的核心内容是什么？

2. 详细描述汽车评估的基本程序和工作步骤。

项目 3

二手车技术状况鉴定

任务1 二手车技术状况的静态检查

一、任务实施

任务名称	二手车技术状况的静态检查
小组成员	
任务目标	1. 熟悉汽车静态检查的流程； 2. 掌握汽车识伪检查的检查项目； 3. 掌握汽车外观检查的检查项目。
任务准备	1. 全班分成若干组，每组指定专人负责； 2. 准备实训车辆及相关手续； 3. 准备静态检查的相关工具； 4. 准备静态检查所需的相关表格。
任务内容	1. 检查实训车辆的行驶证、机动车号牌、来历凭证、税费缴纳凭证等。 2. 描述你所检查的二手车的基本情况。 ① 二手车的类别：＿＿＿＿＿＿＿＿＿＿。 ② 二手车名称：＿＿＿＿＿＿＿＿＿＿； 　 型号：＿＿＿＿＿＿＿＿＿＿。 ③ 二手车生产厂家：＿＿＿＿＿＿＿＿＿＿； 　 生产日期：＿＿＿＿＿＿＿＿＿＿。 ④ 二手车初次注册登记日期：＿＿＿＿＿＿＿＿＿＿； 　 行驶里程：＿＿＿＿＿＿＿＿＿＿。 ⑤ 车辆的VIN码为：＿＿＿＿＿＿＿＿＿＿； ⑥ 车辆的手续有：＿＿＿＿＿＿＿＿＿＿； ⑦ 汽车强制险和年检有效期分别在＿＿＿＿＿＿＿＿＿＿。

续表

任务名称	二手车技术状况的静态检查
任务内容	3. 识伪检查。 ① 你所检查的二手车手续检查要点包括使用性质、抵押登记、是否是库存车、变更登记等，请依次指出检查方法。 _____ _____ _____ _____ ② 你所检查的二手车是水货车吗？ □是　　□否。 你作出上述判断的理由是_____ _____ _____ _____。 ③ 你所检查的汽车是否为改装车？ □是、□否。 你作出上述判断的理由是_____ _____ _____ _____。 4. 目测检查。 ① 记录你对车身技术状况检查的结果。 _____ _____ _____ _____ 通过对记录结果的分析，你得出的结论是_____ _____ _____ _____

续表

任务名称	二手车技术状况的静态检查
任务内容	② 记录你对驾驶室和车厢内部状况检查的结果。 _____ _____ _____ _____。 通过对记录结果的分析，你得出的结论是_____ _____ _____ _____。 ③ 记录你对发动机状况检查的结果。 _____ _____ _____ _____。 通过对记录结果的分析，你得出的结论是_____ _____ _____ _____。 ④ 记录你对附属装置检查的结果。 _____ _____ _____ _____。 通过对记录结果的分析，你得出的结论是_____ _____ _____ _____。

续表

任务名称	二手车技术状况的静态检查
任务内容	⑤ 记录你对车辆底盘检查的结果。 _____ _____ _____ 通过对记录结果的分析，你得出的结论是_____ _____ _____ _____。 ⑥ 记录你对电器设备检查的结果。 _____ _____ _____ _____ 通过对记录结果的分析，你得出的结论是_____ _____ _____ _____。 5. 常用量具检查。 ① 记录你对车身周正性检查的结果。 _____ _____ _____ _____ 通过对记录结果的分析，你得出的结论是_____ _____ _____ _____。

续表

任务名称	二手车技术状况的静态检查
任务内容	② 记录你对轮胎检查的结果。 _____ _____ _____ 通过对记录结果的分析,你得出的结论是_____ _____ _____ _____ ③ 记录你对车轮摆动量检查的结果。 _____ _____ _____ _____ 通过对记录结果的分析,你得出的结论是_____ _____ _____ _____ 6. 请总结你对车辆静态检查的结论。 _____ _____ _____ _____
任务反思	

续表

	任务评价		
评分项目	好	一般	有待改良
实训准备 （10分）	静态检查的工具和资料准备齐全	能够做必要的准备，但不够充分	分工不够明确，事先无准备
运用知识 （30分）	能够熟练、自如地运用所学的知识进行实训任务	运用了所学知识，但是在静态检查中不够熟练和规范	不能运用所学的知识分析实际问题
任务完成质量 （30分）	实训报告结构完整，论点正确，论据充分，分析准确、透彻	实训报告基本完整	实训报告不完整，分析缺乏个人观点
学习态度 （30分）	热情高，干劲足，态度认真，能够出色地完成任务	有一定的热情，基本能够完成任务	敷衍了事，不能完成任务
	任务评价		
教师评语	教师评语：（根据工作单填写情况、语言表达、态度及沟通技巧等方面，按等级制给出成绩） 实训记录成绩：		教师签字： 　年　月　日

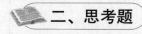

二、思考题

1. 如何判断汽车整体或局部喷过漆？

2. 如何通过静态检查查看二手车的发动机舱、乘客舱和后备厢的状况？

3. 如何通过静态检查判断车辆的显示里程是否真实？

任务2　二手车技术状况的动态检查

一、任务实施

任务名称	二手车技术状况的动态检查
小组成员	
任务目标	1. 熟悉汽车动态检查的流程； 2. 掌握车辆动态检查的检查项目。
任务准备	1. 全班分成若干组，每组指定专人负责； 2. 准备实训车辆及相关手续； 3. 准备动态检查的相关工具； 4. 准备动态检查所需的相关表格。
任务内容	1. 请描述你所检查的二手车的基本情况。 ① 二手车的类别：＿＿＿＿＿＿＿＿＿＿＿＿＿＿＿＿＿＿＿＿。 ② 二手车名称：＿＿＿＿＿＿＿＿＿＿＿＿＿＿＿＿＿＿＿＿； 　型号＿＿＿＿＿＿＿＿＿＿＿＿＿＿＿＿＿＿＿＿＿＿。

续表

任务名称	二手车技术状况的动态检查
任务内容	③ 二手车生产厂家：_____； 　　生产日期：_____。 ④ 二手车初次注册登记日期：_____； 　　行驶里程：_____。 2. 无负荷工况检查。 1）发动机起动状况检查。 　　能否顺利启动？ 　　□能、□否。 如果不能顺利启动，请描述你的检查诊断过程及得出的结论： _____ _____ _____ _____ 2）发动机怠速运转检查。 （1）怠速运转是否平稳？ 　　□是、□否。 如果不平稳，请说明现象，并分析可能存在的故障原因。 _____ _____ _____ _____ （2）怠速时，各仪表指示是否正常？ 　　□是、□否。 如果不正常，请说明故障仪表的名称，并分析可能存在的故障。 _____ _____ _____ _____ 3）发动机加、减速检查。

续表

任务名称	二手车技术状况的动态检查
任务内容	描述故障现象及分析可能存在的故障原因。 _____ _____ _____ _____。 4）是否有发动机窜油、窜气的现象？ 　　□是、□否。 如果有窜油、窜气现象，请分析可能存在的故障。 _____ _____ _____ _____。 5）发动机排气烟色为____色，说明_____。 6）发动机熄火是否正常？ 　　□是、□否。 7）转向系检查。 （1）转向盘自由行程是否正常？ 　　　□是、□否。 如果不正常，可能存在的故障有： _____ _____ _____ _____。 （2）转向系统间隙是否正常？ 　　　□是、□否。 如果不正常，可能存在的故障有： _____ _____ _____ _____。

续表

任务名称	二手车技术状况的动态检查
任务内容	3. 路试检查。 1）离合器的检查。 （1）记录离合器检查结果： _____ _____ _____ _____。 （2）可能存在的故障有： _____ _____ _____ _____。 2）变速器的检查。 （1）记录变速器检查结果： _____ _____ _____ _____。 （2）可能存在的故障有： _____ _____ _____ _____。 3）传动轴及驱动桥的检查。 （1）记录传动轴及驱动桥的检查结果： _____ _____ _____ _____。

续表

任务名称	二手车技术状况的动态检查
任务内容	（2）可能存在的故障有：_____。 4）制动性的检查。 （1）记录制动性的检查结果：_____。 （2）可能存在的故障有：_____。 5）转向操纵性的检查。 （1）记录转向操纵的检查结果：_____。 （2）可能存在的故障：_____。 6）动力性的检查。

续表

任务名称	二手车技术状况的动态检查
任务内容	（1）记录动力性的检查结果： _____ _____ _____ _____。 （2）可能存在的故障有： _____ _____ _____ _____。 7）其他检查。 （1）记录检查结果： _____ _____ _____ _____。 （2）可能存在的故障有： _____ _____ _____ _____。 4. 自我评价（个人技能掌握程度）： 　　□非常熟练　　□比较熟练　　□一般熟练　　□不熟练 5. 请总结你对车辆动态检查的结论：_____ _____ _____ _____

续表

任务名称	二手车技术状况的动态检查		
任务反思			
任务评价			
评分项目	好	一般	有待改良
实训准备 （10分）	动态检查的工具和资料准备齐全	能够做必要的准备，但不够充分	分工不够明确，事先无准备
运用知识 （30分）	能够熟练、自如地运用所学的知识进行实训任务	运用了所学知识，但是在动态检查中不够熟练和规范	不能运用所学的知识分析实际问题
任务完成质量 （30分）	实训报告结构完整，论点正确，论据充分，分析准确、透彻	实训报告基本完整	实训报告不完整，分析缺乏个人观点
学习态度 （30分）	热情高，干劲足，态度认真，能够出色地完成任务	有一定的热情，基本能够完成任务	敷衍了事，不能完成任务
任务评价			
教师评语	教师评语：（根据工作单填写情况、语言表达、态度及沟通技巧等方面，按等级制给出成绩） 实训记录成绩：　　　　　　　　　　　　　教师签字： 　　　　　　　　　　　　　　　　　　　　　　年　月　日		

二、思考题

1. 如何通过动态技术状况评价判断车况的好坏？

2. 评价二手车制动性的指标有哪些？

3. 利用附录六车辆检验千分表，评价自己做动态检查的能力。

任务3　事故车的检查

一、任务实施

任务名称	事故车的检查
小组成员	
任务目标	1. 了解事故车的种类； 2. 掌握常见事故车的鉴别方法。

续表

任务名称	事故车的检查
任务准备	1. 全班分成若干组，每组指定专人负责； 2. 准备实训车辆及相关手续； 3. 准备鉴定的相关工具（擦布若干、笔和纸、轮胎气压表、漆膜测厚仪）。 4. 准备检查所需的相关表格。
任务内容	1. 检查实训车辆的行驶证、机动车号牌、来历凭证、税费缴纳凭证等。 2. 请描述你所检查的二手车的基本情况。 ① 二手车的类别：＿＿＿＿＿＿＿＿＿＿＿＿＿＿＿＿＿＿＿＿＿。 ② 二手车名称：＿＿＿＿＿＿＿＿＿＿＿＿＿＿＿＿＿＿＿＿； 　型号＿＿＿＿＿＿＿＿＿＿＿＿＿＿＿＿＿＿＿＿＿＿＿。 ③ 二手车生产厂家：＿＿＿＿＿＿＿＿＿＿＿＿＿＿＿＿＿； 　生产日期：＿＿＿＿＿＿＿＿＿＿＿＿＿＿＿＿＿＿＿＿。 ④ 二手车初次注册登记日期：＿＿＿＿＿＿＿＿＿＿＿＿＿； 　行驶里程＿＿＿＿＿＿＿＿＿＿＿＿＿＿＿＿＿＿＿＿＿。 ⑤ 车辆的VIN码为：＿＿＿＿＿＿＿＿＿＿＿＿＿＿＿＿＿； ⑥ 车辆的手续：＿＿＿＿＿＿＿＿＿＿＿＿＿＿＿＿＿＿＿； ⑦ 汽车强制险和年检有效期分别是＿＿＿＿＿＿＿＿＿＿＿。 3. 事故车检查。 ① 通过观察，判断该车是否有前部碰撞的修复痕迹？ 你作出上述判断的理由是： ＿＿＿＿＿＿＿＿＿＿＿＿＿＿＿＿＿＿＿＿＿＿＿＿＿＿＿ ＿＿＿＿＿＿＿＿＿＿＿＿＿＿＿＿＿＿＿＿＿＿＿＿＿＿＿ ＿＿＿＿＿＿＿＿＿＿＿＿＿＿＿＿＿＿＿＿＿＿＿＿＿＿＿ ② 该车是否有侧面碰撞的修复痕迹？ 你作出上述判断的理由是： ＿＿＿＿＿＿＿＿＿＿＿＿＿＿＿＿＿＿＿＿＿＿＿＿＿＿＿

续表

任务名称	事故车的检查
任务内容	③ 该车是否有尾部碰撞的修复痕迹？ 你作出上述判断的理由是： ④ 该车是否是泡水车？ 你作出上述判断的理由是： ⑤ 该车是否是火灾车？ 你作出上述判断的理由是： 4. 填写二手车鉴定评估作业表。

续表

任务名称	事故车的检查		
任务反思			
任务评价			
评分项目	好	一般	有待改良
实训准备 （10分）	事故车检查的工具和资料准备齐全	能够做必要的准备，但不够充分	分工不够明确，事先无准备
运用知识 （30分）	能够熟练、自如地运用所学的知识进行实训任务	运用了所学知识，但是在事故车检查中不够熟练，有遗漏内容	不能运用所学的知识分析实际问题
任务完成质量 （30分）	实训报告结构完整，论点正确，论据充分，分析准确、透彻	实训报告基本完整	实训报告不完整，分析缺乏个人观点
学习态度 （30分）	热情高，干劲足，态度认真，能够出色地完成任务	有一定的热情，基本能够完成任务	敷衍了事，不能完成任务
任务评价			
教师评语	教师评语：（根据工作单填写情况、语言表达、态度及沟通技巧等方面，按等级制给出成绩） 实训记录成绩：　　　　　　　　　　　　　　教师签字： 　　　　　　　　　　　　　　　　　　　　　年　月　日		

二手车鉴定评估作业表

基本信息

流水号：		鉴定评估日期	年 月 日	
厂牌型号		仪表		km
牌照号码		推定		km
VIN码		车身颜色		
发动机号		车主姓名/名称		
法人代码/身份证号码		首次登记日期	年 月 日	
年检证明	□有（至 年 月） □无	车船税证	□有 □无	
交强险	□有（至 年 月） □无	登记证书	□有 □无	使用性质
其他证件		购置税证	□有 □无	
是否为事故车	□否 □是	损伤位置及损伤状况		
车辆主要技术缺陷描述				

车体骨架检查

车体骨架检查项目	代码	状态描述	事故车
车体左右对称性	BX变形 NQ扭曲 SH撕裂 ZZ正常	划痕 HH	□事故车 □正常车
左前纵梁		变形 BX	
右前纵梁		锈蚀 XS	
左A柱		裂纹 LW	
右A柱		凹陷 AX	
左B柱		修复痕迹 XF	
右B柱		缺陷程度	
左C柱		1—面积≤100 mm×100 mm	
右C柱		2—面积（100 mm×100 mm < 面积 ≤ 200 mm × 300 mm）	
左前减震器悬挂		3—面积（面积 > 200 mm × 300 mm）	
右前减震器悬挂		4—轮胎花纹深度 < 1.6 mm	
左后减震器悬挂		缺陷描述	
右后减震器悬挂			

悬挂部位编号：
1 右减震器悬挂部位　2 左A柱　3 左B柱　4 左C柱
5 右A柱　6 右B柱　7 右C柱
8 左纵梁　9 右纵梁
10 左减震器悬挂部位　11 右减震器悬挂部位
12 左后减震器悬挂部位　13 右后减震器悬挂部位

车身检查

车身检查表面	程度	程度	程度	程度
	无	轻微	严重	漏液
发动机舱表面	无	轻微	严重	
左前翼子板	无	轻微	严重	
右前翼子板	无	轻微	严重	
左后翼子板	无	轻微	严重	
右后翼子板	无	轻微	严重	
左前车门	无	轻微	严重	
右前车门	无	轻微	严重	
左后车门	无	轻微	严重	
右后车门	无	轻微	严重	裂纹、破损
发动机盖				
前保险杠				
后保险杠				
左前车轮				
右前车轮				
左后车轮				
右后车轮				
前大灯				
后尾灯				
前挡风玻璃				
后挡风玻璃				
四门风挡玻璃				
左、右后视镜				
轮胎				
其他项目				

发动机舱检查

项目	描述
机油和冷却液混入	
缸盖外观是否有机油渗漏入	
前翼子板内衬、水箱框架	
缸垫左右两端内凹内缝修复痕迹	
散热器栅栏有无破损	
蓄电池电缆接柱有无腐蚀	
发动机皮带有无老化	
油管、水管有无老化、破损	
线束有无老化、破损	
其他	

驾驶舱检查

车内是否水泡痕迹	是 否
车内装饰是否完整、无破损、无异味	是 否
方向盘可自由转动且无松动、游动及转向沉重	是 否
车头与方向盘是否不小于15度	是 否
仪表盘是否无移动的痕迹	是 否
排挡换挡手柄及护罩是否完整、无破损、无缺失	是 否
储物箱是否无破损、配件是否无缺失	是 否
门窗密封条是否无裂痕、无老化	是 否
天窗是否无裂痕、门窗是否灵活	是 否
安全带卡扣是否正常、功能正常	是 否
驻车制动系统工作灵敏有效、无异响	是 否
玻璃升降器工作正常、门锁装置工作正常	是 否
左、右视镜折叠装置灵敏可靠	是 否
其他	

起动检查

项目	是 否
车辆起动是否顺畅（时间会小于5秒，或一次起动）	是 否
仪表指示灯讯号显示是否正常	是 否
各类灯光和调节功能是否正常	是 否
制动防抱死系统（ABS）工作是否正常	是 否
空调系统风量、方向调节、分区控制、自动控制、制动在冷、热车条件下起动运转是否稳定	是 否
发动机在冷、热车条件下起动运转是否稳定	是 否
怠速运转时是否怠速运转状态下迅速增加发动机转速、发动机响音和腹底是否完整	是 否
车辆制动系统是否无异常	是 否

路试检查

发动机运转、加速状态下制动响应、功能正常	是 否
车辆自动制动踩下制动踏板，保持5~10秒钟，踏板是否下降	是 否
踩刹车时是否有跑偏、松动以及踏板异响状况	是 否
跟随前车制动踏板起动发动机，踩制动，踏板是否能在行程的1/5以内下沉	是 否
变速器制动工作是否有效，制动不跑偏	是 否
行驶是否无异响	是 否
制动系统工作灵敏有效，无异响	是 否
行驶过程中车辆转向是否正常	是 否
行驶过程中车辆转向是否有异响	是 否

车辆功能性零部件列表

发动机舱锁扣	是 否
发动机油底壳泄漏液压撑	是 否
变速箱液压支撑杆	是 否
后行速压支撑杆	是 否
各车钥匙	是 否
转向节球销是否松动	是 否
三角警示牌	是 否
传动轴十字轴销是否无损坏	是 否
千斤顶	是 否
减震器是否无渗漏	是 否
轮胎板手及换胎工具	是 否
减震弹簧是否无损坏	是 否
灭火器	是 否
其他	
立柱封闭器	
排气管及消音器	
车轮螺栓	
车轮轮毂	
底盘调节加热功能	
遥控器及功能	
全套钥匙	
喇叭高低音色	
空调加热功能	
仪表盘加热功能	
中央集控	
备胎	

新车指导价		成交价		估价方法	
评估价					
评估师（签章）				审核人（签章）	
二手车鉴定评估结论					

二、思考题

1. 承载式车身汽车发生前部碰撞或后部碰撞时，通常会引起哪些部位的损伤？

2. 车身前部发生碰撞时，后部是否会变形？

3. 如何判断车辆是否为泡水车？

项目 4

二手车评估方法

任务1 二手车的成新率

一、任务实施

任务名称	车辆成新率的实际测算
小组成员	
任务目标	1. 掌握常用成新率的计算方法； 2. 体验车辆实际评估。
任务准备	1. 准备整车一台； 2. 了解车辆的类别、名称、型号、性能、出厂年月及目前使用情况。
任务内容	1. 检查实训车辆的行驶证、机动车号牌、来历凭证、税费缴纳凭证等。 2. 请描述你所检查的二手车的基本情况。 ① 二手车的类别：_____。 ② 二手车名称：_____； 　　型号：_____。 ③ 二手车生产厂家：_____； 　　生产日期：_____。 ④ 二手车初次注册登记日期：_____； 　　行驶里程：_____。 ⑤ 车辆的VIN码：_____； ⑥ 车辆的手续：_____。 ⑦ 汽车强制险和年检有效期分别是_____。 3. 通过项目三所学内容查看该车技术状况。 判断情况为： _____

续表

任务名称	车辆成新率的实际测算		
任务内容	4. 根据实训车辆的使用情况按照使用年限法计算其成新率。 5. 结合该车具体情况采用综合分析法和综合成新率法计算其成新率。计算过程为：		
任务反思			
任务评价			
评分项目	好	一般	有待改良
实训准备 （10分）	计算的工具和资料准备齐全	能够做必要的准备，但不够充分	分工不够明确，事先无准备
运用知识 （30分）	能够熟练、自如地运用所学的知识进行实训任务	运用了所学知识，但是在测算车辆成新率时不够熟练，有遗漏内容	不能运用所学的知识分析实际问题

续表

任务评价

评分项目	好	一般	有待改良
任务完成质量 （30分）	实训报告结构完整，论点正确，论据充分，分析准确、透彻	实训报告基本完整	实训报告不完整，分析缺乏个人观点
学习态度 （30分）	热情高，干劲足，态度认真，能够出色地完成任务	有一定的热情，基本能够完成任务	敷衍了事，不能完成任务

任务评价

教师评语	教师评语：（根据工作单填写情况、语言表达、态度及沟通技巧等方面，按等级制给出成绩） 实训记录成绩：　　　　　　　　　　　　　　　教师签字： 　　　　　　　　　　　　　　　　　　　　　　　　年　月　日

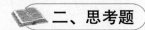

二、思考题

（一）选择题

1. 使用年限法评估二手车，则该车应为（　　）。
   A. 过度使用的车辆
   B. 什么车辆都可能
   C. 长期闲置的车辆
   D. 正常使用的车辆

2. 成新率γ与各种陈旧性贬值率α的关系为（　　）。
   A. $\gamma = 1 - \alpha$
   B. $\gamma = \alpha + 1$
   C. $\gamma = 1 + \alpha$

D. $\gamma = \dfrac{\alpha - 1}{\alpha}$

3. 一辆旅游客车，规定使用寿命为 10 年，剩余使用寿命还有 4 年，用使用年限法计算该车成新率是（　　）。

   A. 0.45

   B. 0.35

   C. 0.4

   D. 0.5

4. 用综合分析法求成新率时，已知规定使用年限 T，剩余寿命（剩余使用年限）T_2，综合调整系数为 β，则成新率 γ 是（　　）。

   A. $\gamma = \dfrac{T}{T_2} \times \beta \times 100\%$

   B. $\gamma = \dfrac{T + T_2}{T} \times \beta \times 100\%$

   C. $\gamma = \dfrac{T_2}{T} \times \beta \times 100\%$

   D. $\gamma = \dfrac{T}{T + T_2} \times \beta \times 100\%$

5. 用综合分析法来确定成新率时，综合调整系数取值应考虑（　　）五项影响因素。

   A. 技术状况、维护保养、制造质量、工作性质、安全条件

   B. 技术状况、维护保养、制造质量、实体性贬值、工作条件

   C. 技术状况、维护保养、排放水平、工作性质、工作条件

   D. 技术状况、维护保养、制造质量、工作性质、工作条件

6. 用部件鉴定法来求成新率，一般适用于（　　）的评估。

   A. 价值中等的车辆

   B. 什么车辆都不太适合

   C. 价值高的车辆

   D. 价值低的老旧车辆

7. 有一辆长途客运大客车，于 2013 年 1 月初次注册登记，评估基准日为 2019 年 7 月 1 日，则该车的剩余使用年限为（　　）。

   A. 4 年

   B. 2 年

   C. 3 年

   D. 5 年

8. 以下成新率计算方法中，不涉及车辆技术状况鉴定的是（　　）。

   A. 行驶里程法

   B. 部件鉴定法

   C. 整车观测法

   D. 综合成新率法

（二）简答题

1. 计算成新率的方法较多，你认为这些方法各有什么优劣？

2. 成新率、折旧率、保值率各有什么区别？

任务2　二手车评估的重置成本法

一、任务实施

任务名称	二手车评估的重置成本法
小组成员	
任务目标	1. 熟悉二手车重置成本法。 2. 熟练掌握成新率的计算方法。
任务准备	1. 准备整车一台。 2. 了解车辆的类别、名称、型号、性能、出厂年月及目前使用情况。
任务内容	1. 检查实训车辆的行驶证、机动车号牌、来历凭证、税费缴纳凭证等。 2. 请描述你所检查的二手车的基本情况。 　①二手车的类别：_____。 　②二手车名称：_____；

续表

任务名称	二手车评估的重置成本法
任务内容	型号：＿＿＿＿＿＿＿＿＿＿＿＿＿＿＿＿＿＿＿＿＿＿＿＿＿。 ③ 二手车生产厂家：＿＿＿＿＿＿＿＿＿＿＿＿＿＿＿＿＿； 　生产日期：＿＿＿＿＿＿＿＿＿＿＿＿＿＿＿＿＿＿＿。 ④ 二手车初次注册登记日期：＿＿＿＿＿＿＿＿＿＿＿＿； 　行驶里程：＿＿＿＿＿＿＿＿＿＿＿＿＿＿＿＿＿＿＿。 ⑤ 车辆的 VIN 码：＿＿＿＿＿＿＿＿＿＿＿＿＿＿＿＿； ⑥ 车辆的手续：＿＿＿＿＿＿＿＿＿＿＿＿＿＿＿＿＿； ⑦ 汽车强制险和年检有效期分别是＿＿＿＿＿＿＿＿＿。 3. 通过项目三所学内容查看该车技术状况。 判断情况为： ＿＿＿＿＿＿＿＿＿＿＿＿＿＿＿＿＿＿＿＿＿＿＿＿＿＿＿ ＿＿＿＿＿＿＿＿＿＿＿＿＿＿＿＿＿＿＿＿＿＿＿＿＿＿＿ ＿＿＿＿＿＿＿＿＿＿＿＿＿＿＿＿＿＿＿＿＿＿＿＿＿＿＿ ＿＿＿＿＿＿＿＿＿＿＿＿＿＿＿＿＿＿＿＿＿＿＿＿＿＿。 4. 选取成新率法计算该车成新率。 计算过程为： ＿＿＿＿＿＿＿＿＿＿＿＿＿＿＿＿＿＿＿＿＿＿＿＿＿＿＿ ＿＿＿＿＿＿＿＿＿＿＿＿＿＿＿＿＿＿＿＿＿＿＿＿＿＿＿ ＿＿＿＿＿＿＿＿＿＿＿＿＿＿＿＿＿＿＿＿＿＿＿＿＿＿＿ ＿＿＿＿＿＿＿＿＿＿＿＿＿＿＿＿＿＿＿＿＿＿＿＿＿＿。 5. 调查同款车辆在本地的现时新车价格，选取更新重置成本。 重置成本为：＿＿＿＿＿＿＿＿＿＿＿＿＿＿＿＿＿＿。 6. 计算车辆的评估值： 该车评估值为：＿＿＿＿＿＿＿＿＿＿＿＿＿＿＿＿＿。 7. 结合市场行情进行综合评定及照片工作。 1）综合评定： ＿＿＿＿＿＿＿＿＿＿＿＿＿＿＿＿＿＿＿＿＿＿＿＿＿＿＿ ＿＿＿＿＿＿＿＿＿＿＿＿＿＿＿＿＿＿＿＿＿＿＿＿＿＿＿

续表

任务名称	二手车评估的重置成本法		
任务内容	2）照片采集：		
任务反思			
任务评价			
评分项目	好	一般	有待改良
实训准备 （10分）	小组分工明确，相关准备工作完备	能够做必要的准备，但不够充分	事先无准备
运用知识 （30分）	能够根据实训车辆的状况和市场行情进行评估	对所学习的知识熟悉，但在运用的过程中尚欠灵活度	不能运用所学的知识分析实际问题
评估报告质量 （30分）	评估报告结构完整；价格估算过程描述详细、准确	评估报告基本完整，能够根据调查的实际情况进行分析	评估报告不完整，分析缺乏个人观点
学习态度 （30分）	能够认真地完成任务，遵守实训要求	能够按时完成任务，但是不够认真，出现少许错误	敷衍了事，不能完成任务

续表

任务评价	
教师评语	教师评语：（根据工作单填写情况、语言表达、态度及沟通技巧等方面，按等级制给出成绩）
	实训记录成绩： 教师签字： 年 月 日

二、思考题

一、选择题

1. 重置成本是（　　）。

A. 在原来的条件下，重新购置机动车所耗费的成本

B. 就是原来购置车辆的价格

C. 在现时条件下，按功能重新购置或构造机动车并使其处于在用状态所耗费的成本

D. 在原来的条件下，按功能重置机动车的成本

2. 在以下哪种情况下，可仅按现行市场新车的购置价格作为被评估车辆的重置成本全价？（　　）

A. 拍卖盗抢车

B. 企业破车

C. 企业产权变动

D. 所有权转让

3. 某一品牌车型，其复原重置成本是12.6万元，而更新重置成本为10.8万元，那么该车型的一次性功能性贬值为（　　）。

A. 2.5万元

B. 1.8万元

C. 3万元

D. 2万元

4. 按重置核算法确定重置成本，关键是要获得市场价格资料，在同等的条件下，评估人员应选择可能获得的（　　）。

A. 经销商报价

B. 都不是

C. 最高市场售价

D. 最低的市场售价

5. 在实际评估中，一般用（　　）作为更新重置成本。

A. 市场价

B. 优惠价

C. 拍卖价

D. 清算价

6. 假设参照物的成新率用 U 来表示，其交易价格为 P_0，重置成本为 R_0，则（　　）。

A. $U = \dfrac{R_0}{P_0} \times 100\%$

B. $U = \dfrac{R_0 + P_0}{P_0} \times 100\%$

C. $U = \dfrac{P_0}{P_0 + R_0} \times 100\%$

D. $U = \dfrac{P_0}{R_0} \times 100\%$

二、计算题

1. 某机关 2015 年 10 月购置并上牌南京依维柯 17 座客车，该车属改进型普通漆，参照依维柯金属漆选配价格和全新金属漆，17 座客车市场销售价格为 183 800 元，而金属漆较普通漆高出 3 000 元，只考虑购置附加税 10%，且该车综合调整系数取为 0.7，评估该车在 2019 年 3 月的价格。

2. 有一辆上海通用别克 GL8 私用轿车，初次登记日期为 2013 年 3 月，于 2019 年 3 月到交易市场评估，经检查，该车已经行驶 14 万公里，该车车辆外观较完整，车辆侧面有几条划痕，右前翼子板更换过，后保险杠也有轻微碰撞痕迹，前风挡玻璃有轻微破损修复痕迹，发动机舱内传动带有老化痕迹，底盘两侧加强钢梁下方有轻微损伤，其他基本正常。该款新车类似配置的最低包牌价为 30 万元。试求该车价格。

三、简答题

1. 重置成本法的计算原理是什么？

2. 重置成本如何确定？

任务3　二手车评估的现行市价法

一、任务实施

任务名称	二手车评估的现行市价法
小组成员	
任务目标	1. 熟悉现行市价法的运用。 2. 具有较强的评估计算能力。
任务准备	1. 准备整车及参照车辆。 2. 了解车辆的类别、名称、型号、性能、出厂年月及目前使用情况。
任务内容	1. 检查评估标的和参照车辆的行驶证等相关证件。 2. 请描述你所评估的二手车和参照车辆的基本情况。 ① 评估标的类别：＿＿＿＿＿＿＿＿＿＿＿＿＿＿＿＿＿＿＿＿； 　　名称：＿＿＿＿＿＿＿＿＿＿＿＿＿＿＿＿＿＿＿＿＿＿＿； 　　型号：＿＿＿＿＿＿＿＿＿＿＿＿＿＿＿＿＿＿＿＿＿＿＿。 ② 参照车辆的类别：＿＿＿＿＿＿＿＿＿＿＿＿＿＿＿＿＿＿； 　　名称：＿＿＿＿＿＿＿＿＿＿＿＿＿＿＿＿＿＿＿＿＿＿＿； 　　型号：＿＿＿＿＿＿＿＿＿＿＿＿＿＿＿＿＿＿＿＿＿＿＿。 ③ 评估标的初次登记日期：＿＿＿＿＿＿＿＿＿＿＿＿＿＿； 　　行驶里程：＿＿＿＿＿＿＿＿＿＿＿＿＿＿＿＿＿＿＿＿。 ④ 参照车辆的初次登记日期：＿＿＿＿＿＿＿＿＿＿＿＿＿； 　　行驶里程：＿＿＿＿＿＿＿＿＿＿＿＿＿＿＿＿＿＿＿＿。 3. 对评估车辆与参照车辆之间的差异进行比较、量化。 ① 车况对比： ＿＿＿＿＿＿＿＿＿＿＿＿＿＿＿＿＿＿＿＿＿＿＿＿＿＿＿＿＿ ＿＿＿＿＿＿＿＿＿＿＿＿＿＿＿＿＿＿＿＿＿＿＿＿＿＿＿＿＿

续表

任务名称	二手车评估的现行市价法
任务内容	调整数值： ② 成新率对比： 调整数值： ③ 销售时间的差异： 调整数值： ④ 其他差异：

续表

任务名称	二手车评估的现行市价法
任务内容	_____ _____ _____。 4. 综合定性定量调整。 计算过程为： _____ _____ _____ _____ 该车评估值为： _____ _____ _____ _____ 5. 照片采集。 _____ _____ _____ _____
任务反思	

续表

评分项目	好	一般	有待改良
实训准备（10分）	小组分工明确；相关准备工作完备	能够做必要的准备，但不够充分	事先无准备
运用知识（30分）	能够对比评估标的和参照车辆的状况，准确评估调整值	对所学习的知识熟悉，但在运用的过程中尚欠灵活度	不能运用所学的知识分析实际问题
评估报告质量（30分）	评估报告结构完整；价格估算过程描述详细、准确	评估报告基本完整，能够根据调查的实际情况进行分析	评估报告不完整，分析缺乏个人观点
学习态度（30分）	能够认真地完成任务，遵守实训要求	能够按时完成任务，但是不够认真，出现少许错误	敷衍了事，不能完成任务

任务评价

教师评语	教师评语：（根据工作单填写情况、语言表达、态度及沟通技巧等方面，按等级制给出成绩） 实训记录成绩：　　　　　　　　　　　　　　　　教师签字： 　　　　　　　　　　　　　　　　　　　　　　　　年　月　日

二、思考题

一、选择题

1. 评估师应用市场价格比较法中的成本比率法，必须（　　）。

A. 车辆的类别相同

B. 车辆的使用年限可以不同

C. 车辆的使用年限相同

D. 车辆的使用年限和类别均应相同

2. 市场价格比较法中的相似比较法，若参照车辆的市场价为 P_0，需要进行调整的参数为 K，则用相似比较法来评估二手车的价值 P 为（　　）。

A. $P = P_0 \times (1 \pm K)$

B. $P = P_0 / (1 \pm K)$

C. $P = P_0 + (1 \pm K)$

D. $P = P_0 - (1 \pm K)$

3. 市场价格比较法中的比较因素是指（　　）。

A. 影响销售的因素

B. 影响外观的因素

C. 影响使用的因素

D. 影响价格的因素

4. 市场价格比较法的评估程序是（　　）。

A. 收集资料、分析比较、评估价值

B. 收集资料、选定参照物、分析比较、计算评估值

C. 收集资料、选定参照物、计算评估值

D. 收集资料、选定参照物、评估价值

5. 通常，二手车评估具有（　　）的特点。

A. 以技术鉴定为基础、以单台为评估对象、使用强度大

B. 要考虑税费附加值、以技术鉴定为基础

C. 以技术鉴定为基础、以单台为评估对象、要考虑税费附加值

D. 以单台为评估对象、要考虑税费附加值、使用范围广

6. 在用市场价格比较法评估二手车时，参照车辆的价格是（　　）。

A. 新车的价格

B. 预测的价格

C. 二手车市场交易价格

D. 市场报价

7. 所谓的公平市场是（　　）。

A. 信息对称的市场

B. 有销售优惠条件的市场

C. 有充分竞争的市场

D. 有充分竞争、信息对称且为正常货币价格的市场

8. 所谓有效市场的条件是（　　）。

A. 信息是真实可靠且市场是活跃的

B. 有市无价的市场

C. 信息是真实的

D. 市场是活跃的

二、简答题

1. 现行市价法的适用范围包括哪些？影响因素有哪些？

2. 举例说明如何应用现行市价评估车辆价格。

任务4　二手车评估的收益现值法

一、任务实施

任务名称	二手车评估的收益现值法
小组成员	
任务目标	1. 了解收益现值法的适用情况。 2. 掌握收益现值法的具体应用程序。
任务准备	1. 了解车辆的类别、名称、型号、性能、生产厂家及出厂年月。 2. 了解车辆目前使用情况、实际技术状况以及尚可使用的年限。
任务内容	1. 检查评估标的行驶证等相关证件。 2. 请描述你所评估的二手车的基本情况。 ①评估标的类别：＿＿＿＿＿＿＿＿＿＿＿＿＿＿＿＿； 　名称：＿＿＿＿＿＿＿＿＿＿＿＿＿＿＿＿＿＿； 　型号：＿＿＿＿＿＿＿＿＿＿＿＿＿＿＿＿＿＿。

续表

任务名称	二手车评估的收益现值法
任务内容	② 评估标的初次登记日期：_____； 　　行驶里程：_____。 3. 收益现值法的具体应用程序。 ① 确定评估标的未来收益： _____ _____ _____ _____ ② 确定评估标的未来可继续使用的时间： _____ _____ _____ _____ _____ ③ 确定折现率： _____ _____ _____ _____ _____ _____ ④ 计算收益现值结果。 计算过程为： _____ _____ _____ _____ _____ ⑤ 该车评估值为：_____。 5. 照片采集。

续表

任务名称	二手车评估的收益现值法		
任务反思			

任务评价			
评分项目	好	一般	有待改良
实训准备 （10分）	小组分工明确；相关准备工作完备	能够做必要的准备，但不够充分	事先无准备
运用知识 （30分）	能够采用收益现值法准确评估调整值	对所学习的知识熟悉，但在运用的过程中尚欠灵活度	不能运用所学的知识分析实际问题
评估报告质量 （30分）	评估报告结构完整；价格估算过程描述详细、准确	评估报告基本完整，能够根据调查的实际情况进行分析	评估报告不完整，分析缺乏个人观点
学习态度 （30分）	能够认真地完成任务，遵守实训要求	能够按时完成任务，但是不够认真，出现少许错误	敷衍了事，不能完成任务

任务评价
教师评语：（根据工作单填写情况、语言表达、态度及沟通技巧等方面，按等级制给出成绩）
教师评语
实训记录成绩：　　　　　　　　　　　　　　　　教师签字： 　　　　　　　　　　　　　　　　　　　　　　　　年　月　日

二、思考题

一、选择题

1. 汽车使用性质不同，相同年限的汽车累积行驶里程相差很大。一般来说，相同年限的汽车中，专业运输车辆行驶的里程数（　　）。

    A. 较小

    B. 与其他车辆相等

    C. 与其他车辆相近

    D. 较大

2. 运用收益现值法评估二手车时，收益率越高，二手车评估值（　　）。

    A. 无法确定

    B. 都不是

    C. 越高

    D. 越低

3. 运用收益法评估车辆时，其折现率的选择应该（　　）。

    A. 与银行存款利率无一定关系

    B. 为银行存款利率

    C. 小于银行存款利率

    D. 大于银行存款利率

4. 收益现值就是将被评估车辆在剩余寿命期内的预期收益，按（　　）折现为评估基准日的现值。

    A. 一定的折现率

    B. 一定的贬值率

    C. 一定的折旧率

    D. 一定的成新率

5. 收益现值就是将被评估车辆在剩余寿命期内的预期收益，按一定的折现率折现为（　　）。

    A. 购车日的现值

    B. 交易日的现值

    C. 评估基准日的现值

    D. 卖车日的现值

6. 采用收益现值法对二手车进行评估所确定的评估值，就是买主为获得该车辆的所有权所支付的（　　）。

    A. 订购金

    B. 违约金

    C. 预付款

    D. 货币总额

7. 收益现值法一般适用于（　　）。
   A. 公务用车的评估
   B. 投入运营的车辆评估
   C. 私家车的评估
   D. 商务用车的评估

8. 用收益现值法评估二手车价值时，若被评估车辆在剩余寿命期内，各年收益不等，则其价值的计算公式为（　　）。

   A. $P = \dfrac{1+\iota}{A_1} + \dfrac{(1+\iota)^2}{A_2} + \cdots + \dfrac{(1+\iota)^n}{A_n}$

   B. $P = \dfrac{A_1}{1+\iota} + \dfrac{A_2}{(1+\iota)^2} + \dfrac{A_3}{(1+\iota)^3} + \cdots + \dfrac{A_n}{(1+\iota)^n}$

   C. $P = \dfrac{A_1}{1+\iota} \times \dfrac{A_2}{(1+\iota)^2} \times \cdots \times \dfrac{A_n}{(1+\iota)^n}$

   D. $P = \dfrac{A_1}{(1+\iota)^1} - \dfrac{A_2}{(1+\iota)^2} - \dfrac{A_3}{(1+\iota)^3} - \cdots - \dfrac{A_n}{(1+\iota)^n}$

二、简答题

1. 收益现值法的评估公式是什么？

2. 叙述收益现值法的评估程序。

项目 ④ 二手车评估方法

任务 5　二手车评估的清算价格法

一、任务实施

任务名称	二手车评估的清算价格法
小组成员	
任务目标	1. 熟悉二手车清算价格法评估方法。 2. 能够收集二手车清算价格法案例。
任务准备	1. 了解车辆的类别、名称、型号、性能、生产厂家及出厂年月。 2. 了解车辆目前的使用情况、实际技术状况以及尚可使用的年限。
任务内容	1. 检查评估标的行驶证等相关证件。 2. 请描述你所评估的二手车的基本情况。 ① 评估标的类别：＿＿＿＿＿＿＿＿＿＿＿＿＿＿＿； 　　名称：＿＿＿＿＿＿＿＿＿＿＿＿＿＿＿； 　　型号：＿＿＿＿＿＿＿＿＿＿＿＿＿＿＿。 ② 评估标的初次登记日期：＿＿＿＿＿＿＿＿＿＿＿＿； 　　行驶里程：＿＿＿＿＿＿＿＿＿＿＿＿＿＿＿。 ③ 采用清算价格法的原因是：＿＿＿＿＿＿＿＿＿＿＿ 3. 清算价格法的具体应用程序。 ① 确定评估标的现行市价： ＿＿＿＿＿＿＿＿＿＿＿＿＿＿＿＿＿＿＿＿＿＿＿＿＿ ＿＿＿＿＿＿＿＿＿＿＿＿＿＿＿＿＿＿＿＿＿＿＿＿＿ ＿＿＿＿＿＿＿＿＿＿＿＿＿＿＿＿＿＿＿＿＿＿＿＿＿ ＿＿＿＿＿＿＿＿＿＿＿＿＿＿＿＿＿＿＿＿＿＿＿＿＿

续表

任务名称	二手车评估的清算价格法
任务内容	② 确定快速变现的折扣率： ③ 确定评估值： 4. 照片采集。 5. 你知道还有哪些清算价格法的应用案例吗？
任务反思	

续表

任务评价			
评分项目	好	一般	有待改良
实训准备（10分）	小组分工明确；相关准备工作完备	能够做必要的准备，但不够充分	事先无准备
运用知识（30分）	能够采用清算价格法准确评估调整值	对所学习的知识熟悉，但在运用的过程中尚欠灵活度	不能运用所学的知识分析实际问题
评估报告质量（30分）	评估报告结构完整；价格估算过程描述详细、准确	评估报告基本完整，能够根据调查的实际情况进行分析	评估报告不完整，分析缺乏个人观点
学习态度（30分）	能够认真地完成任务，遵守实训要求	能够按时完成任务，但是不够认真，出现少许错误	敷衍了事，不能完成任务
任务评价			
教师评语	教师评语：（根据工作单填写情况、语言表达、态度及沟通技巧等方面，按等级制给出成绩） 实训记录成绩：		教师签字： 　年　月　日

二、思考题

1. 清算价格法的适用范围是什么?

2. 如何使用清算价格法?

项目 5

二手车工作实务

任务1　二手车鉴定评估实务

一、任务实施

任务名称	二手车鉴定评估实务
小组成员	
任务目标	1. 掌握二手车价格评估的工作流程。 2. 学会撰写二手车鉴定评估报告。
任务准备	1. 准备评估标的； 2. 准备绘制工具表格《旧机动车鉴定评估作业表》《二手车评估委托书》《二手车鉴定评估报告范本》等。 3. 了解评估工作流程。 
任务内容	1. 检查评估标的行驶证等相关手续。 2. 请描述你所评估的二手车的基本情况，填写下列信息。

车主		所有权性质		联系电话	
住址				经办人	

续表

任务名称		二手车鉴定评估实务				
原始情况	厂牌型号		号牌号码		车辆类型	
	车辆识别代号（VIN）				车身颜色	
	发动机号		车架号			
	座位/功率				燃料种类	
	初次登记日期		车辆出厂日期			
	已使用年限		累计行驶里程		用途	
核对证件	证件	原始发票、机动车登记证书、机动车行驶证、法人代码证或身份证、其他				
	税费	购置附加税、养路费、车船使用税、其他				
现时技术状况						
维护保养情况			现时状态			
价值反映	账面原值/元		车主报价/元			
	重置成本/万元		成新率/%		折扣率/%	评估价格/万元
鉴定评估目的：交易　转籍　拍卖　置换　抵押　担保　咨询　司法裁决（勾选）						
鉴定评估说明：						

二手车鉴定估价师（签名）　　　　　　　复核人（旧机动车高级鉴定估价师）
　　年　月　日　　　　　　　　　　　　　　年　月　日

续表

任务名称	二手车鉴定评估实务

车辆情况：

o = 凹痕；~ = 划痕；x = 锈迹；# = 石头损伤

1 = 轻度磨损；2 = 重度磨损；3 = 破损；4 = 异味；5 = 烫伤

① 全车有（　　）处喷漆，分别是：

_____

_____

_____

_____

② 其中原子灰厚度超过（　　）mm 有（　　）处，分别是：

_____

_____

_____

_____

③ 经过钣金修复痕迹的部位分别是：

_____

_____

_____

_____

内饰描述：

_____

_____

续表

任务名称	二手车鉴定评估实务

发动机描述：

机械电器描述：

底盘传动描述：

悬挂描述：

需要进行喷漆/点漆的分别是：

续表

任务名称	二手车鉴定评估实务		
需要进行机械电器整备的部件分别是： 			
任务反思			
任务评价			
评分项目	好	一般	有待改良
实训准备 （10分）	小组分工明确；相关准备工作完备	能够做必要的准备，但不够充分	事先无准备
运用知识 （30分）	能够按照评估工作流程完成评估工作	对所学习的知识熟悉，但在运用的过程中尚欠灵活度	不能运用所学的知识分析实际问题
评估报告质量 （30分）	评估报告结构完整；价格估算过程描述详细、准确	评估报告基本完整，能够根据调查的实际情况进行分析	评估报告不完整，分析缺乏个人观点
学习态度 （30分）	能够认真地完成任务，遵守实训要求	能够按时完成任务，但是不够认真，出现少许错误	敷衍了事，不能完成任务

续表

任务评价	
教师评语	教师评语：（根据工作单填写情况、语言表达、态度及沟通技巧等方面，按等级制给出成绩） 实训记录成绩：　　　　　　　　　　　　教师签字： 　　　　　　　　　　　　　　　　　　　　　　年　月　日

二、思考题

1. 简述二手车评估的基本工作流程。

2. 二手车鉴定评估业务中涉及哪些车辆手续？

任务2　二手车收购实务

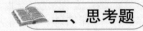

一、任务实施

任务名称	二手车收购实务
小组成员	
任务目标	1. 掌握二手车收购的工作流程。 2. 学会初步确定二手车收购价格。

续表

任务名称	二手车收购实务
任务准备	1. 准备评估标的。 2. 准备相关表格。 3. 了解收购二手车的工作流程。
任务内容	1. 检查评估标的行驶证等相关手续。 2. 请描述你所评估的二手车的基本情况。 3. 根据教材的讲解，在教师的指导下计算经营成本和利润值，结合销售预期价倒推法计算该车的收购价。 4. 完成二手车收购业务审批单的填写。

二手车收购业务审批单

入库号：　　　　　　　入库日期：　　　　　　　评估师：

车辆信息	卖方姓名：		联系人：		联系方式：	
	业务性质：	□收购 □置换	置换车型：		评估表编号：	
	厂牌：		车型：		排量：	
	初登日期：		表征里程：		颜色：	
	车架号：		车况评价：		新车优惠价：	□停产
收购信息	预计销售方式：	□批售 □零售 □认证零售	预计销售周期：		预计销售价格：	
	预计整备成本：		收购成本：		收购价格：	
	付款方式：	□现金 □电汇 □网银 □支票			备注：	
审批签字	收购决策人审批			财务经理确认		
	意见： 签字：			意见： 签字：		

续表

任务名称	二手车收购实务		
任务反思			
任务评价			
评分项目	好	一般	有待改良
实训准备 （10分）	小组分工明确；相关准备工作完备	能够做必要的准备，但不够充分	事先无准备
运用知识 （30分）	能够按照收购方法完成评估工作	对所学习的知识熟悉，但在运用的过程中尚欠灵活度	不能运用所学的知识分析实际问题
评估报告质量 （30分）	实训作业完整；收购价格估算过程描述详细、准确	实训作业基本完整，能够根据调查的实际情况进行分析	实训作业不完整，分析缺乏个人观点
学习态度 （30分）	能够认真地完成任务，遵守实训要求	能够按时完成任务，但是不够认真，出现少许错误	敷衍了事，不能完成任务
任务评价			
教师评语	教师评语：（根据工作单填写情况、语言表达、态度及沟通技巧等方面，按等级制给出成绩） 实训记录成绩：　　　　　　　　　　　　　　　　　教师签字： 　　　　　　　　　　　　　　　　　　　　　　　　　年　月　日		

二、思考题

1. 二手车收购价格的确定需要考虑哪些因素？

2. 二手车收购会面临哪些风险？如果你是收购企业，会采取什么措施来降低风险？

任务3 二手车营销实务

一、任务实施

任务名称	二手车营销实务
小组成员	
任务目标	1. 掌握二手车销售、置换和拍卖的基本流程。 2. 培养学生运用所学知识分析和解决实际问题的能力。 3. 培养学生的语言表达能力和沟通能力。
任务准备	1. 商务理实一体化教室。 2. 每个团队分配以下职务：新车销售顾问、鉴定评估师、二手车销售顾问。 3. 准备营销业务的相关表格。 4. 了解营销业务的工作流程。

续表

任务名称	二手车营销实务
任务准备	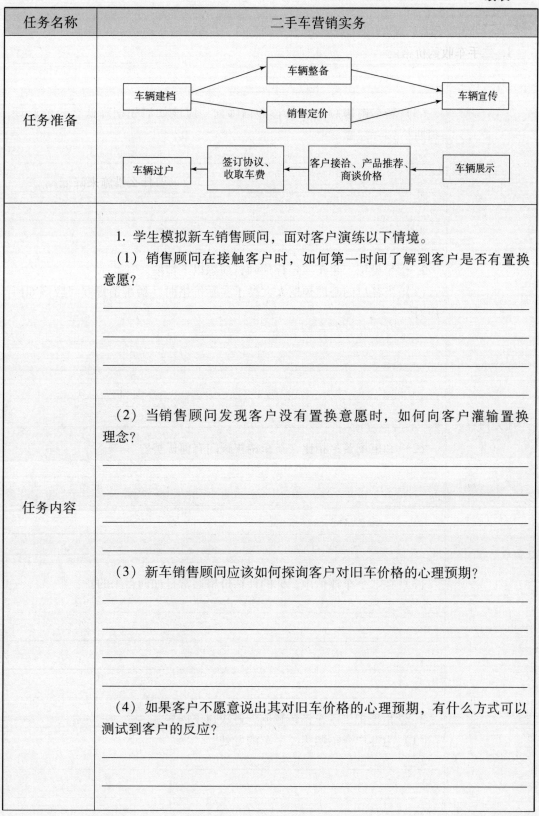
任务内容	1. 学生模拟新车销售顾问，面对客户演练以下情境。 （1）销售顾问在接触客户时，如何第一时间了解到客户是否有置换意愿？ （2）当销售顾问发现客户没有置换意愿时，如何向客户灌输置换理念？ （3）新车销售顾问应该如何探询客户对旧车价格的心理预期？ （4）如果客户不愿意说出其对旧车价格的心理预期，有什么方式可以测试到客户的反应？

续表

任务名称	二手车营销实务
任务内容	（5）新车销售顾问在引荐评估师前，应该如何先期降低客户的心理预期？ 2. 学生模拟二手车鉴定评估师，演练以下情境。 （1）当客户的心理预期大大高于实际价格时，新车销售顾问应该如何应对？ （2）和市场黄牛相比，新车销售顾问有何优势？ （3）在二手车评估中，你的评估价格通常是如何得来的？ 3. 学生模拟二手车销售顾问，解决以下问题。 （1）为客户介绍购买二手车的好处？

续表

任务名称	二手车营销实务		
任务内容	（2）为客户介绍你所销售的二手车的卖点？ （3）客户希望价格更低，你会如何应对？		
任务反思			
任务评价			
评分项目	好	一般	有待改良
实训准备 （10分）	小组分工明确；相关准备工作完备	能够做必要的准备，但不够充分	事先无准备
运用知识 （30分）	能够按照角色分工完成情境演练，与客户沟通表现佳	对所学习的知识熟悉，但在运用的过程中尚欠灵活度	不能运用所学的知识分析实际问题

续表

任务评价			
评分项目	好	一般	有待改良
评估报告质量（30分）	实训作业完整，描述详细、准确	实训作业基本完整，能够根据调查的实际情况进行分析	实训作业不完整，分析缺乏个人观点
学习态度（30分）	能够认真地完成任务，遵守实训要求	能够按时完成任务，但是不够认真，出现少许错误	敷衍了事，不能完成任务
任务评价			
教师评语	教师评语：（根据工作单填写情况、语言表达、态度及沟通技巧等方面，按等级制给出成绩） 实训记录成绩： 　　　　　　　　　　　　　　教师签字： 　　　　　　　　　　　　　　　　　　　　　　年　月　日		

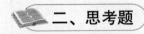

1. 二手车销售定价的影响因素是什么？

2. 简述二手车的置换流程。

任务4 二手车的转移登记

一、任务实施

任务名称	二手车的转移登记				
小组成员					
任务目标	1. 掌握二手车所有权转移的办理流程。 2. 熟悉二手车过户的相关手续。				
任务准备	1. 每个团队独立成为一家旧车经纪公司,学生扮演二手车过户办理人员,其他小组同学扮演二手车原车主和新车主。 2. 准备此业务的相关工具表格。 机动车注册、转移、注销登记/转入申请表和车辆手续交接单 3. 证件准备(按照相关知识中的要求准备)。				
任务内容	1. 过户人员指导客户完成过户登记表的填写; 2. 过户人员查验原车主的相关手续; 3. 过户人员查验二手车情况; 4. 新车主选车号; 5. 过户人员为新车主办理新的手续。				
机动车注册、转移、注销登记/转入申请表						
号牌种类			号牌号码		
申请事项	□注册　　　　　　　　　　□注销登记 □转入车辆管理所辖区内的转移登记 □转出车辆管理所辖区的转移登记				
注销登记原因	□报废	□灭失		□退车	□出境

续表

任务名称		二手车的转移登记				
机动车	品牌型号			车辆识别代号		
机动车	使用性质	□购买　　　□境外自带　　□继承　　　　□赠予　　　　□协议抵偿债务 □协议离婚　□中奖　　　　□调拨　　　　□资产重组　□资产整体买卖 □仲裁裁决　□法院调解　　□法院裁定　　□法院判决　□其他 □非营运　　□公路客运　　□公交客运　　□出租客运　□旅游客运 □租赁　　　□教练　　　　□幼儿校车　　□小学生校车□其他校车 □货运　　　□危险化学品运输　　　　　　□警用　　　□消防 □救护　　　□工程救险　　□营转非　　　□出租营转非				
机动车所有人	姓名			机动车所有人及代理人对申请材料的真实有效性负责 机动车所有人签字：		
机动车所有人	地址			机动车所有人及代理人对申请材料的真实有效性负责 机动车所有人签字：		
机动车所有人	邮编		电话	机动车所有人及代理人对申请材料的真实有效性负责 机动车所有人签字：		
机动车所有人	信箱		电话	机动车所有人及代理人对申请材料的真实有效性负责 机动车所有人签字：		
转移出车辆管理所辖区的转移登记	转入： 　　　省（自治区、直辖市）车辆管理所			年　　月　　日		
代理人	姓名			代理人签字		
代理人	邮寄			代理人签字		
代理人	邮编		电话	代理人签字		
代理人	信箱			代理人签字		
代理人	经办人		电话	年　　月　　日		
任务反思						

续表

任务评价			
评分项目	好	一般	有待改良
实训准备（10分）	小组分工明确；相关准备工作完备	能够做必要的准备，但不够充分	事先无准备
运用知识（30分）	能够按照角色分工完成情境演练，与客户沟通表现佳	对所学习的知识熟悉，但在运用的过程中尚欠灵活度	不能运用所学的知识分析实际问题
评估报告质量（30分）	实训作业完整，描述详细、准确	实训作业基本完整，能够根据调查的实际情况进行分析	实训作业不完整，分析缺乏个人观点
学习态度（30分）	能够认真地完成任务，遵守实训要求	能够按时完成任务，但是不够认真，出现少许错误	敷衍了事，不能完成任务
任务评价			
教师评语	教师评语：（根据工作单填写情况、语言表达、态度及沟通技巧等方面，按等级制给出成绩） 实训记录成绩：　　　　　　　　　　　　　　　　　　教师签字： 　　　　　　　　　　　　　　　　　　　　　　　　　　年　月　日		

二、思考题

1. 二手车过户的具体流程是什么?

2. 有哪些二手车是无法过户的?

ISBN 978-7-5682-7167-7

定价：59.80元